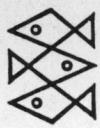

Über dieses Buch Bacons umfangreiches, schwer erschließbares Werk ist ein Testfall für unser gegenwärtiges Verständnis der Moderne – nicht nur darum, weil dieses Werk am Ursprung der Moderne steht, sondern vor allem, weil sich in ihm sämtliche modernen »Diskontinuitäten« in unverhülltem, gleichsam rohem Zustand präsentieren. Dies zu veranschaulichen ist das Ziel der vorliegenden Studie.

Tatsächlich vermag Whitney das Werk Bacons als ein Spannungsfeld darzustellen, in dem sich Altes und Neues, »Reform« und »Revolution« vielfach überlappen und durchkreuzen. Diese Darstellung ist dreistufig. Der erste Teil handelt von den überkommenen sprachlichen, rhetorischen und gedanklichen Formen, denen Bacon verhaftet ist: biblische Motive, Prophetie, Offenbarung, asketische Ideale, Hierarchie- und Analogie-Denken. Der zweite Teil beschreibt den radikalen Habitus Bacons: sein Glaube an einen totalen Neubeginn, die Absage an Autorität zugunsten des Experiments, an geniale Spekulation zugunsten systematischen Forschens, das Pathos des Neuen gegenüber der Geschichte, der Vorrang der Praxis gegenüber dem Text. Der dritte Teil schließlich (»Modernity«) beschreibt die Konsequenz, die die Verflechtung von tradierten Formen mit radikalen Inhalten in Bacons Werk hat: das Fragmentarische, Aphoristische und sonderbar Verwickelte seines Diskurses, aber auch das Aufblitzen von Motiven, die erst Jahrhunderte später zur Blüte gelangen.

Charles Whitney liefert eine Momentaufnahme aus der Geburtsphase der Moderne.

Der Autor Charles Whitney (geb. 1946) ist Assistant Professor an der Pennsylvania State University.

Charles Whitney

Francis Bacon

Die Begründung
der Moderne

Aus dem Amerikanischen
von Hans Voges

Fischer Taschenbuch Verlag

Deutsche Erstausgabe
Veröffentlicht im Fischer Taschenbuch Verlag GmbH,
Frankfurt am Main, März 1989

Titel der amerikanischen Originalausgabe:
›Francis Bacon and Modernity‹
© 1986 by Yale University
Für die deutsche Ausgabe:
© 1989 Fischer Taschenbuch Verlag GmbH, Frankfurt am Main
Umschlaggestaltung: Buchholz/Hinsch/Hensinger
Gesamtherstellung: Clausen & Bosse, Leck
Printed in Germany
ISBN 3-596-26571-1

Inhalt

Für
Elliott S. Nichols

Danksagungen

Viele unter den Lehrern und Tutoren, die ich als Graduierter und später als Stipendiat der Mellon Foundation an der Graduate School der New York City University hatte, haben in unterschiedlicher Weise zu diesem Buch beigetragen. Mein Dank gilt William R. Elton, Lillian Feder, Angus Fletcher, Thomas McFarland, Allan Mandelbaum, Samuel Mintz und besonders Frank Brady, der mich ermutigte und beriet und mir über viele Jahre mit Wärme, Scharfblick und Gewissenhaftigkeit beistand. Fred Robinson hielt sich bei einem Großteil meiner philologischen Nachforschungen auf dem laufenden und half mir, ihre Implikationen zu erschließen. Michael Kiernan las Teile des Manuskripts, gab wertvolle Hinweise und leistete editorische Hilfestellung. Joseph Wittreich las zwei vollständige Entwürfe, gab unentbehrliche Anregungen und sparte nicht mit Kritik. Ich hatte das Glück, in den Genuß sowohl seines Enthusiasmus wie seiner Sachkenntnis zu kommen. Mit einer Aufgeschlossenheit, die mir half, meinen Stoff zu erweitern und vertiefen, las John Hollander Entwürfe, die ich ihm über eine Reihe von Jahren zuschickte. Seine Unterstützung wie seine Begabung als Lehrer an der City University bedeuteten mir sehr viel. Peter Nichols, John H. Phillips und Bill McClellan liehen mir ihre verständnisvolle Aufmerksamkeit, die viele Hindernisse beseitigen half. Nick und Sally Nichols und meine Eltern Charles und Barbara Whitney halfen mir je auf ihre Weise.

Vor allem danke ich meiner Frau Elspeth für ihre Beständigkeit, ihre Intelligenz und Urteilsfähigkeit als Leserin, und auch für eine Liebe, die Sinn stiftet.

Von seiten des NEH Summer Seminar Program sowie von der Pennsylvania State University und der Mellon Foundation erhielt ich Stipendien für Forschung und Niederschrift. Adele Poholsky tippte sachkundig das Manuskript und Carol Bresnock behob Dutzende von Schwierigkeiten. Meine Lektorin Nancy Woodington eröffnete mir dank ihrer Nachdenklichkeit und Geduld neue Aspekte meiner eigenen Arbeit.

Einige Passagen dieses Buches sind zuvor unter folgenden Titeln erschienen: ›Bacon and the Pathos of Novelty‹, *Explorations in Renaissance Culture* 8-9 (1982-83) sowie ›Bacon's Antithetical Prophecy‹, *MOSAIC* 15:2 (Juni 1982), 63-77.

Zur Zitierweise

Eingeklammerte Quellenangaben im Text beziehen sich auf *The Works of Francis Bacon*, 7 Bde., und auf *The Letters and Life of Francis Bacon*, 7 Bde., hrg. v. J. Spedding, R. L. Ellis, D. D. Heath (1857-74; Nachdruck New York 1968). In den wenigen Fällen, wo ich eine eigene (englische) Übersetzung biete, halte ich mich an die lateinische Fassung des Textes. Das *Novum Organum* heißt in der Abkürzung *NO*. Die Zitierweise *NO* I, 102; *Works* IV, 97 bedeutet also: Buch I des *Novum Organum*, Aphorismus 102, der im Band 4 der Werke zu finden ist.

Einleitung

Freiheit und Vernunft, Forschung und Fortschritt: Francis Bacon bündelt diese Ideale in einem spezifisch modernen Aufruf zur Suche nach Wissen als Macht über Natur, nach Wissen um des Vorteils und Nutzens im Leben willen. Bacons Werk war oft ein Brennpunkt von Diskussionen über das Was, Warum und Wie moderner Ideen und Institutionen. Seine erstaunlich mannigfaltige Rezeption in den vergangenen 350 Jahren läßt die Spannungen oder die Brüche erkennen, die der modernen Kultur zugrunde liegen und an die sein Werk selbst ebenfalls gemahnt – die zwischen Glauben und Vernunft, Autorität und Freiheit, Herrschaft und politischer Beteiligung, Gefühl und Verstand, Rhetorik und Logik sowie – dies vielleicht vor allem – Tradition und Erneuerung. Jonson rühmt Bacons Gelehrsamkeit, Swift tadelt sein Philistertum. Dann wieder preist Rousseau Bacons unerschrockenen Kampf gegen Vorurteile; Kant, Macaulay und Schriftsteller der Linken wie der gemäßigten Rechten loben seine Progressivität und Menschenfreundlichkeit, viele jedoch verurteilen sein gottloses, engstirniges Streben nach Macht. Gelehrte des 17. Jahrhunderts inspirieren sich an Bacons spezifisch christlicher Wissenschaft – doch spätere Freidenker begrüßen ihn ebenfalls als einen Stammvater. Über den von anderer Seite vorgebrachten Einwänden haben einige Geisteswissenschaftler unseres Jahrhunderts Shelleys Entdeckung Bacons als eines prophetischen Dichters übersehen und seinen gewundenen Stil abschätzig beurteilt. Einige Kommunikationsexperten erhalten dagegen wichtige Aufschlüsse, indem sie Bacons Wirkung als Meisterrhetoriker analysieren.

Wenn Bacon gelegentlich bloß herangezogen worden ist, um seinen Lesern einen Hintergrund für ihre Auffassungen und kritischen Haltungen gegenüber einer säkularen Gesellschaft zu liefern, geschah das gleichwohl wegen seines provozierenden Charakters: Das Interesse an ihm ist aus Fragen über das Wesen, die Gültigkeit und die Ausrichtung der modernen Kultur entsprungen, zu denen uns sein Werk immer noch herausfordert. Diese paradigmatische Bedeutung Bacons ist von Hans Blumenbergs scharfsinniger Arbeit *Die Legitimität der Neuzeit*[1] erhellt worden. Blumenberg, ein führender deutscher Philosoph und Geistesgeschichtler, versucht sich nicht einfach an einer Rechtfertigung des Unvermeidlichen. Er möchte gewisse moderne westliche Werte, die in der Renaissance entstanden, verstehen, verteidigen und fortführen. In seinem Buch erscheint daher Bacon als einer der vielen »unzeitgemäßen Helden« der Geistesgeschichte.[2]

Seit der Aufklärung ist unzähligen Kritikern das moderne Leben gerade deshalb als korrupt, verblendet oder entfremdet erschienen, weil die Vision Bacons – oder die vergleichbaren Visionen anderer – so unwiderruflich den Sieg davontrugen. Z. B. enthüllen William Blakes und Theodor W. Adornos sehr verschiedenartige, doch gleichermaßen überzogene Angriffe auf die Aufklärung und Bacon im besonderen das erbarmungslos selbstzerstörerische Wesen des modernen Strebens nach Wissen. Wie dasjenige Fausts dringt es in jedes Geheimnis ein und taucht alles in das grelle Licht der Bedeutungslosigkeit. Die Beherrschung der Natur, sagen die Kritiker der Moderne, hat bisher politische, ökonomische, ökologische, sexuelle, emotionale und andere Arten von Unterdrückung doch auch verschärft. Gewiß haben wir uns in den Vereinigten Staaten, mehr als anderswo, der Früchte der Moderne erfreut. Unsere Freiheiten, Neuanfänge, unser Streben nach Glück durch Studium, Arbeit und Technik deuten oft genug auf Bacon hin. Aber noch werden wir beständig daran erinnert, welchen »Prüfungen« der Optimismus Bacons in einem von ihm mitgeschaffenen Zeitalter ausgesetzt ist – atomare Gefechtsköpfe, Umweltverschmutzung, Nationen von Habenichtsen und blanke Vergeudung im Konsumkapitalismus.

Blumenbergs Strategie der Legitimation lebt davon, daß sie Bruchstellen in der Geschichte und in den Texten aufspürt, um einen gültigen Kern von Modernität, von humaner Selbstbehauptung und Wissen-als-Macht zu unterscheiden von zusammengeflickten Mythologien, die aus gescheiterten mittelalterlichen Ideen hervorgegangen sind. Ähnlich wie Stanley Fish in seinem bekannten Aufsatz über die Vieldeutigkeiten in Bacons *Essays*[3] versucht Blumenberg, die in der Praxis triumphierende Modernität von Bacons Themen neu zu bestimmen und zu würdigen. Daher repräsentiert Objektivität, die entfesselte Suche nach den »Dingen, wie sie wirklich sind«, nicht so sehr ein grundlegendes modernes Verlangen als eine pragmatische Sichtung und Beherrschung: Grundsätzlich umfaßt dieses moderne Bestreben den Menschen und seine natürliche Welt, ohne irgendeine endgültige Definition noch Bedeutung geben zu müssen. Bacon, meint Blumenberg, ist ein Stammvater dieser pragmatischen Rationalität. Wenn wir etwa begreifen, daß die religiöse

Rhetorik, die er mit der Suche nach Wissen verbindet, bloße Oberfläche ist, dann sind wir weniger geneigt, Ideen von Fortschritt bis auf die christliche Erlösungshoffnung zurückzuverfolgen. Dann können wir uns von der skeptischen Entwertung einer Rationalität abwenden, die ihre eigenen Wurzeln im Aberglauben verkennt.

Dem Optimismus Blumenbergs in bezug auf die Moderne ist inmitten der besonderen Schrecken, die das zwanzigste Jahrhundert bereits gesehen hat, schwerlich nachzueifern. Und die zunehmende Manipulation der Diskurse durch die Massenmedien ist, wie Jürgen Habermas vorbringt, ein Zeichen dafür, daß wir allgemeiner (wenn nicht »letzter«) Maßstäbe vernünftiger Kommunikation bedürfen, die über die pragmatischen Normen einzelner, sich selbst behauptender Gruppen von Sprechern hinausgehen. Solche endgültigen »Metadiskurse« sind natürlich dem skeptischen Vorwurf ausgesetzt, daß sie im Namen kritischer Einsicht repressive Erkennungsparolen wiedereinführen und daß sie angesichts des offensichtlichen Pluralismus unserer heutigen Gesellschaft etwas fehl am Platze wirken.[4] Derartige Skepsis hat freilich auch ein Moment von Unerbittlichkeit: Denn ganz gleich ob aus Weisheit oder aus Furcht, so stellen die Menschen doch zunehmend die Annahme in Frage, daß die menschliche Vernunft, sei sie praktisch oder nicht, den Bedingungen der menschlichen Existenz gewachsen sei; oder daß die Geschichte der Ideen mehr sei als eine Geschichte von Rationalisierungen. Dekonstruktionistische und feministische Ansätze haben neuerdings der Kritik an der abendländischen Illusion von Beherrschbarkeit, an dem biblischen Gebot, die Natur sich untertan zu machen, an dem Wissen als Macht (wie es Bacon formuliert) eine neue Wendung gegeben. Sie haben z. B. drastische Methoden entworfen, klassische Texte zu lesen, die selbst noch das Vertrauen des Autors in sein eigenes Kontrollvermögen erschüttern, und die, über Blumenberg weit hinausgehend, radikale Einschnitte oder Widersprüche bis in die letzten Winkel des Textes hinein freilegen.

Bacons exemplarischer Charakter wirft ein besonderes Licht auf Fragen hinsichtlich der Moderne, wie sie von Blumenberg und anderen aufgeworfen werden. Bacon ist gleichermaßen ein Testfall für widerstreitende Ansichten über Modernität wie auch selbst ein Moderner, dessen Einsichten und Erneuerungsfähigkeit uns heute besonders angehen. Offensichtlich geht Blumenbergs Analyse der Diskontinuität nicht weit genug. Während sein Buch uns in der Tat an Bacons Bedeutung für ein richtiges Verständnis des Wesens der Moderne erinnert, gelangt

11

meine Erkundung von Bacons Diskontinuität zu einer abweichenden Beurteilung und Bestimmung von Modernität – aber einer solchen, die gleichwohl viele Implikationen für ein Verständnis anderer Moderner enthält, einschließlich unserer selbst. Da Blumenberg im Grunde einen Kern gültiger, moderner Ideen gegenüber einer bloßen Schale von tradierten oder zusammengewürfelten wahrnimmt, ist es ihm verwehrt, Bacons Modernität zu begreifen, oder das, was Bacon hinsichtlich des Wesens von Modernität überhaupt bedeutet. Man muß über Bacons Selbstgewißheit hinaus auf den Kampf achten, der in seinem Werk zwischen verschiedenen Diskursen und Ideologien ausgetragen wird. Wie wir sehen werden, charakterisieren die Brüche und Widersprüche, die Tradition und Erneuerung durchziehen, Bacons Schriften so tief, daß der Unterschied von Schale und Kern gegenstandslos wird. Weder können die Bestandteile von Bacons unzusammenhängender Vision gültig oder ungültig genannt werden, noch ohne grobe Vereinfachung modern oder mittelalterlich. Bacons Fall verweist demnach auf eine unschlüssige Modernität, auf in sich widersprüchliche Bedingungen ihres Entstehens, die trotz des sie umtreibenden Anspruchs auf Rationalität eine folgenreiche, doch fatale Blindheit einschließen. Dieser Fall bestärkt eben keine Apologie der Modernität, noch gibt er Anlaß zu Verdammung, Resignation oder Widerruf. Vielleicht hilft er uns, eine moderne Tradition der Diskontinuität zu bestimmen, mit deren Segen und Fluch wir unentrinnbar verbunden sind.

Ein bedeutsames Moment der »Schale« in Bacons Werk, das Blumenberg ebenso wie andere Historiker unterschätzt hat, ist sein prophetischer Charakter. In der Tat umgreift dieser Aspekt selbst einen Teil des »Kerns« und ist ein besonderes Anliegen dieser Studie. Mit verhaltener Demut bezeichnet Bacon sich selbst als einen *buccinator* (I, 579) oder Ausposauner neuer Künste und Wissenschaften; und tatsächlich gab es zu seiner Zeit kein prophetisches Genre, das seine Manifeste hätte einbeziehen können. Obgleich er sich religiöse Verpflichtungen und viele der rhetorischen und mythischen Zusammenhänge vom Leib hält, innerhalb derer Prophetie einmal bedeutungsvoll war, bleibt doch Bacons Vision von erfüllter Menschlichkeit prophetisch sowohl hinsichtlich ihrer Reichweite wie in den religiösen Anspielungen, die Blumenberg allzu leicht abfertigt und die Bacons Leser seit Abraham Cowley (der Bacon mit Moses vergleicht) durchgängig anerkannt haben. Historiker haben längst Bacons hergebrachten Ruf, Ahnherr der modernen Wissenschaft zu sein, demontiert, und ironischerweise haben einige sich daran gemacht, seine Statur auf die eines Propheten im Sinne eines Chorführers, eines Antreibers oder genaugenommen eines Ausposauners zu verkürzen. König Jakob I. freilich, dem Bacon sowohl *The Advancement of Learning* wie die *Instauratio Magna* von 1620 (die das *Novum Organum* enthält) widmete, erwartete das Ende der Welt und half eine Atmosphäre zu schaffen, in der führende Schriftsteller seiner Zeit die schöpferischen Kräfte biblischer Prophetie und ihrer zeitgenössischen Anwendung zu begreifen und zu sammeln vermochten.

Was auch immer der Prophet enthüllt oder deutet, sein überzeugender Diskurs stützt oder untergräbt – oder beides – die schon bestehenden Institutionen. Prophetie ist demnach ein wichtiges Moment von Bacons rhetorischer Situation. Aber ihre Bedeutung, so werde ich ausführen, kann nicht auf rhetorische Techniken reduziert werden, obgleich, wie Blumenberg zu Recht urteilt, Bacon selbst häufig auf eine solche Reduktion hinarbeitet. Diese Reduktion ist charakteristisch für Bacons pragmatische Haltung und seine Hingabe an die Autonomie der Vernunft. Aber es gelingt nicht, es kann ihm nicht völlig gelingen. Das Ferment an Prophetien im England des 16. und 17. Jahrhunderts liefert ihm nicht nur eine Strategie, sich Wohlwollen oder Gehör zu verschaffen – oder einen Verständnishorizont –, sondern vor allem eine Vision, ein Medium, um seinen weitreichenden Plan einer menschlichen Erneuerung zu entwerfen. Sprechen wir noch so beiläufig von literarischen und philosophischen Visionären und von einer visionären Tradition, so bemerken wir, daß die Spannweite der Prophetie nicht auf ein religiöses Dogma, oder Religion überhaupt, begrenzt werden kann. Man kann sie auch nicht einfach der Rationalität entgegensetzen. Bacon lehrt uns, daß menschliche Existenz ein radikales Enthüllen und Verändern ist. Klassische und biblische Kontexte von Prophetie stellen ihm einen Rahmen zur Verfügung, um geschichtlichen Wandel zu begreifen und hervorzubringen und um von daher den Menschen als Erneuerer und als Herrn der Veränderung aufzufassen. Die Spannungen innerhalb der biblischen Prophetie zwischen Erfüllung und Neubeginn, zwischen Pietät und Bilderstürmerei liefern zudem einen Präzedenzfall für die produktive und gefährliche Diskontinuität zwischen den beiden Visionen von Veränderung, die Bacons Modernität auszeichnen. Denn die subversiven und revolutionären Aspekte seiner Philosophie stehen der Prophetie am nächsten.

Die Idole des Geistes (Idols of the Mind), die Bacon zu zerstören sucht, umschließen auch einige der Mechanismen, aufgrund derer die

Institutionen des Wissens Forschung tatsächlich behindern. Die Institutionalisierung des Wissens heute – seine Professionalisierung und Spezialisierung – hat zu einer einseitigen Lektüre Bacons geführt. Wissenschafts- und Ideengeschichte übersehen bisweilen die spezifisch literarischen und rhetorischen Aspekte ihrer Gegenstände. Sie finden Methoden, die Rhetorik auf das hin zu durchschauen, was »wirklich« da ist. Liest Blumenberg Bacons religiöse Sprache als Produkt eines bloß gewitzten und schönfärberischen »Sprachgenies«[5] so unterschätzt er in fahrlässiger Weise Bacon, den Schriftsteller, bei dem der Sinn seines Schreibens mit der Form und den impliziten Bedeutungen verquickt ist. Er scheint die Grenzen einer legitimen Modernität im voraus festzulegen. Wenn jedoch Blumenberg die Bedeutung der religiösen Sprache unterschätzt, so dient ihm dies dazu, eine Kritik an der modernen Kultur zurückzuweisen, die an ihrer verdeckten Beziehung zur Religion ansetzt. Zumindest seit Nietzsches *Zur Genealogie der Moral* hat das Aufzeigen heimlicher Bindungen der säkularen Kultur an die Religion oftmals eine Kritik an eben jener Kultur beabsichtigt oder doch impliziert; man hat ihren fundamentalen Anspruch auf Selbsterkenntnis und Vernünftigkeit diskreditiert, indem man ihre Vernunft als das Gespenst jenes Mystizismus und jener Repressivität entlarvt hat, welche sie triumphal überwunden zu haben glaubt. Daher entstehen (in unterschiedlichem Grad der modernen Kultur feindliche) akademische Theorien, die den Fortschrittsgedanken auf jüdisch-christliche Erlösungshoffnung, den Kapitalismus auf die protestantische Ethik, die politischen Institutionen auf kirchliche, die Psychoanalyse auf das Priestertum und, wie bei Hannah Arendt, den modernen Geist der Aktivität auf eine neue paradoxe Version christlicher Weltentfremdung zurückführen.

Theorien der »Säkularisierung« müssen freilich nicht kritisch gemeint sein. Religion kann ebensogut »antizipatorische Vorahnungen« revolutionärer Bestrebungen[6] umfassen, wie ein neuerer marxistischer Schriftsteller sagt. Religion kann ebenso, wie die gegenwärtige lateinamerikanische Befreiungstheologie zeigt, ein hohes Maß an Weltlichkeit transportieren. Auf der konservativen Seite erblickt Hegels großartiger Mythos der Säkularisierung die Geschichte als eine Entfaltung oder Herabkunft des Geistes, der immer weniger ein ausschließliches Gut der Religion bleibt. Zwei von vielen neueren interpretierenden Geschichtsstudien, M. H. Abrahams *Natural Supernaturalism: Tradition and Revolution in Romantic Literature* und Sacvan Bercovitchs *The Puritan Ori-*

gins of the American Self, geben einen Überblick über die Arten von Säkularisierung und plädieren für ihre Bedeutsamkeit und Repräsentativität. Wie so viele Mythographen der Renaissance, einschließlich Bacons, beweisen, sind säkularisierende Interpretationen notwendig, um von den mythischen Elementen der Kultur zu lernen und sie zu würdigen.

Eine solche Interpretationsweise bezieht Vergleichen, Analogisieren, Auffinden neuer Symbole etc. ein – ebenso wie das Rationalisieren. Heute kann die Fähigkeit zu säkularisieren tatsächlich von jedem ernsthaften Leser kultiviert werden. In *The Prelude* sprach Wordsworth als ein solcher Leser, wie auch als Dichter: Er bezeichnete dort die Dichter der Moderne als »Propheten der Natur«.

Innerhalb der Wissenschaftsgeschichte haben zahllose neuere Studien die religiösen, magischen und anderen »äußerlichen« sozialen Faktoren als Momente der kulturellen Bedingungen untersucht, unter denen Wissenschaft entstanden ist und Gestalt angenommen hat. Ohne das eigenständige Wirken der Vernunft in wissenschaftlichen Prozessen völlig zu leugnen, haben Historiker z. B. auch einen Überblick gegeben über die mythischen Kontexte wissenschaftlicher Atom- und Gravitationstheorien. Gleichwohl scheinen für viele die wertvollsten Eigenschaften der modernen Kultur unlösbar gebunden an die Verteidigung der wissenschaftlichen Vernunft gegen die beständigen Übergriffe irrationalistischer Deutungen der Wirkungsweise von Wissenschaft und Forschung[7] – so wie diese bisweilen von Theorien der Säkularisierung suggeriert werden. Indem Bacon eine andere Auffassung von Modernität und der Beziehung zwischen den Polen sakral-weltlich und irrational-rational nahelegt, dürften er und der prophetische Kontext, in dem er steht, einen konstruktiven Schritt ermöglichen, der die Debatte über religiöse Sprache und Modernität hinter sich läßt. Und zweifellos läßt Bacon erkennen, welche Rolle eine derartige Sprache spielt, wenn es darum geht, etablierte Macht zu stützen oder herauszufordern.

Studien über Säkularisierung sind im allgemeinen unter Literaturwissenschaftlern weniger umstritten als unter Geistesgeschichtlern; gewöhnlich empfinden sie mehr Sympathie für metaphorische Prozesse. Häufig jedoch fühlen wir uns unbehaglich angesichts der furchtbaren Aspekte der Moderne, die eine grundlegende Bedeutung von Literatur und Einbildungskraft für das zivilisierte Leben leugnen, und vielleicht gerade aus diesem Grund unterschätzen wir die Bedeutung – und den prophetischen Kontext –, den diese Verleugnung bei Bacon besitzt. Forscher verschiedenster Orientierung haben zwar die verborgenen religiösen oder rhetorischen Hintergründe wissenschaftlicher Methoden kenntnisreich offengelegt; womit sie sich jedoch seltener befaßten, ist die Tatsache, daß Bacon – und vielleicht auch die anderen frühen Naturforscher – den Einfluß dieser Hintergründe einzudämmen versuchten. Denn eine der erregendsten Ideen der *Instauratio Magna* ist die, daß die *philologicis* (I, 124) – von Bacons Übersetzer als »Literatur und Bücherwissen« (IV, 12) umschrieben – aus dem Zentrum des Bildungskanons verdrängt werden müssen. Hier wie in der Frage der Säkularisierung ist der Kern von Bacons Vitalität als Bedrohung aufgefaßt worden, die herabgesetzt oder hinwegerklärt werden sollte, denn ähnlich vielen Schriftstellern kritisiert er die starren Formen offizieller Diskurse, die gleichzeitig Formen von Klasse und Macht sind. Wir Gelehrten, sagt Bacon, die wir allesamt gute Lateiner sind, sollten eine allgemeine Emanzipation von unfruchtbaren Produktionsweisen in den Künsten und den Wissenschaften herbeiführen, selbst wenn es bisweilen scheint, als handelten wir damit unseren eigenen Ressourcen zuwider. Demgemäß beginnen heutzutage auch Geisteswissenschaftler, die sozialen und ideologischen Kräfte zu untersuchen, die unseren Kanon anerkannter Autoren und Ausdrucksweisen geprägt haben, mit der Absicht, die Beschränktheit dieses Kanons zu begreifen und Alternativen zu fördern.[8] Es hieße, willentlich phantasielose Lektüre zu betreiben, wollte man Bacons Angriff auf die Einbildungskraft als erledigt abtun.

Wie Bacon leben wir unter apokalyptischen Vorzeichen; die ansteigende Erwartung nuklearer Vernichtung begleitet die postmodernen und dekonstruktionistischen Versuche, den Kanon nicht einfach zu öffnen, sondern vielmehr die abendländische Epoche von Philosophie, Kunst, Literatur usw. abzuschließen[9], bisweilen in Übereinstimmung mit tieferliegenden sozialen Umwälzungen. Auch Bacon versuchte, den einen Zugang zu den Künsten und Wissenschaften zu schließen und einen anderen zu öffnen, um »das Wohlergehen des Menschenstandes« zu fördern. Sein Werk liefert gleichermaßen eine Parallele und einen Kontext für unsere schwindelerregenden Aussichten – schwindelerregend vor Enttäuschungen wie Möglichkeiten.

Das moderne Zeitalter, d. h. die Neuzeit ist eine spezifische historische Epoche, die mit der Renaissance beginnt; das Wort *modern* selbst aber ist in einem relativen Sinn zu verstehen. Es bietet indessen einen produktiven Ansatz, Bacon und die moderne Epoche zu begreifen. *Modernus* bezeichnet einfach das »jetzt« im Unterschied zum »damals«, es hebt also den Unterschied zwischen den Bedingungen der Gegenwart und denen der Vergangenheit ins Bewußtsein. Es überrascht keineswegs, daß es zuerst in einer Epoche erschien, in der solche Unterschiede drastisch hervortraten, nämlich nach der Auflösung des Römischen Reiches. Das Wort kennzeichnet vor allem das geschichtliche Selbstbewußtsein einer einzelnen Person oder eines Zeitalters.[10] Die Relativität des Ausdrucks betrifft auch den Wert, der der gegenwärtigen Epoche beigemessen wird. Man sagt von einem Neuerer, daß er seine Modernität behauptet, indem er die Bedeutung des Vergangenen für sein Leben in Frage stellt. Die Erfahrung vieler Schriftsteller der Moderne, wie etwa die T. S. Eliots, des Autors von *The Waste Land*, hat ihnen im Gegenteil die unentrinnbare Situation moderner Unzeitgemäßheit enthüllt. Die Erneuerer der Moderne sind oft Restauratoren, die lediglich die allerjüngste Vergangenheit zurückweisen. 1550 wurde das neue Zeitalter von Giorgio Vasarai in seinen *Lebensläufen der berühmtesten Maler, Bildhauer und Architekten* »modern« genannt, weil es den »antiken« Stil wiederbelebte. Zu Bacons Zeit führte der Ausdruck nicht annähernd so ausgeprägt den Sinn von Wiederbelebung mit sich, und heute ist diese Konnotation völlig verschwunden. Geschichtliches Selbstbewußtsein existierte selbstverständlich lange vor dem Wort modernus. Generationen kommen und gehen wie das Laub, und der Prediger Salomo spricht, es gibt nichts Neues unter der Sonne; in Wahrheit jedoch gemahnt die Bibel an die ununterbrochenen Eingriffe Gottes in die Geschichte. Wie Journalisten wissen die Propheten, daß die Welt von wichtigen Neuigkeiten, guten und schlechten, erfüllt ist; von überwältigenden Nöten, die dem Volk mitgeteilt werden müssen. Aus diesem Grund zählen sie zu den bedeutendsten und lebendigsten unter den Modernen.

Wenn man den Begriff *postmodern* ernst nimmt, ist man vielleicht zum ersten Mal gezwungen, die Relativität des Wortes *modern* zu übergehen und die Neuzeit (die mit der Renaissance anhebt) als ein Zeitalter anzusehen, das möglicherweise gerade vergeht. Unabhängig von ihren ökonomischen und sozialen Wurzeln regt uns die Definition der Moderne im Sinne historischen Selbstbewußtseins dazu an, nach den auszeichnenden Merkmalen und Problemen der Neuzeit Ausschau zu halten und dabei noch dieses Bewußtsein zu steigern. D. h. wir begeben uns vor allem daran, eine zeitliche Diskontinuität zwischen der Gegenwart und der Vergangenheit, zwischen der Innovation und der Tradition geltend zu machen oder zu entdecken – kurzum, wir lassen je besondere »Jetzt« hervortreten. Im frühesten Abschnitt dieser Epoche hat die

Wiederbelebung der antiken Kultur durch den Humanismus der Renaissance einen neuen historischen Sinn für die Vergangenheit *als* Vergangenheit geweckt; sie hat eher einen Sinn für die relative Isolierung eines jeden Individuums in sukzessiven Zeitmomenten als für dessen Lebenskraft in einem zeitlichen Kontinuum entwickelt. Die der Moderne zugehörige dynamische Spannung zwischen Tradition und Innovation wird ausgedrückt in ihren großen Themen der Forschung, der Entdeckung, der Originalität, der Individualität und der Revolution.

Hatte sich mit der Renaissance die Diskontinuität zwischen Gegenwart und Vergangenheit erst einmal fest etabliert, so wurde auch die wechselseitige Durchdringung von Tradition und Innovation überschwenglich und bewußt gepflegt. Dagegen wirkt unsere Tradition oft drückend, unsere Originalität trivial. Jurist und Lehrer, Geistlicher und Höfling: Sie alle bedienten sich täglich und durchaus pragmatisch der Inhalte und des Stils der lateinischen Klassiker. Ein Michelangelo, ein Montaigne oder ein Spenser schienen gerade dann am originellsten, wenn sie am geschicktesten imitierten oder anderen nacheiferten. Für diese Künstler bedeutete, sich selbst zu verwirklichen, auch das Vergangene in sich zu verwirklichen. Die moderne Naturwissenschaft beginnt mit der Sammlung und Herausgabe der antiken wissenschaftlichen Texte: Der Geist der Entdeckung, dem die Neue Welt zu danken ist, richtete sich zuerst auf die Antike. Der Buchdruck machte die Vergangenheit viel zugänglicher, und während durch ihn der Gemeinschaftssinn und der Wert der Tradition an Bedeutung verloren, wuchs das private Urteilsvermögen des einsamen Lesers. In den protestantischen Ländern trachtete die Kirche danach, reine und ursprüngliche Formen des Gottesdienstes wiederzuerlangen, aber sie lehrte auch den Vorrang des individuellen Gewissens bei der Auslegung der Schrift.

Das Werk Bacons geht aus dem produktiven Austausch zwischen dem Alten und dem Neuen hervor. Dadurch, daß er sich Unabhängigkeit von der Vergangenheit anmaßt, beginnt er die Elemente dessen auseinanderzureißen, was gewöhnlich in einer dynamischen, wenngleich paradoxen Spannung gestanden hatte. Daher auch wird diese Spannung bei ihm so ungewöhnlich stark, wenngleich häufig verdeckt. Bacon war einer der gebildetsten Männer seines Zeitalters. Er beherrschte indessen kaum die wissenschaftlichen Lehrmeinungen, sondern eher jene Klassiker, die ihm die geeignetsten Vorbilder für die Bildung seines eigenen Denkens bereitstellten. Es mag teilweise an seiner Gerichtserfahrung gelegen haben, daß der Schriftsteller Bacon seine

Belesenheit stets auf Abruf bereithielt; er verstand sie eben nie als eine ungestalte Anhäufung von Wissen, die vor ihrer Darbietung ausgiebig durchgearbeitet werden mußte. Sein oft wiederholter Aphorismus »Die Zeit gleicht einem Fluß, der uns leichte und aufgeblähte Dinge herbeigetragen hat, während doch gewichtige und solide untergegangen sind« (IV, 15) läßt uns vermuten, daß er die Aneignung von Wissen als eine umfassende Rettungsaktion betrieb, oder, wie er selbst sagte, »gleich einem General, der etwas in Besitz zu nehmen trachtet« (IV, 23).

Über die offensichtlichen Grenzen hinaus, die er dem Einfluß der Vergangenheit setzt, sind seine Prosa und sein Denken indessen tief und umfassend von der Tradition gefärbt; es gibt hier eine Intertextualität, die stillschweigende Verpflichtung ebenso nahelegt wie uneingestandene Abhängigkeit. »Er war ein unermüdlicher Leser von Büchern«, berichtet William Rawley, sein Kaplan und Biograph, »doch sein Wissen entstammte nicht Büchern, sondern einigen wenigen Motiven und Vorstellungen [grounds and notions] in seinem Inneren« (I, 11). Zwischen den Akt des Lesens und die Entstehung dieser »Motive und Vorstellungen« schiebt sich ein komplexer Prozeß der Transformation und des Austauschs. Dieser Prozeß und seine Bedeutung werden mein Hauptthema sein; ein Prozeß, der die Definition der Moderne als der Diskontinuität zwischen Tradition und Innovation bestätigen wird.

Als ob er seiner Hingabe an die Vergangenheit widerstehen müßte, richtet Bacon seine Philosophie auf Forschen und Entdecken aus. Vermutlich reagierten nur gewisse ›philosophes‹ des 18. Jahrhunderts auf Bacons Aufruf zu einer geistigen Revolution; ein Aufruf, der seinen Anspruch auf Originalität enthält, der seine Forderung nach einem Neubeginn, nach einem Wissen durch unmittelbare Erfahrung, nach schöpferischer Erfindungsgabe und nach neuen Entdeckungen und selbst noch seine wissenschaftliche Methode durchdringt. Dieser Aufruf stimmt nicht mit der maßvollen Rationalität überein, die viele gegenwärtige Wissenschaftshistoriker zelebrieren; er ist radikal und kompromißlos. Die unterschiedlichen Akzente, mit denen Bacon seine Entdeckungsvorhaben versah, haben hinsichtlich ihrer kumulativen Auswirkungen zweifellos keine genügende Anerkennung gefunden, und auch das Ausmaß ist nicht erkannt worden, in dem diese Akzentuierungen die detaillierteren und ausdrücklicheren Erklärungen eines Descartes um mehr als eine Generation vorwegnehmen. Wenn Wissen-als-Macht die Freiheit des Menschen von der Autorität der Vergangenheit bedeutet, so können die Menschen neue Prinzipien und Werke ersinnen und damit ihre Bestimmung erfüllen.

Alle philosophischen Werke Bacons dienen dem Zweck praktischer Innovation: so wenn er einen Überblick über jedes Wissensgebiet gibt und Anregungen vermittelt, wie es fortschreiten kann, wie in *Der Fortschritt der Wissenschaften*; so wenn er eine Philosophie und eine Methode wissenschaftlicher Forschung unterbreitet und zugleich die etablierten Denkschulen widerlegt, wie in der *Instauratio Magna*; so wenn in den *Essays* – wie in vielen von Bacons Werken – traditionsgesättigte Anspielungen in Konkurrenz zur ausdrücklichen Bedeutung treten. In der *Instauratio Magna* und in vielen anderen Schriften beharrt Bacon darauf, daß er ein völlig neues Unternehmen in Gang setzt. Zur selben Zeit erhebt seine wissenschaftliche Methode die Forderung, die Natur auf neue Weise zu sehen, so, als ob es das erste Mal sei, »mit einem Verstand, der von Meinungen rein gewaschen ist [...] und wir wieder kleinen Kindern gleichen« (V, 133).

Das Programm Bacons muß daher absolut modern erscheinen: Er beweist sein geschichtliches Selbstbewußtsein dadurch, daß er seine eigene Unabhängigkeit und die seiner Zeit von der Vergangenheit unterstreicht und zur Erfindung eines Neuen aufruft, das die Gegenwart noch mehr von der Vergangenheit und die Zukunft von beiden insgesamt abheben wird. Gewisse Schwierigkeiten, die für die Moderne bezeichnend sind, entstammen dieser Proklamation von Diskontinuität. Wie können neue und originelle Gegenstände losgelöst von den Quellen existieren, aus denen sie geschöpft werden? Und wie können wahrhaft neue Ideen den uneingeweihten Lesern vorgestellt werden, ohne der verzerrenden Abhängigkeit von einer allzu vertrauten Ausdrucksweise zu erliegen? Nachdem Kolumbus endlich drüben angelangt war, mußte er sofort das Fremde als bekannt erscheinen lassen, indem er erklärte, daß er nur eine neue Route nach einer altbekannten Gegend, nach Ostindien, gefunden habe. Auf der allgemeinsten Ebene gleicht das schwierige Definitionsproblem Bacons dem von irgend jemandem, der im Leben oder in der Kunst versucht, to »make it new«, wie Ezra Pound sagt. Bacon und Kolumbus verkörpern zwei extreme Haltungen in einer nahezu existenziellen Situation von Modernität. Die Probleme der Moderne waren als Aspekte des historischen Bewußtseins natürlich schon zuzeiten der Renaissance latent vorhanden, d. h. seitdem die Vergangenheit aus der Perspektive einer neu begründeten Gegenwart erforscht wurde. Sie wurden noch dringlicher und vielseitiger in einer fortgeschrittenen kapitalistischen Gesellschaft wie der unseren. Hier üben das Ideal des Individualismus, die Zwänge der Massengesellschaft und die Ideologie der Werbung auf viele Menschen einen solchen Druck aus, ihre einzigartige, unerschöpfliche Wandlungsfähigkeit unter Beweis zu stellen, daß sie hektisch nach ungewöhnlichen Objekten und Erlebnissen fahnden. Blumenberg definiert diesen Widersinn zutreffend, wenn er von dem Legitimitätsproblem spricht. Es »hängt freilich schon mit dem Epochenbegriff selbst zusammen. [...] Latent ist das Problem in dem Anspruch der Neuzeit, einen radikalen Bruch mit der Tradition zu vollziehen, und in dem Mißverhältnis dieses Anspruchs zur Realität der Geschichte, die nie von Grund auf neu anfangen kann.«[11] Dieses Problem der Moderne wird ausgezeichnet veranschaulicht durch eine Gegenüberstellung von Bacons Präsentation seiner Ideen in der *Instauratio Magna* als »ganz neuartig, völlig neu in ihrer Art« (IV, 11) mit den gegenteiligen Schlußfolgerungen, zu denen der hervorragende Gelehrte Paolo Rossi über ihn gelangt:

»Bacon sprach die allgemeinen Ansichten seiner Epoche aus, und er bestimmte einige ihrer wesentlichen Ansprüche, als er sich energisch darum bemühte, die sog. mechanischen Künste zu rehabilitieren, als er die Sterilität der scholastischen Logik denunzierte und eine Geschichte der Künste und Wissenschaften plante, die als Grundlage einer Reform des Wissens und gerade auch der menschlichen Erkenntnis dienen sollte.«[12]

Zur Debatte steht hier keineswegs die Existenz dieser neuzeitlichen Diskontinuität, sondern vielmehr ihr Wesen, ihre Tiefe und ihre Implikationen. Bacon reflektiert, wie wir soeben gesehen haben, das Wesen und die Probleme des Modernismus nicht einfach, weil er einen Anspruch auf Neuheit erhebt, sondern er beansprucht sie, weil er eine Philosophie der Erfindung aus der Taufe gehoben hat. Die zentrale Linie der Diskontinuität innerhalb dieser neuartigen Philosophie des Neuen verläuft tatsächlich zwischen zwei Innovationsidealen: zwischen einer allmählich hervortretenden Philosophie des Entdeckens und ihrem traditionellen Substrat. Ich werde unter diesem Substrat einen Wandel als Reform verstehen, unter jenem Hervortreten einen Wandel als Revolution. Obgleich Bacon keinen dieser Termini in einem prägnanten Sinn verwendet, sind sie sehr wohl geeignet, um zwei implizite, gleichwohl aber verschiedene Perspektiven zu bezeichnen, die im Titel von Bacons Forschungsprogramm verbunden sind: »Die

Große Instauration«. Die moderne Diskontinuität eines Bacon ergibt sich (für den Augenblick vereinfacht formuliert) aus folgendem Umstand: An einigen Stellen ruft Bacon ganz unüberhörbar zu einer Revolution im Denken auf, die zu radikalen Veränderungen in der Kultur führen würde, aber während er ihn noch definiert und ausarbeitet, treten diesem Aufruf die widerspenstigen, älteren Ideen von einem Wandel als Reform entgegen, die ihn gewöhnlich durchkreuzen.

Der Tatsache, daß Bacon das Wort Instauration völlig unerklärt belassen hat, ist es wohl zum Teil zu verdanken, daß die Bedeutung dieses Schlüsselbegriffs in der Geschichte der modernen Ideen vom Wandel, besonders dem der Revolution, völlig verkannt worden ist. Da dieser Begriff aber seine Bedeutungsgehalte ganz energisch aus traditionellen Kontexten entwickelt und gerade diese Energie einen fortdauernden Einfluß ausgeübt hatte, wird eine Untersuchung des Wesens der modernen Diskontinuität, die in Bacons Instauration zum Ausdruck kommt, zugleich auch eine Untersuchung der dynamischen Spannung zwischen Vergangenheit und Gegenwart, die die westlichen Ideologien des Wandels geprägt hat. Die Große Instauration umfaßt christliche Reformideen (an die ja der klassische Gedanke der Wiederkehr assimiliert worden ist) ebenso wie die vorsichtige Annäherung an eine säkulare Revolutionsidee samt dem Entwurf eines Diskurses säkularer Prophetie. Die biblische Prophetie wie die Exegese, denen die visionäre Tradition der Literatur entstammt, sind außerordentlich regenerationsfähig. Jede Prophezeiung bestätigt eine prophetische Tradition, da sie eine Reihe allgemeiner Erwartungen spezifischen historischen Situationen anpaßt. In ihrem Aufruf zu Engagement und Handeln kann die Prophetie indessen subversiv und revolutionär sein. Das Buch der Offenbarung, das während der englischen Renaissance so intensiv gelesen und diskutiert wurde, transportiert in seinen apokalyptischen Prophezeiungen eine Idee von Revolution. Diese Prophezeiungen vollenden die Geschichte, vereinen ein breites Spektrum literarischer Gattungen in sich und erschaffen zugleich alles neu. Auf sie beriefen sich Jakob I. und auch die Revolutionäre, die seinen Sohn enthaupteten. Bacons *Instauratio Magna* veranschaulicht treffend die Zwieschlächtigkeit der Prophetie.

Für den Begriff der Reform hat Augustinus eine klassische Definition und ein Beispiel bereitgestellt.[13] Sie ist ein aus Vorsatz entstandener Wandel. Dieser korrigiert ebenso sehr das Vorhandene wie er es als veraltet beiseite drängt, und er richtet sich, von der Vergangenheit ausgehend, auf Erfüllung, auf Erlösung oder Verbesserung der gefallenen

Welt. Die Diskontinuität, auf die sich das historische Selbstbewußtsein stützt, ist hier weniger radikal als angesichts der Revolution. Die traditionellen Modelle bieten reiche Möglichkeiten für Nachahmung und Wettstreit: Reform ist ein Prozeß, bei dem irgend etwas oder irgend jemand kraft einer größer werdenden Ähnlichkeit mit sich selbst seiner Erfüllung näher kommt. Der Gedanke einer geistigen Revolution, den das 17. Jahrhundert konkret veranschaulicht und der sich im 18. Jahrhundert festigt, weist auf einen Neubeginn und auf ein Vertrauen zu individuellem und kollektivem Urteilsvermögen hin. Obgleich gerade diese revolutionäre Haltung sich auf alte oder gottgegebene Rechte beruft, stützt sie sich eher auf die Spontaneität, die Originalität oder die autonomen Kräfte der menschlichen Vernunft.

Irgend etwas zu verändern oder hervorzubringen, heißt natürlich, eine Form von Macht zur Geltung zu bringen. Die Ideologien des Wandels setzen Rahmenbedingungen, innerhalb derer Innovatoren – eine Kategorie, die Künstler, Wissenschaftler, Geschäftsleute, ja in gewisser Weise alle Mitglieder der Gesellschaft einschließt – der Menschheit ihre gegenwärtige Herrschaft über sich selbst, über die Natur wie über die Tradition zu Bewußtsein bringen. Der Appell Bacons an König Jakob, die Führung und finanzielle Unterstützung zu übernehmen, bezeugt ein Bewußtsein davon, daß schon die Entdeckung neuer Erkenntnisse nicht mehr nur neue Bildungsinstitutionen, sondern auch eine neue Beziehung zwischen Wissenschaft und politischer Macht erfordert. Die Ideologien des Wandels stellen in der Tat für jede beliebige Gruppe, die an der Macht ist, eine Legitimation zur Verfügung – und zwar, indem sie deren Ausübung, Übergabe und Nachfolge steuern und zugleich aber auch vernebeln. Wenn die vorherrschenden Auffassungen von Revolution im 17. und 18. Jahrhundert, wie Marx behauptet, bürgerliche Ideologien darstellen, nämlich in der Weise, daß sie die Interessen der aufsteigenden Klasse zu fördern suchen, dann stellt die *Instauratio Magna* die widersprüchlichen Klasseninteressen dar, die in der alten und in der neuen Ideologie des Wandels wirksam sind. Die Beziehung Bacons zu Jakob unterstreicht die Übereinstimmung zwischen dem englischen Absolutismus und der *Instauratio Magna*, die gleichermaßen eine Repräsentation wie eine Reaktion auf den Klassenkonflikt enthalten.

Bacons Diskurs über den Wandel umfaßt zwei miteinander unvereinbare Ansichten der Wahrheit und ihrer Darstellung in der Sprache, und gerade als Funktionen seiner beherrschenden Philosophie des Wandels sollten diese beiden Epistemologien verstanden werden. Die Reform verlockt zu Analogien und zu dem Spiel mehrerer Bedeutungsebenen in dem Maß, wie sie das Alte und das Neue jeweils miteinander verknüpft. Sie stellt die Kargheit der nackten Tatsachen bloß, indem sie das Wissen in einer Hierarchie literarischer Gattungen fixiert. Die reformerischen Visionen der Geschichte gehen zum Teil aus der biblischen Exegese hervor, die die buchstäblichen und die übertragenen Bedeutungen voneinander trennt, und überdies aus den klassischen Kontexten, in denen der Ausdruck *mimesis* zugleich die Imitation traditioneller Muster wie die Nachahmung der Realität bedeutet. Bei Bacon heißt Revolution degradieren und demaskieren; ihr mangelt jegliche Dialektik, doch wie viele andere »bürgerliche« Auffassungen von Revolution sucht sie eine unmittelbare Begegnung mit den »Dingen wie sie sind« – und dazu eine schmucklose, beschreibende Sprache. Der Reformer Bacon beherrscht die Feinheiten der Metaphorik und der Allegorie in *The Wisdom of the Ancients*, in der Ikonographie von *Neu-Atlantis*, in der Fülle seiner juristischen und philosophischen Rhetorik und in seinen Ansichten über die Gesetze der Natur, die eindeutig von mechanistischen Metaphern und Modellen abhängen. In mancher Hinsicht ist seine wissenschaftliche Methode selbst eine Art Reform oder Erfüllung rhetorischer Ideale und Praktiken, während sein Forschungsideal der prophetischen Offenbarung nachgebildet ist. Zugleich jedoch ist Bacons Forschungsweise revolutionär, insofern sie eine durch Modelle unvermittelte, vollständig gegenwärtige Realität zu erfassen sucht. Bacons metaphorischer Diskurs über die Reform verdankt sehr viel jenen älteren Vorstellungen von einer Welt, die durch eine Kette von Korrespondenzen und Gleichnissen zusammengehalten wird, wodurch alle Dinge einander potentiell zum Symbol und Abbild werden. Da er jedoch darauf aus ist, eine präzise Sprache der Revolution zu konzipieren, fördert er Anschauungen, die, wie jene Descartes' und der Logiker von Port-Royal, Ähnlichkeit in Identität und Differenz auflösen.

Mein Vorgehen, die Darstellung von Bacons Denken nach »Reform« und »Revolution« zu gliedern, impliziert die Schlußfolgerung, daß nicht nur Ideen des Wandels für sein Denken zentral sind, sondern daß die Diskontinuität eben dieses Zentrum betrifft. Ganz gleich, ob sich Bacon dieses Zwiespaltes in seinen Schriften bewußt war – und er hätte ihn kaum gänzlich ermessen können –, so scheint dieser irreparabel zu sein. Im Lateinischen bedeutet *instauratio* gleichermaßen Erfüllung und Neubeginn; mit seinem ungeahnten Gespür für das Revolutionäre spannt Bacon diese Zweideutigkeit bis zum Zerreißen. Um originell und doch mit sich selbst in Einklang zu bleiben, muß er die Beziehungen zwischen Revolution und Offenbarung verbergen. Mit dieser Verleugnung beantwortet er die Problematik der Moderne, das Dilemma von Tradition und Innovation, mit dem ihn seine eigenen Ziele und der geschichtliche Augenblick konfrontieren.

Der Fall Bacons scheint demnach nicht auf eine pragmatische Form von Modernität hinauszulaufen, ebensowenig wie auf den Triumph der objektiven Vernunft über die Mächte des Aberglaubens. Und ähnlich wie bei Bacon kämpft sich der Gedanke einer säkularen Revolution auch bei Descartes durch einen schrecklichen Morast tiefsten Zweifels hindurch, um atemlos nach einer neuen Grundlage Ausschau zu halten, die ebenso fest wie eine prophetische Überzeugung ist. Der Fall Bacon ist freilich grundsätzlicherer Natur, da er erkennen läßt, daß die Suche nach identifizierbaren Merkmalen der Moderne in die Irre führen kann. Denn seine Modernität liegt nicht so sehr in der Vision einer Revolution als vielmehr in dem Bruch zwischen der alten und der neuen Weise, solche Visionen zu begreifen. Modernität ist daher weniger eine Bedingung oder eine Haltung als vielmehr der unvollendete oder aufgeschobene Versuch, eine Haltung festzulegen.[14] In dieser Perspektive beeinflußt die Subversivität, die Bacons Forderung nach völliger Neuheit erfüllt, zunächst die Vision des Neuen selbst, denn sie muß sich in dem kulturellen Rahmen artikulieren, auf den es die Subversion absieht. Die Vision gibt folglich die noch immer dämonischen, unberechenbaren Kräfte der Tradition frei, die in dem Widerspiel der Differenzen zwischen dem Neuen und dem Alten Bedeutungen ebenso sehr abschwächen und verschieben wie sie sie erweitern und verstärken. Tradition heißt Weiterreichen, aber gerade durch das Weiterreichen gefährdet sie die souveräne Verfügung des Empfängers über den Sinn.

Mit Hilfe welcher Kriterien kann man eine solche Modernität beurteilen? Gewiß ist sie von einer tiefsitzenden Schwäche durchdrungen – was aber, wenn gerade die besonderen Stärken des Zustandes der Modernität aus solchen Widersprüchen hervorgehen? Paul de Man, der sich mit den inhärenten Widersprüchen der Moderne beschäftigt hat, faßt den Sinn von *modern* in der Weise auf, daß er nicht eine besondere geschichtliche Epoche oder ein geschichtliches Selbstbewußtsein per se kennzeichnet, sondern einen Aspekt der »Eigenart von Literatur«[15] in jeder Epoche, wobei dieser Aspekt seit der Literatur der Renaissance an Intensität gewonnen hat.[16] Er weist auf einen Impuls in der

Literatur hin, aus den Begrenzungen von Sprache und Form auszubrechen, um »Unmittelbarkeit« zu erreichen, d. h. ihr Thema weniger zu repräsentieren als zu präsentieren. Dieses Ziel der Unmittelbarkeit kann, von Archibald MacLeish' modernistischem Credo, daß ein Gedicht nicht etwas sagen, sondern dasein solle, bis zu dem gängigen Bedürfnis von Schriftstellern reichen, die Grenzen ihres Mediums zu sprengen und unmittelbar zu Wort und Tat überzugehen. Es gehört zu den Enttäuschungen der Moderne, daß man, um das Einzigartige, das Unmittelbare und Ursprüngliche ins Auge zu fassen, notwendig von vorhandenen Stilen, Vorstellungen und Ausdrucksweisen abhängt. De Mans Perspektive ist jedoch dadurch begrenzt, daß er es versäumt, die Moderne zu historisieren: man wird zwangsläufig auch von den bestehenden sozialen Institutionen bedingt, von der Zensur über das Verlagswesen bis zur Ideologie, die allesamt mit dem Autor in der Hervorbringung des Diskurses zusammenwirken. Allerdings haben de Man und andere Kritiker je auf ihre Weise hervorgehoben, daß die moderne Literatur im Kampf mit sich selbst liegt, und ihre Stärke rührt gerade von der Tiefe dieses Kampfes her. Dadurch wird aber letztlich die Bedeutsamkeit des Autors als eines Gegenspielers und die der Unmittelbarkeit als eines Ziels in Frage gestellt.

Der dritte Teil dieser Studie untersucht, in welcher Weise die Baconschen Werke ihre gleichsam überschäumende Kraft gerade dadurch erlangen, daß der Revolutionär Bacon seine höchst beziehungsreiche Vision einer neuartigen Wahrheit in das dichte Substrat von Sprache und Tradition des Reformers Bacon einsenkt. Bacons Aufruf wird verschoben und erweitert durch seine dichte Kontextualität. Sein Anspruch auf Modernität verbirgt die Not der Moderne. Sein Roman der Vernunft erleidet während seiner textuellen Karriere eine Art hermeneutischen Schiffbruchs, da er Bacons tiefsitzende, ambivalente Beziehung zu seiner eigenen Bildung und Begabung widerspiegelt.

Wenn die Moderne im Hinblick auf ihre Diskontinuität einen Bewertungsmaßstab nahelegt, so wäre der avancierteste Schriftsteller nicht derjenige, der die größte Unabhängigkeit und Originalität erreichte, sondern der, dessen Werk die atemberaubendste Spannung zwischen der Vision und ihrem Substrat vorwiese; es wäre derjenige, der, wie manche *hommes d'avantgarde*, das größte Wagnis der Inkongruenz einginge. Absolute Monarchen können solchen Verrenkungen nicht wohlgesonnen entgegensehen, und sei es auch nur, weil diese die Widersprüche des Absolutismus anzeigen. König Jakob verlor angesichts der *In-*

stauratio Magna die Geduld; er begriff wohl die Unmöglichkeit, sich Bacons revolutionärer Haltung gegenüber der christlichen Ideologie des Wandels anzuschließen, und fühlte zugleich die Unmöglichkeit, den Sinn des Werkes außerhalb jenes Kontextes zu deuten. Über Bacons Werk spottete er: »Es ist wie der Frieden Gottes, welcher über die menschliche Vernunft geht.«[17] Ein recht verstandener Bacon wird zu einer der modernsten Gestalten der Geschichte, noch mehr vielleicht als ein rasender Rimbaud oder ein vorwärts drängender Descartes, da diese beiden die revolutionäre Haltung stabilisiert und deren Kontexte vollständiger verdrängt haben als Bacon.

Solche Stabilisierung und Verdrängung hat zu der voreingenommenen Lektüre beigetragen, die es uns schwer macht, Bacon zu verstehen. Denn der Reformer und Schriftsteller wird zum Gegenstand des Literaturhistorikers, während sein Aufruf zu Wissen und Macht, zu einer glorreichen Moderne, der Domäne des Wissenschafts- oder Geistesgeschichtlers angehört. Obwohl Bacon selbst gegen Überspezialisierung wetterte, hat dabei doch seine einflußreiche Unterscheidung von solchen Disziplinen, die Wissen kultivieren (d. h. die heutigen Geisteswissenschaften), von jenen, die es entdecken (d. h. die Naturwissenschaften), eine Rolle gespielt. Seine eigene moderne Blindheit hat die Blindheit seiner Leser nach sich gezogen. Des weiteren ist unser Blick auf die *Instauratio Magna* derart von einem formelhaften Stumpfsinn, einer progressistischen Lektüre beeinträchtigt, die nur allzuleicht Bacons Prophezeiungen in der modernen Wissenschaft und Technik in Erfüllung gegangen sieht, so daß wir nur mit Mühe erkennen, wie unheimlich das Werk tatsächlich ist.

De Mans Freude daran, Diskontinuitäten und Widersprüche aufzustöbern, kann zu einer Midasgabe geraten, die, wie einige sich beklagt haben, jeden Text absurd werden läßt: eine zitternde Masse verborgener Signifikanten, die schließlich die Suche nach Bedeutungen und den Willen zum Handeln erlahmen läßt.[18] Das muß nicht so sein. De Mans Zugang zur Literatur der Moderne enthält nützliche Anregungen für die Analyse, aber er braucht nicht mit dem feinsinnigen Enthusiasmus verfolgt werden, der am Ende vor den Enttäuschungen der Moderne resigniert, der sich auf Literatur als Institution beschränkt und der daher unausgesprochen den Autor wie den Leser in den Institutionen einer wie immer auch ungerechten Gesellschaft einschließt. Bacon wird weiterhin (fern jeglicher Mode) gelesen, zum Teil deshalb, weil seine utopischen, erfrischend antiliterarischen Prophezeiungen nicht vollständig in den Enttäuschungen einer institutionalisierten Literatur aufgehen.

In der Tat entwirft Bacons Werk einen produktiven Kontext für die subversivste Gestalt gegenwärtiger Strömungen der Moderne. Die Einsicht, die Bacon zu dieser Thematik bietet, kann ich am besten erläutern, indem ich kurz auf sein Verhältnis zu Nietzsche eingehe – immerhin ein Hauptfaktor in den zeitgenössischen Ansichten über die Moderne, jene de Mans eingeschlossen. In *Zur Genealogie der Moral* liefert Nietzsche eine möglichst breit angelegte Kritik der modernen Kultur, die als bloße Säkularisierung verstanden wird, und er behauptet, daß Philosophie, moderne Wissenschaft, Bildung sowie ein großer Teil von Kunst und Literatur verschleierte Manifestationen eines »asketischen Ideals« darstellten; es sei von den Priestern des Altertums erfunden worden, und zwar in der Absicht, die wunderbare Bedeutungsfülle des Lebens zu zerstören und statt dessen »geistige« Werte einzuführen. Zu Interpreten des Sinnes befördert, erlangten die Priester Macht über andere und genossen die exquisiten, sadomasochistischen Freuden, die die Pflege spirituellen Leidens gewährt. In der Neuzeit ist das Ideal der Wahrheit, so führt Nietzsche aus, die asketische Illusion, die sich mit dem Gottesbegriff entwickelt, aus ihm hervorgegangen ist und ihn schließlich ersetzt hat. Moderne Wissenschaft, Kunst und Studium haben nur diesen ehrfurchtgebietenden Asketismus oder »Willen zur Wahrheit« intensiviert, der der abendländischen Kultur von Anfang an zugrunde liegt. Die ideale Wahrheit ist von den priesterlichen Philosophen, wie etwa Platon, als das Wissen vom Sein bestimmt worden, d. h. als Wissen von einer »wirklichen« Welt oder einem »wirklichen« Subjekt jenseits der Welt der Erscheinungen oder jenseits des sichtbaren Subjekts. Das Reich des Seins ist als zeitlos, als unaufhörlich sich selbst gegenwärtig gedeutet worden und daher grundverschieden von dem ununterbrochenen Wirbel der Erscheinungen. Als eine »Metaphysik der Präsenz« ist Nietzsches Diagnose durchdacht und weitergeführt worden, und man hat vorgebracht, daß eine repressive Metaphysik weiterhin die grundlegende westliche Orientierung zur Welt charakterisiere und die autoritären und patriarchalen Mechanismen sozialer Kontrolle ergänze.

Nun kehrt aber Bacon nicht gerade einen Willen zur Wahrheit hervor, sondern eine Art spontaner Gier nach Realität (ich nenne sie »visionären Realismus«, um sie von ihrem schottischen Vetter abzuheben und ihren Stammbaum zu betonen), und diese ist einfach nicht anspruchsvoll genug für irgendeine der Philosophien des 20. Jahrhunderts. An der Spitze dessen, was gelegentlich als sein grober und naiver Realismus angesehen wird, hegt Bacon eine simple, referentielle Ansicht, die besagt, daß die Sprache dazu bestimmt ist, Realität zu spiegeln, und daß dies ohne Verzerrungen gelingen kann. Da haben wir also eine Macho-Philosophie, die ganz deutlich die Metaphysik der Präsenz veranschaulicht; eine Philosophie, die mit Hilfe unscheinbarer religiöser Anspielungen ausgedrückt wird und die von der versteckten, asketischen Impotenz des Priester-Philosophen eines Nietzsche kündet.

Sobald man die literarische Politik der Zuschreibung und der Genealogie begreift, wird es einem klar, wie das Wahrheitsideal den Anspruch auf Macht verschleiern kann. Zu dieser Einsicht leitet uns freilich ebenso das Werk Bacons. Nietzsche bewundert Shakespeare außerordentlich, weil der Dramatiker »die Kraft zur mächtigsten Realität der Vision« [19] besitzt – eine Realität, die offensichtlich stark von dem priesterlichen Ideal des Gelehrten abweicht. Nietzsche stand jedoch der englischen Literatur nie sehr nahe. Nichts enthüllt dies deutlicher als die Tatsache, daß dieser sensible Kritiker (sofern die erhabene Positur des *Ecce Homo* dies zu verstehen gibt) offenbar in Bacon den Autor der shakespearschen Stücke vermutete. Nietzsche zieht diesen Schluß, wie er uns sagt, aufgrund von Bacons eigenem Verlangen nach Realität: »Wir wissen lange nicht genug von Lord Bacon, dem ersten Realisten in jedem großen Sinn des Wortes [...]« [20] So wie Bacons Autorschaft geheim blieb, so, bemerkt Nietzsche, wäre es seiner eigenen widerfahren, hätte er unter dem Namen Wagners publiziert. Eher als die Zugehörigkeit zu dem Geschlecht tiefgründiger und abirrender Vernunftpriester scheint Nietzsche seine und Bacons Zugehörigkeit zur Linie skeptischer Visionäre zu suggerieren, jener, die offen sind gegenüber dem Spiel der Differenzen jenseits des Mythos vom Sein. Daß er den Realisten Bacon aus der Ferne bewundert, führt uns zu der offensichtlich seltsamen Schlußfolgerung, daß Bacons Wille zur Wahrheit dasjenige an ihm ist, was der Dekonstruktion am leichtesten erliegt, und zugleich auch das, was am dauerhaftesten zur Freiheit verhilft.

Die Erneuerung der Wissenschaften durch Bacon lenkt unsere Aufmerksamkeit auf eine wesentliche Diskontinuität der Moderne. Jene Erneuerung umfaßt die Polaritäten von Glauben und weltlicher Vernunft, von Hegemonie und Subversion. In ihrem Licht erscheinen die Modernismen des 20. Jahrhunderts, die Avantgarde und die Postmoderne etwas mehr in der abendländischen Geschichte verankert und etwas weniger als der normative Horizont eines absolut Neuen: Diese Bewegungen finden ihr Gegenstück in den Symptomen unserer Entfremdung und Vereinsamung, die sich als aufeinander folgende Kulte des Neuen mitteilen, oder als (geliehene) revolutionäre Gesten. Bacon allerdings proklamiert die Möglichkeit einer Erneuerung, die, obschon ihr ein Moment von Blindheit zugehört, Schreiben und Handeln, Tradition und Wißbegier miteinander vereint.

Teil I
Reform

1.
Säkularisierung oder der Tempel
des Geistes

Erbauung: Instauratio *als Reform*

Bacon verlieh seinem Programm zur Reform der Wissenschaften ein Warenzeichen: Instauratio Magna, die Große Erneuerung. Als ein Liebhaber der Allegorie und der Geheimschriften erklärte Bacon niemals, was er mit Instauration meinte oder warum er daran festhielt, so ausschließlich dieses Wort zu benutzen. Wie ich in der Einleitung andeutete, umfaßt der Doppelsinn des Wortes (Wiederherstellung/Neubeginn) viele der Paradoxien des Wandels, die für Bacon von so großer Wichtigkeit sind. In der Tat gebraucht er das Wort in der lateinischen Fassung der *Instauratio Magna* von 1620, um auf die Wiederherstellung oder den Wiederaufbau des Tempels des Königs Salomo in Jerusalem zu verweisen, und er beruft sich dabei auf die christliche Praxis einer spirituellen Erbauung, die zum Heil führt. Im wesentlichen durch das Latein der Vulgata geschaffen, steht dieser Symbolismus einer Wiederherstellung des Tempels hinter Bacons wissenschaftlicher, »zweiter Schrift« (IV, 261), und er deutet auf die schließliche Erneuerung von Tempeln der Natur und des Menschen durch Frömmigkeit, Arbeit und Erfindungsgabe.

Auf der Titelseite des Bandes von 1620 firmiert Daniel 12:4, ein wohlbekannter apokalyptischer Orakelspruch: »Multi pertransibunt et augebitur scientia« (Viele werden es durchforschen und die Erkenntnis wird wachsen). Bacon bemerkt dazu im *Novum Organum* (I, 93): »Die Prophezeiung Daniels [...] die das letzte Weltalter angeht [...] kündet unmißverständlich an, daß der vollkommene Übergang der Welt (welcher nun durch so viele Reisen in die Ferne vollbracht wird oder im Begriff ist vollbracht zu werden) und der Fortgang der Wissenschaften vom Geschick, d. h. von der Göttlichen Vorsehung, bestimmt sind, in jenem Zeitalter zusammenzutreffen« (IV, 92). Die Vorrede, die der Titelseite unmittelbar folgt, erläutert diese apokalyptische Erneuerung der Erkenntnis in einem spezifisch architektonischen Kontext, da sie das Bild eines wiedererrichteten menschlichen Verstandes einführt. »Francis von Verulam [...] dachte, daß alle Anstrengungen unternommen werden sollten, damit jener Verkehr zwischen dem Geist des Menschen und dem Wesen der Dinge [...] in seinen vollständigen und ursprünglichen Verhältnissen wiederhergestellt werden würde« (IV, 8). In der ersten lateinischen Version wird diese Wiedereinführung eine »Instauration« oder Wiederaufrichtung der Erkenntnis genannt. Bacon sagt zunächst, daß die Erkenntnis des Menschen nicht angemessen »errichtet« (aedificata) worden ist und »irgend einem großartigen Gebäude ohne Grundlage gleicht« (tanquam moles aliqua magnifica sine fundamento, I, 121). Wir müssen daher, behauptet er, »eine allumfassende Instauration der Wissenschaften und der Künste und aller menschlichen Erkenntnis, auf eigenen Grundlagen neu errichtet, veranlassen« (fiat scientiarum et artium omnis humanae doctrinae in universum Instauratio, a debitis excitata fundamentis, I, 121). Erkennen heißt, ein Bauwerk im Geist zu errichten; erneuern heißt, jenes Bauwerk wiederzuerrichten, zu »instaurieren« und, mittels der Technik, ebenso das Bauwerk der Natur.

Was ist das für ein Gebäude, dessen Renovierung unsere Einheit mit der Natur vor dem Sündenfall wiederherstellt? In der Widmung, die unmittelbar auf die Vorrede folgt, wird jeder Zweifel über die besondere Identität dieses Gebäudes beseitigt. An König Jakob gewendet, schließt Bacon, daß

»sich mit Recht die Genesung und Wiederherstellung [Regeneratio ista et Instauratio] der Wissenschaften für das Zeitalter des weisesten und gelehrtesten der Könige schickt. Endlich ersuch ich Euch [...] nämlich, daß Ihr, die Ihr Salomo in so vielen Dingen gleicht [...], weiter seinem Beispiel folgt und die Sammlung und Vervollkommnung einer Beschreibung der Natur und des Experimentes veranlaßt [...], auf der die Philosophie errichtet werden kann [ad condendam philosophiam].« (lat.: I, 124; engl.: IV, 11 f.)

Bacons wissenschaftliches Programm wird hier sowohl mit König Salomos eigenem, verlorengegangenem Werk über die Naturgeschichte, als auch, wenngleich weniger direkt und dafür aber nachdrücklicher, mit der Wiederherstellung von Salomos berühmtem Tempel verglichen. Die Vulgata – aus der Bacon regelmäßig zitiert – nennt freilich beinahe ausnahmslos die vielen Instandsetzungen von Salomos Tempel »Instaurationen«. Das Wort wird mit vorhersehbarer Präferenz im Buch der Könige 2/12:5–11, 22:5–6, im Buch der Chronik 2/24:4–27 und an anderen Stellen gewählt, um geheiligte, wiederholte öffentliche Vorhaben der Instandsetzung von Bauten zu bezeichnen. Gemäß dem Buch der Chronik 2/34:10 wurde Geld gesammelt »ut instaurarent templum et infirma quaeque sarcirent« (damit sie den Tempel wiederherstellten und alle Schäden ausbesserten); für diese Arbeiten brachten Zimmerleute, Maurer und andere Handwerker Bauholz, Steine, Schmiedeeisen und Kupferblech herbei, um am Fundament, an den Fußböden, dem Dach und anderswo zu arbeiten. Bacon wie auch andere Untertanen hatten vorher schon den gelehrten Jakob mit Salomo verglichen. Viele von Bacons Lesern (darunter gewiß auch Jakob) hätten an dieser Stelle den König als den Erneuerer einer anderen Art von Salomos Tempel, eines Tempels der Künste und der Wissenschaften geschildert – obgleich Bacons *Neu-Atlantis*, eine Utopie, die sich um den Laboratoriumskomplex dreht, der »Salomos Haus« genannt wird, noch etliche Jahre von der Veröffentlichung entfernt war.

Einige haben vielleicht bemerkt, daß der Lordkanzler Bacon (wie es die Titelseite herausposaunt) sein Werk über die Gesetze der wissenschaftlichen Methode und der menschlichen Vernunft dem König widmet und ihn darum bittet, das Haus der Erkenntnis wiederherzustellen; dagegen las der »Kanzler«[1] des Königs Josia (der die bekannteste biblische Erneuerung veranlaßte) seinem Herrn das mosaische Gesetz vor (das Fünfte Buch Mose), das während der Erneuerung des Tempels gefunden worden war. Und man hat vielleicht außerdem bemerkt, daß Josia, darüber verblüfft zu hören, was Gott von seinem Volk tatsächlich wollte, eine allgemeine Reform der Gesellschaft in Gang brachte, um das Gesetz in Kraft zu setzen. Vielleicht zielte Bacons Anspielung – wenn auch vergeblich – darauf, Jakob eine Handlungsweise nahezulegen, die ein gerechter Monarch nach der Lektüre der *Instauratio Magna* wählen würde.

Der Kontext der christlichen Heilsgeschichte wird jedenfalls in der *Instauratio Magna* kräftig herausgestrichen. »Durch den Sündenfall fiel der Mensch aus dem Stande der Unschuld, und er kam zugleich um seine Herrschaft über die Schöpfung. Beide Verluste können teilweise in diesem Leben wiedergutgemacht werden. Der erstere durch Religion und Glauben, der letztere durch die Künste und Wissenschaften« (IV, 247 f.). *Novum Organum* I, 124 verknüpft diesen Heilszweck mit der instauratio: durch die Künste und Wissenschaften kann die Menschheit versuchen, »die Macht und die Herrschaft des Menschengeschlechts über das Universum zu errichten und auszudehnen [instaurare et amplificare]« (lat.: I, 222; engl.: IV, 114). Dieses »Streben«, sagt Bacon, ist viel vortrefflicher als der politische Ehrgeiz eines Königs.

Neben Jakob haben sich wohl noch einige andere Leser des apokalyptischen Sinnes erinnert, den der vertraute Zusammenhang von Epheser 1:10 der *instauratio* verliehen hat: an dieser Stelle ist das Ziel der Geschichte »instaurare omnia in Christo« (alle Dinge in Christus zu versammeln [oder zusammenzutragen]). Diese Passage liefert die Grundlage für Irenaeus' einflußreiche Rekapitulationslehre (ἀνακεφαλαιοφσις), die die typologische oder figurale Ansicht der Geschichte im Alten Testament – nämlich Geschichte als eine Folge von Vorgriffen auf das Erlösungswerk Christi – kodifizierte. Nach dieser typologischen Ansicht der Geschichte besteht die Heilsgeschichte selbst in einer Art von Erbauung, in dem Fortschreiten der Gläubigen auf die Apokalypse hin, gerade so wie die religiöse Unterweisung auf eine Erbauung in der Rechtschaffenheit hinarbeitet. Wie es das *Christian Dictionary* von Thomas Wilson von 1612 formulierte, bedeutet »Erbauung entweder die Tat dessen, der andere durch Unterweisung in der Frömmigkeit zu festigen sucht; oder aber den Vollzug und die Frucht solchen Tuns [...], denn die Gläubigen sind Gottes Wohnung und Bauwerk, sein Tempel und die Steine des Neuen Jerusalem«.

Die Typologie der Instauration verleiht der allgemeinen Vorstellung von Erbauung größere Anschaulichkeit. Augustinus und Calvin ebenso wie Bacon beziehen sich auf sie, und auch viele Schriftsteller der Renaissance, einschließlich Budés, Rabelais und solcher englischer Geistlicher wie Walter Travers (den Bacon predigen hörte) verwenden *instauratio* oder das französische Lehnwort *instauration* in dem Bewußtsein, daß die figurale Bedeutung so etwas wie »die Wiederherstellung eines vollständigen Sinnes oder Wesens«[2] meint. Zu Bacons Zeit bot die typologische oder figurale Lesart der Geschichte selbstverständlich mehr als eine Anleitung zur Bibellektüre. Im protestantischen England des 17. Jahrhunderts galt ausnahmslos, daß das Alltagsleben einen Bestandteil des göttlichen Vorsehungsplanes bildete, dessen Muster in den biblischen Ereignissen, Charakteren, Gefühlen und Bestrebungen gegeben war.[3] Bacons eigenes Verständnis der figuralen Bedeutung wurde zweifellos durch die Predigten seines Freundes und Ratgebers Lancelot Andrewes erweitert, dessen Weihnachtspredigt von 1623 Epheser 1:10 auslegt und in Christi Geburt eine Zusammenfassung oder Erinnerung erkennt, mit deren Hilfe die Welt ihre geschichtliche Erfüllung und zugleich ihre radikale Neuheit erlangt. In der Tat liefert Bacon in *Der Fortschritt der Wissenschaften* eine ausgezeichnete Charakteristik der figuralen Beziehung, die zwischen dem unendlich bedeutsamen Substrat an biblischer Prophetie und dem Leben der Individuen herrscht:

»Die Heilige Schrift, die für die Gedanken der Menschen geschrieben worden ist und für die Nachkommenschaft aller Zeiten, mit weiser Voraussicht jeglicher Ketzerei, jeglichen Widerspruchs und des Zustands der Kirche, ja, und besonders der Erwählten [...] besitzt in sich, nicht nur als Ganzes und vereint, sondern verteilt in den Sätzen und Worten zahllose Quellen und Ströme der Lehre, um die Kirche an allen ihren Teilen zu bewässern. Und wenn daher der buchstäbliche Sinn gleichsam der Hauptstrom oder -fluß ist, so ist hauptsächlich der moralische Sinn und manchmal auch der allegorische oder symbolische derjenige, an welchem die Kirche ihren größten Nutzen hat.« (III, 487)

Wer demnach Bacons biblische Anspielungen ernst nimmt und sein neuartiges Wissen als einen Ableger figuraler Wieder-Erbauung betrachtet, der müßte in jenem Wissen die Fortsetzung irgendeines antiken Wissens und, für sich genommen, einen kontinuierlichen Prozeß der Entwicklung oder »Erbauung« früherer Einsichten in Richtung einer großen Synthese erwarten. In dem Gebet, das den Plan der *Instauratio Magna* beschließt und das sich der Ausdrucksweise einer Ikonographie der Instauration bedient, die er bereits auf dem Vorsatzblatt, in der Vorrede und in der Widmung eingesetzt hatte, verkündet Bacon als das Ziel seiner Wissenschaft, »eine Apokalypse oder wahrhafte Vision der Fußstapfen des Schöpfers zu verfassen, die seinen Geschöpfen eingeprägt sind« (IV, 33). Darüber hinaus kann Bacons Version von Erbauung nützlicherweise als ein Beispiel jener grundlegenden Orientierung gegenüber dem Wandel gedacht werden, die einige Gelehrte Reform genannt haben. Gerhart Ladner hält die Ideologie des Reformgedankens schon für vollständig bei den Kirchenvätern entwickelt. Er definiert sie als »den Gedanken einer freien, intentionalen, unaufhörlich vervollkommmbaren, vielseitigen, ausgedehnten und ständig wiederholten Anstrengung durch den Menschen, die in dem geistig-materiellen Weltkomplex präexistenten Werte wieder zur Geltung bringen und zu steigern«[4]. In der Reformideologie werden nun gerade – ganz gleich, ob es sich um einen religiösen Kontext handelt oder nicht – durch die schöpferische Nachahmung und Synthese vorangehender Vorbilder oder Formen Individualität, Erfindungsgabe und Wachstum bis zum Höchstmaß gesteigert. Der Reformer setzt eine Tradition fort, er schafft aber auch etwas ausgesprochen Neues, »eine neue Form durch einen reformerischen Akt, der nicht auf seine wirksamen Ursachen reduziert werden kann«[5].

Dem Reformgedanken Ladners liegt die Vorstellung eines stufenweisen Fortschritts von Individuum und Kosmos zugrunde, die auf die

Ebenbildlichkeit Gottes zielt. Im letzten Buch der *Bekenntnisse* sagt Augustinus, daß die Schöpfung oder Gestaltung des Menschen durch Gott in den endlosen Versuchen wiederholt wird, die jede gläubige Person unternimmt, um sich durch Christus an der Ebenbildlichkeit Gottes zu re-formieren.[6] Da dieser Gedanke erstmals im persönlichen Kampf des Christen gegen die gefallene Natur und die Zeit Gestalt annahm, so ist er nicht notwendig unverträglich mit der Ansicht, daß die Welt als Ganzes zur Apokalypse herabsinkt. Doch wenn der Reformgedanke eher auf die menschliche als auf die individuelle Geschichte bezogen wird, kann er eine optimistische Perspektive auf die Geschichte eröffnen: eine progressive Entwicklung zu endgültiger Harmonie.

Doch benennt der Ausdruck Reform nicht nur eine Abart des Wandels, sondern auch eine Weise des Verstehens. Das besagt, daß die Gegenwart teilweise als eine Repräsentation der Vergangenheit angesehen werden muß, eben so wie für den Protestanten des 17. Jahrhunderts jede Person und jedes Ereignis eine potenzielle, figurale Bedeutung besaß. Karl Morrison findet daher ein Gegenstück zum Begriff der Reform in der literarischen und künstlerischen Mimesis, bei der die Repräsentation der Wirklichkeit durch traditionelle Vorbilder und Muster vermittelt wird.[7] Auf dieser Folie ist Bacons Anspielung auf den Tempel Salomos mehr als nur ein geschickter Vergleich, um sich bei einem frommen Monarchen einzuschmeicheln. Er impliziert vielmehr, daß der figurale Kontext ein notwendiges Mittel der Darstellung ist, um zu begreifen, was eine authentische Reform der Wissenschaft sein könnte. Durch Reform und Mimesis wäre der christliche Kontext der baconschen Vorstellungen über wissenschaftlichen Fortschritt und wissenschaftliches Verstehen bezeichnet – d. h. seine Vorstellung von Instauration.

Religiöse Sprache und literarische Verschiebung

Bacon spricht, wie wir bemerkt haben, von den unendlichen Strömen der Lehre und von den allegorischen und symbolischen Bedeutungen. Es ist problematisch, diese Bemerkung direkt auf seinen Metapherngebrauch in der *Instauratio Magna* anzuwenden, und zwar deshalb, weil Bacon anführt, die unendlichen Quellen der Lehre bewässerten die Kirche – nicht etwa die Philosophie und die Wissenschaft. Viele Leser kamen zu dem Urteil, daß Bacons religiöser Sprache in Wirklichkeit kaum

Bedeutung zukomme, sowohl im Hinblick darauf, daß er die Religion von der natürlichen Erkenntnis ausschließe, als auch im Hinblick auf sein Geschick als Publizist, der feinfühlig auf die religiösen Sympathien seiner Leserschaft reagiert. Die Unabhängigkeit der Baconschen Wissenschaft von religiösen Spekulationen stützt sich auf die Annahme, daß, wenn Religion auf Vertrauen und Glauben, Wissenschaft jedoch auf Vernunft und Erkenntnis beruht, die Theologie sich niemals in die Untersuchungen über die Natur einmischen sollte. Bacon behauptet: wenn wahre Religion sich eher in dem Vertrauen auf das göttliche Wort in der Bibel als in metaphysischen Spekulationen gründet (wie das eben beim Heidentum und z. T. in der Scholastik der Fall ist), so befreit sie in Wahrheit die menschliche Vernunft von dem hoffnungslosen Unternehmen, Gott zu begreifen, und fördert eine unschuldige Erforschung der Werke und der Macht Gottes in der Natur (siehe *NO*, I, 89, den Anfang von *Der Fortschritt der Wissenschaften* und *Valerius Terminus*, 25). Auf diese Weise vollzieht sich die religiöse Rechtfertigung der Weltlichkeit. Bacon verwendet die mittelalterliche Unterscheidung zwischen dem Buch der Heiligen Schrift und dem Buch der Natur in ähnlicher Weise wie Galilei in seinem *Brief an die Großherzogin Christina*: um die notwendige Unabhängigkeit der wissenschaftlichen Forschung zur Geltung zu bringen.[8]

Wie können wir angesichts dieser kompromißlosen Trennung, die ja gerade dem Wunsch entspringt, die weltliche Vernunft von Autorität und Glauben zu befreien, Bacons Gebrauch der Instaurationstypologie in seinen Schriften verstehen? In welchem Sinn kann die Heilige Schrift auf das vorausweisen, was Bacon in der *Instauratio Magna* sagt und unternimmt? Eine allgemeine und oberflächliche Antwort könnte lauten, daß – obgleich Vernunft und Offenbarung geschieden sind – es doch seltsam wäre, wenn die Prinzipien und Ziele der Naturphilosophie nicht in irgendeiner Weise die providentielle Ansicht der Welt und der Geschichte, die die Offenbarung mitteilt, reflektierten und ergänzten. Hinsichtlich eines jenseits der Natur anwesenden göttlichen Gestalters sagt Bacon in *Der Fortschritt der Wissenschaften*: »Eine geringe oder oberflächliche Kenntnis der Philosophie kann den menschlichen Geist zum Atheismus neigen lassen, jedoch ein tieferes Eindringen in sie bringt den Geist zur Religion zurück.« (III, 268) Zwar ist solch eine natürliche Religion in sich selbst völlig unzulänglich, doch nach Bacons Meinung unterstreicht sie, daß Religion und Wissenschaft danach streben, den Menschen zu ein und derselben Seins-Hierarchie in Beziehung zu setzen. Ähnlich wie Machiavelli in Politik und Geschichte verfährt, so postuliert Bacon in der Wissenschaft eine weltliche Ordnung, die allein in natürlichen und menschlichen Begriffen erklärbar ist. Diese Begriffe sind die sekundären Ursachen, für die Gott die unerforschlichen primären Ursachen bereitstellt.[9] »Wie gewiß es auch sei, daß Gott nichts in der Natur wirkt als durch sekundäre Ursachen [...] wenn dann aber ein Mensch weiter [als die sekundären Ursachen] dringt und die Abhängigkeit der Ursachen und der Werke der Vorsehung erblickt, so wird er leicht, entsprechend der dichterischen Allegorie, glauben, daß das edelste Glied in der Kette der Natur sich um den Fuß von Jupiters Stuhl winden muß.« (III, 267 f.)

Man könnte freilich einwenden, daß es der Heiligen Schrift darum geht, Seelen zu erretten, und nicht darum, sich ausführlich mit den primären Ursachen der Naturerscheinungen zu befassen. Welche Auskünfte sie auch gibt – z. B. über die Schöpfung –, so können diese doch, wie Galilei und andere vorgebracht haben, allegorischen und weit voneinander abweichenden Interpretationen unterworfen sein. Die primären Ursachen scheinen für immer in Dunkel gehüllt, und Bacons Versuch, sie mit Gottes kosmischem Plan in Zusammenhang zu bringen, ist bloße Kosmetik. Angesichts von Bacons Enthusiasmus für die Herrschaft Adams haben nur wenige seiner Leser gespürt, daß sein christliches Engagement ungewöhnlich stark gewesen ist; viele haben es als oberflächlich oder eher heuchlerisch empfunden: als »frömmelnde Beteuerungen«[10]. Und frömmelnde Beteuerungen von seiten eines hervorragenden, wenngleich ziemlich einsamen Mannes, einsam selbst vor seinem politischen Sturz, scheinen außerdem recht plausibel. Über die Intellektuellen dieser Epoche sagt Robert Mandrou: »Eine derartige [religiöse] Sprache [...] auf seiten von Gelehrten, die am Rande der Orthodoxie und gegen den Strom wirken mußten, läßt die allgemeine Atmosphäre einer Gesellschaft ahnen, in der es ihnen nicht gelungen war, einen Platz zu finden. Sie wurden gleichsam dazu gebracht, sich dem direkten und persönlichen Schutz derer zu unterstellen, deren Aufgabe es sein würde, sie zur Strecke zu bringen und zu vernichten, sollten sie sich völlig offenbaren.«[11]

Hans Blumenberg streicht die Weltlichkeit der Neuzeit heraus und insistiert darauf (siehe Einleitung), daß Bacons Philosophie der Forschung von der christlichen Hoffnung »völlig abgelöst« worden ist und bloß obsolet gewordene, providentielle Kategorien »wiederbesetzt«. Allein »Bacons immer wieder mit dem Mittel des artifiziellen Säkularisats arbeitende Sprache«, vermengt »mit juristischem Kniff und schlauer Wendung geheiligter Argumente«, appelliert an den christlichen Hintergrund eines verlorenen Paradieses wie an eine Erlösung, die durch Wissenschaft und Vorsehung erlangt wird.[12] Mit anderen Worten, da Bacons religiöse Rhetorik artifiziell ist und Kniffe und Wendungen mit sich bringt, müssen wir uns vor ihm hüten; aber wenn wir seine Gerissenheit begreifen, werden wir zu seiner wirklichen, legitimen, modernen und pragmatisch-rationalen Argumentation zugunsten »humaner Selbstbehauptung« und der »Unschuld theoretischer Neugierde« geführt. Northrop Fryes Typologie literarischer Aussageweisen, reformerischen Ideen recht angemessen, bietet einen Weg, Bacons Verknüpfung oder Säkularisierung religiösen Materials zu erkunden und zu befragen. Bacons wiederhergestellter Tempel des Wissens ist schließlich keineswegs ein dritter oder vierter Tempel feierlichen Gottesdienstes; er steht nicht in einer direkten Abstammungslinie mit dem biblischen Tempel und mit dem religiösen Prozeß der Erbauung, sondern ist eher, um Fryes Begriff zu gebrauchen, verschoben sowohl lateral (von der Religion zur Wissenschaft) wie vertikal (d. h. zeitlich).

»Es ist das zentrale Prinzip der Verschiebung, daß das, was im Mythus metaphorisch identifizierbar ist, in der Romanze nur durch eine Form des Gleichnisses verbunden werden kann: Analogie, Bedeutungsassoziation, den Begriff umrankende bildliche Vorstellungen und so fort. In einem Mythus mag es einen Sonnengott oder einen Baumgott geben; in einer Romanze kann eine Person in bedeutungsvoller Assoziation mit der Sonne oder mit Bäumen stehen. In realistischeren Aussageweisen wird die Assoziation weniger streng bedeutungsgebunden und mehr zu einer Sache beiläufigen, manchmal sogar zufälligen bildlichen Ausdrucks.«[13]

Bacons Tempel der Künste und Wissenschaften, der menschlichen Vernunft und Erfindungsgabe formt und imitiert die, in Fryes Sinne, »wirkliche« Welt; nur andeutungsweise ist er ein Tempel des Glaubens und der Offenbarung, der eine göttliche Ordnung prophezeit.

In der Tat spielt Bacon nur einmal auf die »nicht verschobene« endgültige Instauration aller Dinge (siehe Epheser 1:10) an: »Möge Gott, der Gründer, Bewahrer und Erneuerer des Universums [Deus universi Conditor, Conservator, Instaurator] in Seiner Liebe und Seinem Mitgefühl für die Menschen diese Welt sowohl in ihrem Aufstieg zu Seiner Ehre wie in ihrem Abstieg zu dem Gut der Menschen durch Seinen

Sohn, der Gott mit uns ist, beschützen und regieren« (*Historia naturalis et experimentalis*; engl.: V, 373; lat.: II, 16). Diese providentielle Bedeutung von Instauration oder Wieder-Erbauung war eine Seite zuvor verschoben worden, als Bacon sein eigenes wissenschaftliches Unternehmen als »universelles Werk der Instauration« bezeichnet hatte. Stellt man diesen Sprachgebrauch dem vorigen gegenüber, dann wird erkennbar, daß die innovatorische Wiederherstellung der Welt durch den Menschen ihr Vorbild am göttlichen Erlösungswerk hat und daß der menschliche Handlungsbereich in der diesseitigen Sphäre liegt, wo er wie ein gottgleicher Herr die wahren himmlischen Mächte der Erneuerung herabzurufen vermag. In dieser Sphäre gibt es eine Art menschlicher Vorsehung – welche »Beispiel, Gepräge und Absicht von einer erhabeneren Vorsehung« erhält, wie Bacon sich in seiner Prometheus-Interpretation in *The Wisdom of the Ancients* ausdrückt – und ihre eigene Erfüllung von Natur und Kultur verfolgt.

Man könnte eine derartige Verschiebung als für die Renaissance typisch ansehen. Auf der semantischen Ebene deuten viele Ausdrücke, die die Wiederbelebung der wissenschaftlichen Studien beschreiben sollen, einen figuralen Kontext von Prophetie und Erfüllung an. Ihr volles Verständnis kann nicht in Begriffen von Wiederkehr oder heidnischer Metaphern der Wiedergeburt erschlossen werden. Das Gefühl der Verwandlung, von dem alle Beteiligten an einer kulturellen Renaissance ergriffen sind, »kann«, sagt Erwin Panofsky, »als eine ihrem Inhalt nach intellektuelle und emotionale, ihrem Wesen nach aber fast religiöse Erfahrung beschrieben werden«.

»[Die] Antithesen zwischen ›Finsternis‹ und ›Licht‹, ›Schlaf‹ und ›Wachen‹, ›Blindheit‹ und ›Sehen‹, mit denen man das ›Neue Zeitalter‹ von der mittelalterlichen Vergangenheit abhob, [waren] der Bibel und den Kirchenvätern entlehnt [...], und nicht weniger offensichtlich sind der religiöse Ursprung und die Bedeutung solcher Wörter wie *revivere*, *reviviscere* und besonders die von *renasci* (wiedergeboren werden). Es genügt, einen Abschnitt aus dem Evangelium Johannis zu zitieren: ›nisi prius renascitur denuo, non potest videre regnum Dei‹ (wenn jemand nicht von neuem geboren wird, kann er das Reich Gottes nicht sehen). [...] Wenn die Menschen der Renaissance auf die religiösen Gleichnisse der Wiedergeburt, Erleuchtung und Erweckung zurückgriffen, statt die neue Blüte von Kunst und Wissenschaft als bloße *renovatio* zu beschreiben, dürfen wir bei ihnen einen ähnlichen Anstoß voraussetzen: sie erfuhren ein Gefühl der Erneuerung in sich, das zu tiefgreifend und heftig war, um in einer anderen Sprache als der der Bibel ausgesprochen zu werden.«[14]

Panofsky spricht hier gewiß nicht von Kausalverhältnissen. Die Veränderungen in der Produktionsweise, in den Formen des Handels, in der Organisation der Gesellschaft usw. können einen bestimmenden Einfluß auf die Wiederbelebung der wissenschaftlichen Studien gehabt haben. Doch sobald man diese Wiederbelebung von ihrem eigenen Standpunkt aus betrachtet, wird die Religion für ein Verständnis der vielen in ihr enthaltenen Tendenzen wesentlich. Die entscheidende Frage ist daher nicht, ob Bacons Glaube inbrünstig, lau oder inexistent gewesen sei, sondern was sein Forschungsprogramm – und die Weise, wie er es vorstellt – der ungebrochenen Vitalität religiöser Bilder, Werte, Ideen des Wandels und Ausdrucksformen verdankt.

Wissenschaftliche Erbauung

Die architektonische Metaphorik der *Instauratio Magna* ist selbstverständlich in der Vergangenheit bemerkt worden: das Einsenken der Fundamente der Wissenschaften, das Fegen der Gänge des Verstandes, die Vorhöfe und inneren Gemächer der Natur, das Brautgemach des Geistes und des Universums, die Instauration ebenso sehr als Buch wie als Bauwerk, die Naturgeschichte der *Parasceve* als Speicher oder als Fundament für das Gebäude der Philosophie.[15] Gerade das spezifische Bild architektonischer Erneuerung und der religiöse Symbolismus des Tempels, der in ihm enthalten ist, verleihen dieser Metaphorik einen Zusammenhalt. Bacons »Fähigkeit, in Bildern zu denken, involviert nicht die strenge Entwicklung eines Ausdrucksmediums«, wie Brian Vickers feststellt, »sondern eine fließende Bewegung, die sofort auf Schwankungen im Denken anspricht«[16]: Ein Kornspeicher ist kein renovierter Tempel und der ist kein Brautgemach. Obgleich keineswegs jede Variante von Gebäudemetaphorik vorkommt und davon unabhängige Bildschemata ebenfalls gegenwärtig sind, macht Bacons Titel die architektonische Erneuerung (Instauration) zu einem privilegierten Bildschema. Eine Illustration der Titelseite sagt das Tausendjährige Reich vorher, eine Vorrede rät zur Erneuerung des Gebäudes der Wissenschaften, und ein Brief appelliert an Jakob, wie Salomo das Gebäude der Wissenschaft zu erneuern: All das bringt den Leser der *Instauratio Magna* dazu, den Kontext biblischer Instauration nicht aus dem Auge zu verlieren, sobald Bacon eine andere Gebäudemetaphorik einbringt, so wenn er etwa sagt, »instauratio facienda est ab imis fundamentis« (Wir müssen von den tiefsten Grundlagen aus neu beginnen; *NO* I, 31; *Works* I, 162), oder »Ich setze nach dem Vorbild der Welt das Fundament für einen heiligen Tempel in den menschlichen Verstand ein« (*NO* I, 120; *Works* IV, 106 f.), oder »Ich erbaue ein wahres Ebenbild der Welt in dem menschlichen Verstand« (*NO* I, 124; *Works* IV, 110).[17]

Für die Leser von 1620 vermittelt *instauratio* allen architektonischen Bildern dieses Buchs die Nebenbedeutung von Erbauung[18]: ein Konstruktionsprozeß, der sich im Geist, in der Natur und in der Gesellschaft vollziehen soll und der zwar die Naturerkenntnis einbegreift, sich aber auf die menschliche Natur und das Schicksal bezieht. Und es wird nun klar, daß selbst die Titelseite (Abb. 1, S. 46) dieses Bild verkündet, denn auch dort repräsentieren die Säulen des Herkules den Tempel der Welt, durch den das Schiff der apokalyptischen Erkundungsfahrt hindurchfährt, so wie man durch die Doppelsäulen vor Salomos Tempel hindurchgeht. Wenn daher Bacon das Motto der Großen Instauration, *plus ultra*, und die Prophezeiung Daniels in *Der Fortschritt der Wissenschaften* diskutiert, behauptet er: »Denn es kann wahrlich zur Ehre dieser Zeiten und in edlem Wettstreit mit dem Altertum behauptet werden, daß dieses großartige Bauwerk der Welt bis in unsere Zeit und die unserer Väter hinein keine Lichtöffnungen besessen hat« (III, 340). Der Kupferstecher Thomas Cecill sah dieses großartige Bauwerk als den Tempel Salomos. Seine Titelseite für Bacons posthume *Sylva Sylvarum* unterstreicht die Verschiebung, indem sie zwar nochmals die Säulen des Herkules zeigt, aber diesmal sie einen Globus überragen und vor Cherubim, den Engeln der Weisheit, stehen läßt, gerade so wie es die Säulen vor Salomos Tempel andeuteten.[19] Und auch der Name des jüdischen Gewährsmannes in der *Neu-Atlantis*, Joabin, ist vermutlich ein Anagramm für die Namen dieser Säulen, Jachin und Boas (Abb. 2; bezüglich der Säulen siehe 1. Könige 7:15–22, 2. Chronik 3:15–17).

Tempel sind nahezu universell verbreitete Symbole für die Welt, *imagines mundi*, wie sie Mircea Eliade nennt und wie es Ikonographie und Architektur von Kirchen und Kathedralen bezeugen.[20] Vom Tempel Salomos wird angenommen, daß er das Gesamtbild des Universums in sich enthalten habe. Eine der spektakulärsten Bemühungen, dieses Gesamtbild zu erhellen, ist die Rekonstruktion des Zweiten Tempels im 16. Jahrhundert durch den gelehrten Architekten Villalpanda und sein Versuch, dessen figurale Bedeutung, einschließlich der der Instauration, zu interpretieren.[21] Und im 16. Jahrhundert nennt auch Giulio

Camillo sein Theater des Angedenkens »Salomos Haus der Weisheit«, da das Gesamtbild des Tempels natürlicherweise die beste Hilfestellung für eine Klassifizierung und Erinnerung der Tatsachen bietet.[22]

Die sechsteiligen Zusammenstellungen des Wissens im Mittelalter verstanden diesen Tempel der Natur, entsprechend den sechs Tagen der Schöpfung, als einen in sechs Teile gegliederten Bau. Bacons eigene, sechsfach gegliederte Forschungsmethode spiegelt keineswegs die Aufteilung der Welt, wie es bei den hexaemerae geschieht, sondern die Stufen auf dem Weg zur Erleuchtung. Nach Augustinus besitzt sogar die Welt sechs Zeitalter, und das siebente, das Bacon im Entwurf seines Werkes »deine Vision und dein Sabbath« (IV, 33) nennt, ist der menschlichen Rast im Himmel vorbehalten. Der erste von Bacons sechs Teilen, *De Dignitate et Augmentis Scientiarum* (1623), liefert einen Überblick über das gegenwärtige Wissen des Menschen. Den zweiten Teil übernimmt das *Novum Organum*, die Methodologie, die den Hauptinhalt der *Instauratio Magna* von 1620 ausmacht. Diese Methode benennt Vorgehensweisen, die zu einem Vergleich mit den biblischen Instaurationen des Tempels auffordern.

Die Reformen Bacons und die der alten Hebräer waren zunächst einmal bescheidene, praktisch orientierte Gemeinschaftsunternehmungen. Der Erste Tempel wurde wiederhergerichtet und der Zweite mit Hilfe öffentlicher Beschaffungsmaßnahmen erbaut, während derer die Leute gebeten wurden, die Ausbesserung ihrer eigenen Wohnungen aufzuschieben. Obgleich das Ziel dieser Instaurationen messianisch, spirituell war und womöglich weit in der Zukunft lag, sollte es teilweise durch die praktische Arbeit von Zimmerleuten und Maurern erreicht werden. Der Aufruf zu frommen und wohltätigen Arbeiten und zu finanziellen Spenden, den der Prophet Haggai an die heimgekehrten Verbannten richtet, um sie zur Teilnahme an dem Wiederaufbau zu bewegen, garantiert den beteiligten Helfern keineswegs, daß sie aus künftigen Wohltaten Nutzen ziehen werden. In ähnlicher Weise hängt Bacons Wissenschaft sowohl von der Unterstützung durch öffentliche Stiftungen wie von der Teilnahme einer großen Zahl von Forschern ab, die, um einer künftigen Synthese willen, in deren Genuß sie niemals gelangen werden, gewillt sind, bescheidene Vorhaben auszuführen. Der Akzent, den Bacon auf kooperative, methodische, sorgfältige und unspekulative Arbeit am groben Stoff der Natur legt, findet ein bemerkenswert treffendes Bild in den Mühen um den biblischen Tempel. Das stufenweise Fortschreiten zu wichtigen wissenschaftlichen Prinzipien, bei dem kein

Abb. 1 Francis Bacon, *Instauratio Magna*, Titelblatt (1620)

יהוה׃

Et vidit Deus lucem   quod esset bona.

Mundus Intellectualis

SYLVA SYLVARVM
or
A NATVRALL HISTORY
In ten Centuries.
Written by the right Hon:ble Francis
Lo: Verulam Viscount S.t Alban.
Published after y.e Autho:rs Death
by W: RAWLEY D.r of Diui:
nity. &c

Tho: Cecill sculp.

LONDON
Printed for W: Lee and are to be sould at
the Great Turks head next to the Mytre
Taurne in Fleetstreet

Anno   1627

Abb. 2   Francis Bacon, *Sylva Sylvarum*, Titelblatt (1627)

einzelner Forscher mit einer theoretischen »Antizipation« vorauseilt, findet dann ein ebenso passendes Bild in der Aufforderung des Propheten, dem Gesetz zu folgen und demütig die Erfüllung des (alttestamentarischen) Bundes abzuwarten (zu einer ausführlichen Darlegung der Methode Bacons siehe Kapitel 4).

In *Neu-Atlantis* gibt Bacon weitere Einzelheiten seiner Methode preis, die eine komplementäre Weise von Erbauung andeuten. In einer figuralen Anspielung auf die neun Klassen von Engeln bei Pseudo-Dionysios, von denen jede unterschiedlich am göttlichen Wesen partizipiert, weist Bacon neun Klassen von Spezialisten Tätigkeiten auf den verschiedenen Ebenen wissenschaftlicher Verallgemeinerung zu.[23] Einige sammeln Fakten, einige befragen das akkumulierte Wissen, andere formulieren Axiome mittlerer Reichweite und wieder andere erschließen die weitreichenden Prinzipien. Dieses Stufen-Schema verleiht der wissenschaftlichen Arbeit im Rahmen weiter gespannter Allgemeinheiten, die von anderen formuliert werden, einen Sinn, und es fördert deutlich die christlichen Tugenden der Demut und Nächstenliebe, die so bedeutsam sind für Bacons Auffassung von wissenschaftlicher Arbeit. Bacons grundlegendes Thema ist, daß »die Gültigkeit einer Philosophie mit ihrer Fähigkeit identisch ist, Werke zu schaffen und zum Wohlergehen der Menschheit beizutragen«[24] – so einer seiner Leser. Bacon drückt sich über die Verbindung dieses moralischen Imperativs mit dem Christentum deutlich genug aus, denn er sagt im Vorwort zur *Instauratio Magna*, daß er die Erkenntnis »von jenem Gift [befreien möchte], das die Schlange ihr eingeflößt hat und das den Geist des Menschen anschwellen läßt«; und zwar derart, daß »wir uns nicht über jedes Maß und nüchternen Verstand hinaus weise dünken, sondern uns im Wohltun der Wahrheit befleißigen« (IV, 20).

Es gibt demnach für Bacons Methode eine wichtige vorbereitende Phase der Destruktion. Auch sie ist in den Instaurationen der Bibel vorgezeichnet. Im Fall etwa der Wiederherstellung des Ersten Tempels durch König Josia (2. Könige 22–23) mußten die von den Heiden aufgestellten Götzenbilder gesühnt werden, und die Instauration ging einer allgemeinen Reform der Gesellschaft voraus (sie wird in der Genfer Bibel als ein Typus der Protestantischen Reformation gedeutet). Ähnlich beschäftigt sich ein wichtiger Teil des *Novum Organum* mit einer Reinigung von den »Idolen des Geistes«, die sich in den Verstand eingeschlichen haben:

»Die Idole und falschen Begriffe, die jetzt vom menschlichen Verstand Besitz ergriffen und darin tiefe Wurzeln geschlagen haben, belagern den menschlichen Geist nicht nur derart, daß die Wahrheit kaum einen Zugang finden kann, sondern so, daß jene, selbst nachdem sie einmal Zutritt erlangt hat, uns sogar noch bei der Instauration der Wissenschaften Unannehmlichkeiten bereiten werden, sofern die Menschen nicht, einmal vor der Gefahr gewarnt, sich so gut es geht vor ihren Angriffen wappnen.« (*NO* I, 38; *Works* IV, 54)

Die Idole Bacons stehen für die Beschränktheit der Sinne, der Vernunft, der menschlichen Individualität, der menschlichen Gesellschaft, der Sprache und der philosophischen Systeme, und das alles wird noch verschlimmert durch die götzendienerische Sucht des Menschen nach eitler, unnützer Erkenntnis.

Einige der bedeutendsten Bacon-Forscher haben, um den Gedanken einer freien Vernunft vor dem Verdacht des Mythischen zu bewahren, die Bedeutung des Baconschen *idolum* stark eingeengt. Robert Ellis weist in der Allgemeinen Einleitung zu Bacons Werken darauf hin, daß das Wort zweifellos *spectrum* bedeutet, »Gespenst, Trugbild oder täuschende Erscheinung«. Und Thomas Fowler schließt sich in seiner maßgeblichen Ausgabe des *Novum Organum* dem Angriff von Ellis auf jene an, die das Wort mit seiner biblischen Bedeutung von falschen Göttern in Zusammenhang bringen.[25] Bacons gesamte Kritik des menschlichen Verstandes verlangt jedoch, das Wort in seiner biblischen Bedeutung, d. h. nicht buchstäblich, sondern metaphorisch aufzufassen – als eine Verschiebung von der religiösen in die weltliche Sphäre.

Bacon gelangte durch Platos Höhlengleichnis im *Staat*, in dem die Schatten (εἴδωλα) für die Wirklichkeit gehalten werden, zum Begriff *idolum*. Doch wenn er Plato vorwirft, »vor seinen eigenen blinden und verworrenen Idolen zu Kreuze zu kriechen«[26], ist der Hinweis auf eine fehlgeleitete *Verehrung* unüberhörbar. Während er seine Diskussion der Idole im *Novum Organum* zusammenfaßt, vergleicht Bacon in ähnlicher Weise die Absage an die Idole des Geistes mit der Unschuld und Reinheit, die erforderlich sind, um das »himmlische Königreich« zu betreten. Hinter diesen Andeutungen verbergen sich die Angriffe Jeremias' und Hesekiels auf die falschen Propheten, auf die Götzendiener: »sie predigen ihres Herzens Gesicht und nicht aus des Herrn Munde« (Jeremia 23:16). Im *Valerius Terminus* greift Bacon die Philosophen der Vergangenheit an, die »Weissagungen« aus den »täuschenden und verformten Bildern« (*Works* III, 224) ihres Geistes hervorziehen, und im Vorwort zur *Instauratio Magna* kritisiert Bacon jene, die »nur einen oberflächlichen Blick auf die Fakten und Beispiele und die Empirie geworfen haben und geradewegs so vorgehen, als ob die Erfindung nichts weiter als eine Denkübung sei, mit deren Hilfe ihre eigenen Gemüter zu Orakeln kommen« (IV, 19). Von daher sollte Bacons berühmter Aphorismus, der besagt, daß ein weiter Abstand »die Idole des menschlichen Geistes und die Ideen des Göttlichen« (*Novum Organum* I, 124; *Works* I, 110) trennt, in einem Zusammenhang mit der biblischen Kritik an den falschen, bloß eingebildeten Gegenständen der Anbetung betrachtet werden. Wie Reinhardt Brandt formuliert: »Auch bei Bacon sind die Idole also Götzen; sie sind wie die alten Idole ein Machwerk des Menschen, eine Ausgeburt des Wahns, die doch eigenes Leben gewinnt und die Herrschaft erringt über den Erzeuger.«[27]

Coleridge nahm die Obertöne von *instauratio* und *idolum* wahr, seine literarische Sensibilität wie sein gradliniger Neoplatonismus ermöglichten ihm ein tiefes Verständnis jener literarischen Verschiebung: Bacon »erzählt uns, daß der menschliche Geist kein von Menschenhänden errichtetes Gebäude ist, das nur von seinen Götzen und seinem Götzendienst gereinigt werden müßte, um ein Tempel des wahren und lebendigen Lichts zu werden«[28]. Bacons Umgang mit dem Wort *idolum* enthüllt die gleichsam religiöse Zensur, die wirksam ist hinter der Verschiebung vom religiösen »Idol« zu unserer »Ideologie« – verstanden als Etikett für geistige Systeme, die für andere Interessen als das an der Wahrheit eintreten. Bacon übte einen direkten Einfluß auf die Entwicklung des Ideologiebegriffs in der Französischen Aufklärung aus[29] – doch die religiösen Verbindungen dieses Gedankens hindern weder Bacon noch die *philosophes* daran, die Idole der Theologen anzugreifen, die sich in die Naturphilosophie vertiefen. Wie die Wörter *Gnade*, *schöpfen* und *Geist* veranschaulichen *Instauratio* (Erneuerung) und *Idol* (Götze, Vorurteil) die Tendenz, religiöse Begriffe aus der Alltagssprache zu entlehnen und sie dann, nach ihrer Umwandlung, mit erheblich reicherem Bedeutungsgehalt an die weltliche Sphäre zurückzugeben.[30]

Im Kontext der Baconschen Instauration oder Erbauung des Geistes korrespondieren daher die Idole typologisch mit den falschen Göttern, die die Menschen in ihrer sinnlos überheblichen Haltung gegenüber der Erkenntnis aufgerichtet haben; und das kann durch 1. Korinther 8:1–3 kommentiert werden, wo Götzenanbetung (Idolatrie) und Erbauung einander gegenübergestellt werden. Diese Stelle zitiert Bacon in *Der Fortschritt der Wissenschaften*, als er das unschuldige Streben nach Naturerkenntnis von der »eitlen Philosophie« (III, 264, 266) abhebt:

»Was aber das Götzenopfer anlangt, so haben wir ja
alle das Wissen. Das Wissen bläst auf; aber die
Liebe baut auf.
Wenn sich jemand dünken läßt, er wisse etwas, der
weiß noch nicht, wie man erkennen soll.
Wenn aber jemand Gott liebt, der ist von ihm
erkannt.«

Natürliche Offenbarung

In der *Instauratio Magna* gebraucht Bacon häufig eine religiöse Metaphorik, um sowohl das Sammeln von Fakten wie die darauf gründenden
Schlußfolgerungen zu charakterisieren. Obgleich es nicht ausdrücklich
die Erbauung der Wissenschaft betrifft, legt dieses übertragene religiöse
Material im Ganzen doch wohl einen übergreifenden Kontext nahe, außerhalb dessen sich Bacons Methode nicht völlig begreifen läßt. Wie die
Baconsche Diagnose der Idole des Geistes verrät, ist es für die Methode
wesentlich, das wunderbare Anderssein der Natur als des göttlichen
Buchs zu bewahren und ebenso die Naturgesetze als »die Fußstapfen
des Schöpfers, die seinen Geschöpfen aufgeprägt sind« (IV, 33) zu achten. Dieses Anderssein garantiert die wissenschaftliche Objektivität
oder Interesselosigkeit, die für Bacon wie für die moderne Wissenschaft
grundlegend ist. Und zumindest im Fall Bacons sind gerade die Werte
der Objektivität, die religiösen Haltungen am meisten zu opponieren
scheinen, in Wahrheit solchen Haltungen verwandt.

Im Entwurf zur *Instauratio Magna* bezeichnet sich Bacon als »wahren Priester der Sinne«, als »nicht ungeschickten Deuter ihrer Orakel«
(IV, 26). Bacon muß, um zu diesen Deutungen zu gelangen, die
Stimme der Natur von seiner eigenen unterscheiden. Wie uns bereits
geläufig ist, erwerben jene Idole, die von falschen Propheten verehrt
werden, ihre Macht durch den Menschen, der die Worte seines eigenen Herzens mit denen des Herrn vermengt. Im *Novum Organum*
trennt Bacon daher die »Antizipationen« der Natur von den »Interpretationen«:

»Geht es darum, ein Einverständnis zu erreichen, sind in der Tat die Antizipationen sehr viel einflußreicher als die Interpretationen. Denn hat man sie aus
wenigen, möglichst vertrauten Beispielen aufgelesen, ergreifen sie geradewegs
den Verstand und erregen die Einbildungskraft; dagegen können die Interpretationen, die hier und da aufgrund der verschiedenartigen, weit verstreuten An-

lässe aufkommen und gesammelt werden, nicht den Verstand überrumpeln; und in bezug auf die gängigen Meinungen müssen sie also, wie die Geheimnisse des Glaubens, schroff und unstimmig wirken.« (IV, 51f.)

Wie die Geheimnisse des Glaubens besitzen auch die Tatsachen der Natur einen verborgenen Sinn. Im Unterschied zu den Naturhistorien der Vergangenheit, die »im Triumph über die Werke Gottes herzogen«, verlangt die wahre Naturgeschichte Menschen,

»die sich in Demut und Verehrung nähern, um das Buch der Schöpfung aufzuschlagen, darin zu verweilen und zu meditieren, und Gemüter, die von vorgefaßten Meinungen frei sind, um es in Reinheit und Aufrichtigkeit zu studieren. Denn hier sind Laute und eine Sprache, die zu allen Völkern gelangt sind und die nicht der babylonischen Verwirrung zum Opfer gefallen sind; die Menschen sollten sich bemühen, sich vollständig darin auszukennen. Und so sie wieder wie kleine Kinder werden, möge es ihnen gefallen, deren Alphabet in ihre Hände zu nehmen und keine Qualen zu scheuen, deren Deutung zu suchen und zu entwirren, ja vielmehr dem tatkräftig nachzugehen und bis zum Tod auszuharren«. (V, 132f.)

Diese Passage aus der *Natural and Experimental History* von 1622 ist in der *Instauratio Magna* detailliert vorgezeichnet. Genau wie der biblische Prophet sein eigenes und Gottes Wort auseinanderhalten muß, so muß der Baconsche Beobachter die Unversehrtheit der Natur und die radikale, kindliche Unschuld des wiedergeborenen Christen bewahren: »Der Eingang in das Königreich des Menschen, das sich auf den Wissenschaften erhebt, ist nicht viel anders als der Eingang in das himmlische Königreich, worin niemand denn als ein Kindlein eintreten darf.« (*NO* I, 68; *Works* IV, 69) Hält man sich daran, so kann einem eine wunderbare Sprache offenbart werden, eine Sprache, die gerade deshalb gültig ist, weil sie jenseits des menschlichen Begreifens in einem göttlichen Anderssein entspringt: »Das Zeugnis [...] der Sinne hat nur auf den Menschen Bezug, nicht auf das Universum; und es ist ein großer Irrtum zu behaupten, daß die Sinne das Maß aller Dinge seien.« (IV, 26)

Da Bacon eben dieses Anderssein erhalten will, muß seine wissenschaftliche Methode negativ vorgehen: er nennt sie »eliminierende Induktion« [induction by negation]. Sie muß in der Tat als eine Verschiebung der neuplatonischen Theologie, die unter dem Namen der *via negationis* bekannt ist, aufgefaßt werden (und der sich der Kirchenvater Pseudo-Dionysios und andere verschrieben hatten); darauf weist übrigens die Baconsche Interpretation des Cupido-Mythos hin. Bacons eliminierende Induktion ist deshalb erforderlich, weil Geist und Kultur des Menschen durch die Idole zu sehr korrumpiert sind, als daß der Mensch eigene Theorien über die natürlichen Prinzipien ersinnen könnte. Er ist gezwungen, auf passive Weise, durch einen Prozeß der Eliminierung, Antworten zu erlangen, indem er mechanisch seine Daten so lange siebt, bis nur noch die zugrundeliegenden Prinzipien übrigbleiben und sie also eher durch die Natur enthüllt als durch den unfehlbaren menschlichen Intellekt konstruiert werden. In *Of Principles and Origins according to the Fables of Cupid and Coelum* steht Cupido für die universellen Kräfte der Anziehung, die alle Bewegungen im Universum regieren und die die Wissenschaft entdecken muß; die Nacht, die Mutter Cupidos, stellt Bacons negative Induktion dar, denn »die ganze Erkenntnis [Cupidos], die überhaupt erreichbar ist, verfährt mittels Ausschließungen und Negierungen« (V, 463). In der Wissenschaft wird dieses negative Verfahren, so lange falsche Antworten auszusondern, bis nur noch eine mögliche Antwort übrigbleibt, positive Ergebnisse zeitigen. In der Theologie endet der negative Weg selbstverständlich da, wo das transzendente Geheimnis Gottes enthüllt wird: »Und natürlich ist es das Vorrecht Gottes allein, daß, wenn sein Wesen durch die Sinne erforscht wird, der Prozeß der Ausschließung nicht durch die Affirmation beendet wird« (V, 465)[31]. Ein ähnliches Argument, nur dramatischer ausgedrückt, trägt Bacon im Buch II des *Novum Organum* (Aphorismus 15) vor, wenn er die Methode der eliminierenden Induktion erläutert:

»Wahrlich allein Gott, der Gewährer und Baumeister der Formen, und vielleicht noch die Engel und höhere intelligente Wesen, ist begabt, eine affirmative Erkenntnis der Formen unmittelbar aus der erstmaligen Betrachtung zu gewinnen. Das aber ist gewiß mehr als ein Mensch erreichen kann, dem es nur gestattet ist, zunächst nur durch Negierungen voranzuschreiten und erst dann, wenn die Ausschließungsmöglichkeiten erschöpft sind, Affirmationen an den Schluß zu setzen.« (IV, 145)

Michael Hattaway gibt den klugen Hinweis, daß die Wendung »zerbrochene Erkenntnis«, die Bacon gleichermaßen zur Beschreibung der Inspiration wie der wissenschaftlichen Forschung gebraucht, die radikale Offenheit des Baconschen Forschers angesichts der Entdeckung dessen verkörpert, was ganz anders ist.

»Denn die Betrachtung von Gottes Geschöpfen und Werken bringt (in bezug auf die Werke und Geschöpfe selbst) die Erkenntnis hervor; doch in bezug auf Gott selbst keine vollkommene Erkenntnis, sondern etwas Erstaunliches, welches die zerbrochene Erkenntnis ist.« (*Fortschritt der Wissenschaften*; *Works* III, 267)

»Aphorismen, welche ja eine zerbrochene Erkenntnis bieten, verlocken die Menschen dazu weiterzuforschen; die Methode dagegen, der die Darbietung eines Ganzen aufgebürdet wird, gibt den Menschen das sichere Gefühl, als ob sie am weitesten gelangt wären.« (*Fortschritt der Wissenschaften*; *Works* III, 405)[32]

Aphorismen repräsentieren hier das Werden des menschlichen Denkens: es ist spröde und kommt nur in sprunghafter Weise voran, immer wieder von einer natürlichen Offenbarung, die es belehrt, unterbrochen.[33] Die Aphorismen des *Novum Organum* sind freilich in stilistischer Hinsicht Seneca verpflichtet, aber ihre abgerissenen, orakelhaften Verlautbarungen modellieren doch die aufmerkende Stille wissenschaftlicher Hingabe heraus.

Auch Hans-Georg Gadamer kommt – bei der Diskussion der wesentlichen Schmerzhaftigkeit von Erfahrung – auf Bacons eliminierende Induktion zurück, die Brüche, Gespür für menschliche Begrenztheit und Ermutigung zur Ungewißheit einschließt. Für Gadamer wie für Bacon existiert ein wichtiges Verbindungsglied zwischen Vernunft und Religion.

»Nur durch negative Instanzen gelangt man, wie schon Bacon gewußt hat, zu neuer Erfahrung. Jede Erfahrung, die diesen Namen verdient, durchkreuzt eine Erwartung. [...] Was der Mensch durch Leiden [das eine neue Erfahrung häufig herbeiführt] lernen soll, ist nicht dieses oder jenes, sondern ist die Einsicht in die Grenzen des Menschseins, die Einsicht in die Unaufhebbarkeit der Grenze zum Göttlichen hin. Es ist am Ende eine religiöse Erkenntnis [...].«[34]

Bei Bacon gibt es allerdings eine durchgehende Trennung nicht so sehr zwischen Gott und Natur, als vielmehr zwischen Mensch und Natur, eine Trennung, die die Unversehrtheit der Natur als eines göttlichen Zeichens zu bewahren sucht und die auf die richtige Lektüre jenes Zeichens abhebt. Gadamers Bemerkung, die die Religion ins Spiel bringt, um die Schranken der menschlichen Möglichkeiten zu betonen, suggeriert jedoch einen Asketismus, der sich zu der weltverändernden Aktivität völlig querstellt, zu der ja Bacons theologisch befrachteter Gedanke der negativen Instanz beitragen soll.

Hans Blumenberg behauptet, daß die »Entdeckung der kreativen Fähigkeit [...] in die Selbstartikulation des neuzeitlichen Bewußtseins [gehört], so sehr sie auch an die zunächst in frommer Absicht gebrauchten Formeln von dem *alter deus* und dem *deus in terris* gebunden gewesen sein mag, die zunächst der hyperbolischen Umschreibung der biblischen Gottebenbildlichkeit des Menschen gedient hatten«[35]. Wir haben gesehen, daß gerade das, was für Blumenberg irrelevant ist, für den Reformer Bacon entscheidend ist – wie es ja auch von zentraler Bedeutung für Dantes *Purgatorium* ist, das wie die *Instauratio Magna* das Ideal eines säkularisierten, irdischen Paradieses verkörpert, das durch menschliche Anstrengung errungen wird.[36] Dasselbe Thema steht auch für den entschieden modernen Autor der *Areopagitica* im Mittelpunkt. Milton (der von Blumenberg nicht erwähnt wird) vertritt die Ansicht, daß die Herrschaft Christi mit dem Anwachsen der Erkenntnis und der freien Rede zusammenfallen und die Erfüllung und Synthese aller Weisheit mit sich bringen wird.

Die religiösen Bezüge der Baconschen Wissenschaft veranschaulichen nur die sozialen und kulturellen Beimischungen, die wohl von Anbeginn ein Bestandteil wissenschaftlicher Ideen und Entdeckungen sind. Entfremdung von der Welt, »Außerweltlichkeit innerhalb der Welt«, die auf dem Hintergrund von Nietzsches Theorie des asketischen Ideals (siehe Einleitung) von Max Weber, Hannah Arendt und anderen theoretisch entfaltet worden ist, will Blumenberg gerade nicht in Bacons visionärem Materialismus erkennen; und dieser liefert dazu auch nicht unbedingt das Anschauungsmaterial. Diese säkularisierte religiöse Außerweltlichkeit verleiht der modernen kapitalistischen Arbeitsethik eine spezifische unterkühlte Wut, einen wütenden Asketismus, der auch in dem vor nichts zurückschreckenden Blick des Laboratoriumforschers weiterwirkt. Wir werden in den folgenden Kapiteln feststellen, daß Bacons Mensch der Wissenschaft ein ziemlich besessener, asketischer Typ ist. Die wesentliche Frage bleibt allerdings eine ungemein politische: Existiert so etwas wie eine authentische Weltlichkeit, und wenn ja, wie kann sie definiert werden?[37]

Die Kategorien »weltlich« und »unweltlich« treffen eine ungenaue Scheidung zwischen religiösen und säkularen Bereichen. Moses erwartete materielle Segnungen; seine späteren Interpreten freilich wußten es besser. »Außerweltlich« ist in der Tat ein sonderbarer Ausdruck für jene Erlösung von Tyrannei, Wanderschaft und Eroberung, die das Alte Testament überliefert. Einer der Kirchenväter, die die Verheißung eines künftigen Paradieses für Adam in einem ebenso irdischen wie spirituellen Sinne deuteten, war Irenaeus. Das von Erasmus herausgegebene Werk *Contra haeresios* enthält zumindest einige der aus den mittelalterlichen Ausgaben entfernten Abschnitte, die vermutlich deshalb eliminiert wurden, weil sie in einer millenarischen und nicht augustinischen Weise das irdische Paradies herausstellten [38]. In dem geistigen Klima der Zeit Bacons hätte man sehr wohl an solchen Interpretationen Gefallen finden können, da sie in neuartiger Weise die menschlichen Gaben des Entdeckens und Hervorbringens betonen. In Anlehnung an den strengen Geist des quid pro quo, der seine typologische Imagination durchdringt, erklärt Irenaeus seine Erwartung eines irdischen Paradieses in der folgenden Weise:

»In der Welt, in der sie sich gemüht und gelitten haben, auf jegliche Weise in der Geduld erprobt, in der werden sie gerechter Weise auch die Früchte ihrer Geduld empfangen. In der Welt, in der sie getötet wurden wegen ihrer Liebe zu Gott, in der werden sie auch lebendig gemacht werden. Wo sie Knechtschaft erduldeten, da werden sie herrschen. [...] Deshalb muß diese Schöpfung, in den alten Zustand wiedereingesetzt, ungehindert den Gerechten dienen.« [39]

In seinen Schlußfolgerungen zu dem Band von 1620 schlägt Englands Lordkanzler dasselbe Thema an: »In dieser großen Einrede oder in diesem Prozeß, den die göttliche Gnade oder Vorsehung gewährt und durch den das Menschengeschlecht sein Recht über die Natur zurückzugewinnen sucht, bin ich entschlossen (gemäß der Praxis in den Zivilsachen), die Natur selber und die Künste einer Vernehmung zu unterwerfen.« (IV, 263) Gott als Richter; Bacon als der Anwalt für den Kläger, den Menschen, dessen Wiedereinsetzung (Instauration) auf dem Spiel steht; und die Natur als das Beweismittel und als die rechtmäßige Schenkung.

Bacon führt eben nicht nur die Säkularisierung von Bildern oder Haltungen vor, sondern die des Genres – d. h. vor allem der Prophetie; so wie das auch Shelleys Bild von dem prophetischen Dichter Bacon in *A Defence of Poetry* andeutet (siehe unten Kapitel 2). Dieser prophetische Diskurs verwischt die Grenzen zwischen dem Weltlichen und dem Heiligen und hilft den späteren wissenschaftlichen Diskurs zu formen – man sieht das sehr deutlich an demjenigen Englands im 17. Jahrhundert, in dem Religion und Wissenschaft sich wechselseitig kräftig unterstützten.[40] Die oft »akzidentelle« Qualität von Bacons religiösen Anspielungen (um einen Ausdruck N. Fryes zu gebrauchen) nimmt die vollständigere Säkularisierung der Aufklärung vorweg.[41] Die Illustrationen auf den Titelseiten der *Sylva Sylvarum* und der *Instauratio Magna* und das Heiligtum der Wahrheit auf dem Frontispiz der *Encyclopédie* Diderots repräsentieren die Auffassung von Erbauung in drei verschiedenen Stadien der Säkularisierung. Die innige Verschmelzung der Rhetoriken von Anwälten und Geistlichen in der *Instauratio Magna* scheint auch bereits den Aufstieg der politischen und kommerziellen Reklame anzukündigen, mithin der vorherrschendsten und abgegriffensten utopischen Diskurse der Moderne.

Unter die Ahnen des Naturphilosophen der Renaissance sind der Magier, der Weise und der Prophet zu rechnen; und selbst die Rhetorik eines Galilei in seinem *Sidereus Nuncius* erkennt diese Verbindung an und erhebt Anspruch auf Inspiration.[42] Etwa zur Mitte des 17. Jahrhunderts war außerdem die Prophetie, namentlich das Buch der Offenbarung, schon seit langem unter denselben Begriffen abgehandelt worden wie die weltlichen Gattungen der Sprachkunst[43], und sie wurde in einer komplexen Weise von Dichtern und Dramatikern adaptiert, die ihr Publikum zu erschüttern, zu verbessern und in Erstaunen zu versetzen suchten. Indem Bacon seine Instauration eine »Apokalypse oder wahrhafte Vision der Fußstapfen des Schöpfers, die seinen Geschöpfen eingeprägt sind« (IV, 33) nennt, legt er einen Bezug dieses Werks zur biblischen Prophetie nahe. So wie das Buch der Offenbarung die Spannweite der Prophetie in der ganzen Bibel zu erinnern und zu erfüllen versucht, so finden wir in Bacons Apokalypse die Erinnerung und Erfüllung (»in universum Instauratio« [eine vollständige Wiederherstellung]) des Buchs der Natur. Auf der einfachsten Ebene ist die *Instauratio Magna* als Enzyklopädie zu verstehen: sie verdankt sich den sechsteiligen mittelalterlichen Bestandsaufnahmen der Naturerkenntnis ebenso wie deren Umwandlung im Werk solcher Enzyklopädisten der Renaissance wie Bernardino Telesio. Für Bacon ist das Buch der Natur freilich das, was Frye eine »Analogie der Offenbarung« nennt, eine apokalyptische Enzyklopädie, die die »Gesamtvision« [»the total body of vision«] der Gesellschaft ihres Autors entwirft.[44] Zusammen mit der *Divina Commedia*, *The Faerie Queene*, *Paradise Lost* und *Ulysses* unternimmt die *Instauratio Magna* den Versuch, im Kontext eines sakralen Mythos die Vision einer Welt von ihren unteren bis zu ihren oberen Begrenzungen hervorzurufen und den Platz und die Aufgabe des Lesers innerhalb jener Welt zu offenbaren. (Über Bacons Synthese der Gattungen siehe Kapitel 2).

Gleich vielen Werken seiner großen Zeitgenossen erweckt Bacons Diskurs säkularer Prophetie einen erneuerten Sinn für das Vermögen der Sprache, die Wahrheit zu eröffnen. Dieser prophetische Kontext ermöglicht es Bacon, seinen unbekümmerten Sprung über den Skeptizismus hinaus zu vollführen; einen Sprung, der sich scharf von Montaignes tiefsinniger und unschlüssiger Gangart abhebt. Ähnlich dem gegenwärtigen Dekonstruktionismus hatte die Skepsis der Renaissance die Fähigkeit der Sprache, Wahrheit auszudrücken, ernsthaft in Frage gestellt, und Bacon verwendet in glänzender Weise skeptische Argumente in seiner Lehre von den Idolen. Er kann jedoch nicht als Pseudoskeptiker abgetan werden, der den Implikationen seiner eigenen Argumente nicht bis zum Ende folgte.[45] Zum einen wird ja seine Skepsis durch die Suche nach den Ursprüngen der Wahrheit in den natürlichen Offenbarungen überwunden; zum andern hebt er die Skepsis selber als eine Form von Idolatrie auf.

»Doch wenn einmal der menschliche Geist daran verzweifelt, die Wahrheit aufzufinden, wird sein Interesse an allen Dingen immer schwächer; und das Ergebnis ist, daß die Menschen sich erfreulichen Gesprächen und Reden zuwenden, daß sie sozusagen von Gegenstand zu Gegenstand schweifen und sich nicht so sehr mit schwierigen Untersuchungen aufhalten. Aber [...] die menschlichen Sinne und der Verstand, so schwach sie auch sind, dürfen nicht ihrer Autorität beraubt werden, sondern sie sollen jeglicher Hilfe teilhaft werden.« (*NO* I, 67; *Works* IV, 69)

Der Essay *Über die Wahrheit* weist mit pragmatischer Gebärde die skeptische »Freude an Unklarheiten« zurück. Der Baconsche Wissenschaftler ist indessen ein ferner Verwandter des Propheten, der die Rolle des Narren (*meshugga*) spielt.[46] Er strebt eine geradezu kindliche Wahrnehmungsweise an, und er befolgt eine Methode, die gelegentlich den common sense sowohl wie die Spekulation aufgibt, um den natürlichen »Geheimnissen« zu folgen, wohin auch immer sie führen – vielleicht zu »gemeinen oder sogar schmutzigen« Dingen: »denn die Sonne erreicht die Kloake nicht weniger als den Palast, und beschmutzt sich doch nicht« (*NO* I, 120; *Works* IV, 106). Indem Bacon zu Beginn von *Der Fortschritt der Wissenschaften* die Suche nach der natürlichen Erkenntnis rechtfertigt, beweist er eine gründliche Aneignung der Kritik an der Weisheit in Ekklesiastes (Prediger Salomo) und in 1. und 2. Korinther.

Salomo und Paulus »machen die wahren Schranken und Begrenzungen bekannt, durch die die menschliche Erkenntnis begrenzt und umschrieben wird; doch ohne daß irgend eine Verminderung oder Nötigung dabei ist, sondern so, daß sie das universelle Wesen der Dinge in sich faßt« (III, 266), sofern nur die Erkenntnis auf Wohltätigkeit und Nutzen gerichtet ist.

Schließlich zielt Bacons Sprache darauf – gleich der des Handlungsreisenden und der des Propheten –, die Dinge sowohl zu ändern wie zu erklären. Bacons missionarische Haltung, sein überzeugender Aufruf zu einem Wandel durch Naturphilosophie und durch Teilhabe an Gottes universellem Werk der Instauratio bringen seine Identität als Reformer am vollsten zum Ausdruck.

Wenn er die Anwesenheit Gottes offenbart, konzentriert sich der biblische Prophet auf einen *kairos*, einen kritischen Augenblick, eine »überbordende Gegenwart«[47], während der die Hingabe und das volle Bewußtsein seiner Zuhörerschaft erforderlich sind. Nachdem er im *Novum Organum* die vorherrschenden Haltungen angeprangert hat, die den erlösenden Fortschritt der Entdeckungen behindern, versucht Bacon zu zeigen, warum gerade sein historischer Augenblick eine künftige Umgestaltung der menschlichen Kultur einleiten kann. Wesentliche Anhaltspunkte für diese Hoffnung, die im *Novum Organum* I, 92–114 diskutiert werden, ergeben sich daraus, daß Bacons eigene Forschungsmethode eine neuartige Grundlage für Hoffnung wie Fortschritt bietet: eine Chance, aus den geschichtlichen Zyklen auszubrechen. Folglich,

»selbst wenn der Atem der Hoffnung, der uns von jenem Neuen Kontinent [zukünftiger Entdeckungen] aus anweht, schwächer wäre als er ist und schwerer wahrzunehmen, so müßte doch ein Versuch (falls wir nicht überhaupt mit einem erbärmlichen Geist geschlagen sind) um jeden Preis gemacht werden. Denn es gibt keinen Vergleich zu dem, was wir verlieren, wenn wir einen Versuch und einen Erfolg versäumen. Denn falls wir keinen Versuch unternehmen, vergeben wir die Gelegenheit, ein unermeßliches Gut zu erlangen; und falls wir keinen Erfolg haben, gehen wir nur den Verlust von ein wenig menschlicher Arbeit ein. [...] Da ist Hoffnung genug, nicht nur, daß ein beherzter Mann den Versuch wage, sondern auch um einen besonnenen und weisen Mann zu überzeugen.« (I, 114; *Works* IV, 102)

Obgleich der Prophet sich gewöhnlich eher auf Drohungen als auf Verheißungen und Hoffnungen konzentriert, hebt er doch den bedingten Charakter seiner Behauptungen hervor: »Wollt ihr mir gehorchen, so sollt ihr des Landes Gut genießen. Weigert ihr euch aber und seid ungehorsam, so sollt ihr vom Schwert gefressen werden« (Jesaja 1:19–20). Bacon betont ebenfalls den bedingten Charakter des Fortschritts:

»Bei weitem das größte Hindernis für den Fortschritt der Wissenschaften und für die Übernahme neuer Aufgaben und der daran geknüpften Forschungszweige liegt darin, daß die Menschen verzagen und die Dinge für unmöglich erachten [...] Darum liegt es jetzt an mir, etwas über die Hoffnung zu sagen; zumal ich nicht mit Versprechungen hausieren, noch das Urteilsvermögen der Menschen beeinträchtigen oder umgarnen, sondern sie mit ihrer Gutwilligkeit bei der Hand nehmen möchte.« (*NO* I, 92; *Works* IV, 90f.)

Der Fortschritt ist keineswegs verbürgt; er ist abhängig vom Engagement der Menschen im Einvernehmen mit dem Willen Gottes in einer je besonderen geschichtlichen Situation. Erst im späten siebzehnten und den folgenden Jahrhunderten, als die Innovationen institutionalisiert und geregelt wurden und prophetische Zwischentöne nur noch den Verlautbarungen der Handelskammern zu entnehmen waren, bekamen die Menschen ein leichtfertiges (oder auch resigniertes) Vertrauen in die Unvermeidlichkeit des wissenschaftlichen und moralischen Fortschritts.

Die komplexe Rolle der Religion in Bacons Forschungsprogramm verlangt eine Neubewertung von Blumenbergs Ansichten über Bacon und die Moderne. Bacons Herausforderung an seine Leser verlangt auch, daß wir die Auffassung Robert Nisbets von der Beziehung zwischen Religion und modernen Fortschrittsideen neu bewerten. Es ist genau das »Vertrauen« in den Fortschritt, das Nisbet in nostalgischer Weise als etwas Unveräußerliches bejubelt – und daher tut er auch Bacon wie die Mehrzahl der Denker der Renaissance als unbedeutend für die Geschichte dieser Idee ab. Einmal davon abgesehen, daß Nisbet den Glauben Bacons an historische Zyklen übertreibt, so erachtet er gerade den bedingten Charakter von Bacons Fortschrittsbegriff für dessen Schwäche.[48]

Diese Streitfrage hinsichtlich des religiösen Hintergrunds des Fortschritts betrifft abermals die Diskontinuität. Und ähnlich wie im Falle der Weltlichkeit ist auch dies ein politisches Problem: Wenn der Glaube nur wenig an Kämpfen oder Zweifeln aufwirft und wenn der menschliche Fortschritt auf einer Art von Glauben beruht, dann hängt vielleicht auch der Fortschritt von der Unterdrückung oder zumindest von der Marginalisierung des Kampfes und der Gegensätze ab. *Eine* Idee von Fortschritt kann sich in der treuherzigen Selbstgefälligkeit des

Technikers verkörpern, der unablässig neue Evangelien verkündet; eine andere wiederum in der Fähigkeit des Technikers, einen Schritt zurückzutreten und darüber nachzudenken, welchen Wert für wen seine Arbeit eigentlich besitzt, und daraus seine Schlüsse zu ziehen. An dem bedingten Fortschrittsbegriff Bacons ist ein Element von Diskontinuität wesentlich (und, wie wir sehen werden, auch an dem weitergehenden Gegensatz, den sein Denken zwischen Reform und Revolution aufrichtet): es gemahnt an die Diskontinuität, die Paul Ricœur in der Bibel als latent gegenwärtig begreift, und es gemahnt ebenfalls an den Gegensatz zwischen Priestern und Propheten, den Benjamin Nelson als ein Modell wissenschaftlicher Innovationen ausgibt.[49]

Der Prophet, so erklärt Ricœur in einem Artikel über den Begriff der Entmythologisierung bei dem Theologen Rudolf Bultmann, trägt seinen Aufruf als Erneuerung vor, die sich den geltenden politischen und moralischen Sitten, verknöcherter Religiosität und gedankenlosen Ritual radikal widersetzt. Er richtet sich mithin gegen eine – politisch ebenso repressive wie reduktive – Ideologie, die sich im Schatten des heiligen Wortes entfaltet hat. Er baut nicht einfach auf vorgängige Auffassungen vom Göttlichen, sondern revidiert überholte Vorstellungen von Gott und seinem Handeln in dieser Welt, indem er die Priorität jener Vorstellungen durch seinen eigenen Rechtsanspruch untergräbt.

Ein sehr passendes Beispiel für eine derartige Entmythologisierung sind die zornigen Worte Stephans, die sich auf den Tempel Salomos beziehen (unmittelbar nach seiner Rede wurde er gesteinigt):

»Es hatten unsere Väter die Stiftshütte in der Wüste, wie es ihnen verordnet hatte, der zu Mose redete, daß er sie machen sollte nach dem Vorbilde, das er gesehen hatte [...] Salomo aber baute ihm ein Haus. Aber der Allerhöchste wohnt nicht in Tempeln, die mit Händen gemacht sind, wie der Prophet spricht: ›Der Himmel ist mein Thron und die Erde meiner Füße Schemel; was wollt ihr mir denn für ein Haus bauen‹, spricht der Herr, ›oder welches ist die Stätte meiner Ruhe? Hat nicht meine Hand das alles gemacht?‹« (Apostelgeschichte 7:44, 47–50)

Hier predigt der Jünger Christi, der sich auf die Worte eines vorangehenden Propheten (d. h. Jesajas) beruft, Reform als Rückkehr zu einem entlegenen primitiven Stadium der hebräischen Religion. Diese Rückkehr ist nicht reaktionär, sondern eine Entmythologisierung, die darauf zielt, die Auffassung Gottes von erstarrten Strukturen und Praktiken zu befreien. Im Kontext der ganzen Bibel ist dieser Geist des Voranschreitens gerechtfertigt: Der Tempel Salomos aus Bronze und Stein lebt fort im Text und in der Erinnerung; neben der Rede Stephans hört er nicht auf, an der komplexen figuralen Bedeutung des Tempels als eines Bildes menschlicher Erbauung zu Rechtschaffenheit und Heil zu partizipieren. Der Prozeß der figuralen Erfüllung selbst repräsentiert eine Bibellektüre, die als ein vereinheitlichender Prozeß zu verstehen ist: in einem ewig neuen Moment der Synthese, der durch Christus verkörpert ist, wird die Bedeutung ›instauriert‹. Allerdings warnt die abweichende, entmythologisierende Rede des Propheten davor, eine umfassende und homogenisierende Bedeutungsstruktur zu erzeugen.[50] Welche Gültigkeit die Prinzipien der Harmonie und der Erfüllung im Reformprozeß behalten, läßt sich, so könnte man folgern, nur *gegen* diese Herausforderung erweisen – und letztlich vielleicht erst nach dem Tod des Propheten.

Die Ideologie der Instauration

Selbstverständlich stellt der Reformer Bacon eine Art Glauben zur Schau. Die Reform wirkt innerhalb einer Tradition; der Reformer lenkt seine Hörer auf Möglichkeiten hin, die sich innerhalb eines gegebenen Bedeutungsrahmens und gewöhnlich auch innerhalb der Grenzen der politischen Macht halten. Bacon drückt seinen Glauben aus, wenn er uns versichert, daß die Erneuerung der Menschheit »von gesundem Verstand und wahrer Religion regiert sein wird« (IV, 115). Sein prophetischer Diskurs steht im Zusammenhang mit der protestantischen Ideologie und der apokalyptischen Propaganda eines absolutistischen Gottesgnadentums. Dadurch entwirft er das anschauliche Bild einer Verbindung von Religion und Weltlichkeit, die sich innerhalb der Grenzen der modernen, technisch geprägten Suche des Menschen nach einer von Gott verliehenen Herrschaft hält und die so außerordentlich zwiespältige Ergebnisse zeitigte.[51]

Die englische Reformation sorgte für ein Wiederaufleben der historischen Deutung des Buchs der Offenbarung. Gerade so wie das Individuum biblische Charaktere wiederholt und Christus nachahmt, so glaubte die Gesamtheit der Protestanten, dem Ende der Welt nahe zu sein und während einer Zeit zu leben, die im Buch Daniel und der Offenbarung Johannes' prophezeit ist. So fochten sie ihren Kampf gegen den Papst als den der rechtmäßigen Überlebenden gegen den Anti-christ.[52] Die besten Geister machten es sich zur Aufgabe, das Buch der Offenbarung zu interpretieren: John Napier, der die Logarithmen erfand, entdeckte auch System und Genauigkeit in dem verwirrenden Reichtum der Visionen des Hl. Johannes. Napiers Deutung wirkt wie ein dringender Appell an die öffentliche Entschlossenheit, der papistischen Drohung entgegenzutreten.[53] Die Festigung der protestantischen Macht unter Elisabeth und Jakob sorgte dafür, daß sie als die von Gott ernannten Führer des auserwählten Volkes im Kampf gegen Babylon verherrlicht wurden. Wenn das Buch Daniel geschrieben wurde, um zum Aufruhr gegen die hellenistische Kolonialherrschaft anzustacheln, so beabsichtigt die »Predigt« Jakobs über die Offenbarung Johannes' (1588 veröffentlicht, als er noch König von Schottland war), zum Gehorsam zu bewegen. Die Pflicht Jakobs ist es, die Rechtschaffenen »in diesem unserem letzten Zeitalter« gegen die katholischen Heerscharen des Antichrist anzuführen.[54]

In der *Instauratio Magna* ebenso wie in Werken wie *The Faerie Queene* geht diese Arbeit an den Bildern allmählich in eine kraftvolle Weltsicht über. Uns ist bereits aufgefallen, daß der Aphorismus 129 im *Novum Organum* I das Ziel der wissenschaftlichen Instauration so darstellt, als diene sie der Verwirklichung des königlichen Strebens oder Ruhmes – und zwar dadurch, daß sie, wie schon Salomo, Gottes Geheimnisse entdeckt. Das Streben danach, »die Macht und Herrschaft des Menschengeschlechts selber über das Universum einzusetzen und zu erweitern [instaurare et amplificare]« (IV, 114), stimmt überdies mit Jakobs apokalyptischem Programm überein, das seinerseits an die imperialistischen Bestrebungen Englands und anderer Staaten anknüpft.

»Gott hat die Wege, die in die neuen Welten jenseits des Ozeans führen, bis zu dem Zeitpunkt im Verborgenen gehalten, den er für das Erscheinen der neuen Universalmonarchie bestimmt hat«, sagt Ariosts Prophetin[55], wahrscheinlich in Anspielung auf Buch Daniel 12:4 [Und du, Daniel, verbirg diese Worte und versiegle diese Schrift bis auf die letzte Zeit; so werden viele darüberkommen und großen Verstand finden]. Von der Vorsehung geleitet, sollte vermutlich Ariosts *figura* Christi – Kaiser Karl V. – die Welt zu diesem Ziel führen. Da die Übersetzung John Harringtons des *Orlando Furioso* von Ariost das Original den Verhältnissen von Sir Francis Drakes Reise um die Welt anzupassen sucht, betont sie auch den millenarischen Kontext von englischer Erkundungsfahrt, Protestantismus und Imperialismus.[56] Die Erwartung der Endzeit verschiebt die Tonlage von der Katastrophe zum Millenium. Die *Instauratio Magna* Bacons, die Buch Daniel 12 : 4 auf ihrer Titelseite präsentiert und sich das Motto Karls V. von der Erkundung und kolonialen Ausweitung jenseits der Säulen des Herkules aneignet, ist Bestandteil dieser Verschiebung in der Tonlage, und sie markiert tatsächlich einen zentralen Wendepunkt. Die Instauration menschlicher Herrschaft nach Aphorismus 129 wird daher zu einer Umwandlung der mittelalterlichen Vorstellung von christlicher Universalmonarchie, die zum Zweck politischer Propaganda wiederbelebt worden war, in ein Abenteuer geistiger Erkundung und Bewältigung.

Vielleicht hat Jakob niemals weiter als bis Aphorismus 129 gelesen, aber ein auch nur flüchtiger Blick auf das Frontispiz muß ihm einen anderen apokalyptischen und imperialen Zusammenhang ins Gedächtnis gerufen haben, einen, der sehr wohl die unmittelbare Quelle für Bacons Titel hätte abgeben können. Im Jahr 1572 wurde ganz Europa durch eine Supernova in Erstaunen versetzt, die den nächtlichen Himmel hell erleuchtete. Bedenkt man die Beschäftigung des Zeitalters mit apokalyptischen Prophezeiungen, so war es unvermeidlich, daß weise Männer in dem ungeheuren Stern ein Vorzeichen des Endes erblickten. Tycho Brahe, der bedeutendste Astronom seiner Generation, bot die raffiniertesten Geräte und Berechnungen auf, um einen apokalyptischen Zeitplan zu erstellen, der zum Teil auf der Beobachtung der Supernova basierte. Er nahm seine Ideen in ein Werk auf, das den Titel trug: *Astronomiae Instauratae Progymnasmatum* (Übungen in der wiederhergestellten Astronomie). Dieses Buch erschien 1602, kurz bevor Bacon offensichtlich das erste Mal *instauratio* verwendete, um sein Vorhaben zu benennen – in dem mit dem Untertitel ›Instauratio Magna Imperii Humani in Universum‹ (III, 527) versehenen Werk *Temporis Partus Masculus*. Brahes Gebrauch dieses Begriffs zeigt lediglich an, daß er die Astronomie in eben der Weise wiederbelebt wie andere Leute andere Zweige der Wissenschaften wiederbelebt hatten. Seinem Buch waren Lobgedichte vorangestellt, die von keinem anderen als von Jakob, damals König von Schottland, verfaßt waren. Über sein intellektuelles Interesse an Brahe hinaus sah er wahrscheinlich in dem Dänen ein Mittel, um die protestantische Sache voranzubringen, die er und andere so eng mit dem Ende der Welt verwoben hatten. Jakob stattete dem renommierten Observatorium Brahes sogar einen Besuch ab und verlieh ihm gewisse Privilegien für den Fall, daß er jemals nach Schottland kommen sollte.[57] Wegen Jakobs Interesse an dem Astronomen kann Bacon sehr wohl den Titel Brahes entliehen haben. Siebzehn Jahre nach der Publikation von Brahes Buch (und ein Jahr vor der der *Instauratio Magna*) hat zufälligerweise ein anderer protestantischer Astronom, Johannes Kepler, seine *Harmonia Mundi* Jakob gewidmet. Kepler sagt: »Dies mein Werk, die Harmonien, ist nichts als ein Bild des Gebäudes der Astronomie [...Ich bin] der einzige Baumeister und Erneuerer nach Meister Tycho.«[58]

Der Titel Bacons deutet noch auf einen anderen Kontext von Prophetie und Propaganda. Statius liefert hier den Präzedenzfall: In der imperialen Propaganda seiner *Sylvae* verherrlicht er einen vergöttlichten Monarchen (Domitian), und er suggeriert, daß dieser die Macht besitze, die Welt wie ein Jahresgott zu erneuern. Zum Beispiel,

Salve, magne parens mundi, qui saecule mecum instaurare paras...

[Heil dir, großer Weltenvater, der du mit mir den Neubeginn der Zeiten bereitest...][59]

Französische Schriftsteller des 16. Jahrhunderts verwenden, wahrscheinlich Statius folgend, *instaurer* bei großzügig ausgeteilten, an Franz I. und andere Mäzene gerichteten Schmeicheleien.[60] (Auch dieser Franz verstand sich als Erneuerer des Römischen Reiches und wollte ein neues Goldenes Zeitalter eröffnen.) Andere Autoren, die Lateinisch und Französisch schrieben, gebrauchten den Ausdruck, um die humanistische Wiederbelebung der gelehrten Studien zu rühmen.[61] Bacons Epistel an Jakob, die den Monarchen als möglichen Schutzherrn einer Instauration der Wissenschaften begrüßt, nutzt daher eine ganze Rhetorik herrscherlicher Lobpreisung, die in ihrem Lexikon *instauratio* mit sich führt.

Diese Rhetorik herrscherlicher Lobpreisung, der Bacons prophetischer Diskurs teilweise entstammt, hebt sich kaum von der typologischen Rhetorik der Instauration in der Vulgata ab, die wir vorhin betrachteten und die einen ursprünglichen prophetischen Kontext bereitstellte. Beide implizieren die Ankündigung folgenschwerer und wunderbarer Veränderungen, das häufig übertriebene Lob eines wohlwollenden Herrschers oder eines Messias und, zumindest unausgesprochen, den Aufruf an ein breites Publikum, die Veränderungen bewerkstelligen zu helfen oder sich ihnen anzuschließen. Im Ton sind sie erwartungsvoll und bewundernd, häufig feierlich und gefühlsbeladen. Ob in der Panagyri des Statius, den Prophezeiungen Hesekiels oder Paulus', der Philosophie Budés, der Dichtung Rabelais' oder in den Briefen des Erasmus: In jedem Fall bezeichnet Instauration nicht nur Wege des Wandels, sondern signalisiert auch eine Anstrengung, zu überzeugen und zu erbauen. In den meisten Fällen stellt der Sprecher die legitimen Autoritäten fest und setzt den Wandel zu ihrem Willen und ihren Absichten in Beziehung; er appelliert an die Prinzipien der Ordnung und der Hierarchie. Rhetorisch betrachtet enthüllt die Geschichte von *instauratio* deutlich die Bezüge zwischen Innovation, Ideologien des Wandels und der Legitimation und Übertragung von politischer, religiöser und ökologischer Macht.

Auch das absichtsvolle Dunkel, das Bacon bei der Behandlung seines Talismans verbreitet, hat mit dieser Machtfrage zu tun. Sollen sich etwa jener humanen Bestimmung, die doch Bacons Unternehmung eröffnet, nur einige – nicht »gewöhnliche« – Sterbliche erfreuen, Mitglieder der begüterten Klassen, die dank ihrer Erziehung die instauratio verstehen können? Die Situation ist vieldeutig. Wie die allegorischen Dichter, Bacon und andere zeitgenössische Kritiker sehr wohl wußten, erhob das komplexe Ineinanderspiel der allegorischen Ebenen, das sich zu jener Zeit in der Dichtung entfaltete, alle Leser über das »Gewöhnliche« hinaus: es forderte sie dazu heraus, die Geheimnisse zu enträtseln, die zu »moralischer Verbesserung« führen konnten. Bacon selbst erkannte die Grenzen der Klarheit; er kritisierte den allzu glatten, wohlgeordneten, autoritären und »meisterlichen« Stil der Darbietung, der die unvollständigen und ungeordneten Wahrheiten – für ihn die wichtigsten – verfehlt. Dieses Verfahren, der Gewöhnlichkeit zu entrinnen, indem man so schwierige Texte wie *The Faerie Queene* liest, kann man vor den Hintergrund einer steigenden Bildung und einer Aufstiegsmobilität beobachten, derer sich die Mittelschicht damals erfreute[62] – vor allem auch Bacons eigene Familie. Der Großvater war Verwalter in einer Abtei; sein erstaunlich erfolgreicher Vater blickte auf diesen Aufstieg zurück und, indem er ein Vorbild für Bacons eigene Reformen abgab, gründete eine Lateinschule und setzte ein College-Stipendium für die Bedürftigen aus.[63]

Das Dunkle der *instauratio* sucht zudem die visionären, ungreifbaren Nuancen des Wortes zu bewahren. Bacon, der »für künftige Zeitalter die Saatkörner einer reineren Wahrheit [...] ausstreut« (*NO* I, 130; *Works* IV, 104). präsentiert kein Emblem, das sauber dekodiert und dessen Moral herausgefiltert werden kann. Viel eher geht er in der *Instauratio Magna* auf Erkundung und fordert andere dazu auf, die möglichen Bedeutungen des menschlichen Geschicks zu erforschen, das nicht vollkommener begriffen oder dargelegt werden kann als sich die Zukunft im Detail vorhersagen läßt.

So wie Bacon die Allegorie in *Neu-Atlantis* einsetzt, um etwas zu fördern, was in gewisser Hinsicht ein radikaler und egalitärer Entwurf von Wissenschaft ist, so hängt allerdings auch die Baconsche Taktik einer Befreiung mittels Verdunklung letztlich von Erkenntnissen und Interpretationsgewohnheiten ab, die sehr traditionell sind. Hierarchien und Distinktionen sollen bewahrt werden, selbst wenn es auf deren Liberalisierung hinausliefe. Mit dem Verständnis der Hintergründe des Baconschen Titels muß man sich sein Interesse am dunklen Stil vergegenwärtigen, einem Stil, der seinen Leser »erwählt und einnimmt« (*Valerius Terminus; Works* III, 248): denn für Bacon ist jener erwählte Leser häufig der König selbst.

»Das himmlische Königreich ist die direkte Negation der irdischen Herrschaft«, schreibt William Blake an den Rand seiner Ausgabe von Bacons *Essays*. »König Jakob war das Primum Mobile Bacons.«[64] Die geistige Welt wie die politische Vision Jakobs bilden ein Herzstück der Baconschen Instauration-als-Reform. Eine Untersuchung der Rhetorik der Instauration läßt deutlich erkennen, daß Bacons Auffassungen vom himmlischen Königreich häufig nicht mehr von irdischer Gewaltausübung zu trennen sind, sobald sie einmal in den Verkehr dieser Welt geraten, und daß sie das Kriterium Blakes mit alarmierender Regelmäßigkeit verfehlen. Bacon bezeugt freilich den Optimismus und die Wendigkeit dessen, der, wie Hesekiel und Paulus, die Rolle von Rhetorik und Ideologie bei fundamentalen Umwälzungen anerkennt. Sein geschärftes Bewußtsein von den rhetorischen Aufgaben in der *Instauratio Magna* führt ihn sogar dazu, seine Überredungskunst mit der Invasion Italiens durch Karl VIII. von Frankreich zu vergleichen, einen anderen Universalmonarchen in spe.[65] Die Franzosen »kamen mit Kreide in ihren Händen, um ihre Unterkünfte abzugrenzen, nicht mit Waffen, um ihren Eintritt zu erzwingen. Ähnlich möchte ich, daß meine Lehre unauffällig in die Köpfe jener eindringt, die dafür geeignet sind, sie aufzunehmen.« (*NO* I, 35; *Works* IV, 53)

2.
Reformierte Beredsamkeit

Der Fortschritt der Wissenschaften und die Reform

Wenn die reformerischen Elemente für Bacons Welt wirklich bedeutsam sind, so dürfen sie nicht nur im unmittelbaren Zusammenhang der Religion existieren. Sie müßten dann auch in der weltlichen Tradition von Reform und Mimesis existieren, die sich während der Renaissance teilweise außerhalb der christlichen Tradition entwickelte.[1] In welchem Ausmaß reflektieren aber Bacons Erklärungen und Handlungsweisen als Erneuerer noch diejenigen eines weltlichen Reformers? Finden wir tatsächlich in seiner Weltansicht ein Verständnis des vollen, häufig progressiven Wechselspiels von Vergangenheit und Gegenwart (wie es Ladner hervorgehoben hat)?

Wenn die Instauration der Philosophie als ein so gearteter Prozeß der Erbauung betrachtet wird, dann zeigt die Ehrerbietung vor der Weisheit Adams, vor den griechischen Mythenstiftern, die Bacon in *The Wisdom of the Ancients* interpretiert hat, vor den Vorsokratikern (siehe *NO* I, 63) und vor dem legendären Naturkundigen Salomo, welche Denker er für wert hält rehabilitiert zu werden. Doch wie Orpheus' Lied, das ins Leben zurückruft, sind alle diese antiken Quellen gänzlich verschollen, bruchstückhaft, in Legenden oder in Allegorien ungenau überliefert, so daß es naheliegt, Bacon habe sie viel eher symbolisch als stofflich erneuert oder wiederhergestellt. Doch während er mit ätzender Schärfe die »Idole«, die beinahe in der gesamten bestehenden Philosophie vorherrschen, austreibt, so legt der erste und einzige vollständige Teil seiner Instauration (repräsentiert durch *De Dignitate et Augmentis Scientiarum*) »eine Zusammenfassung oder allgemeine Beschreibung des Wissens vor, das das Menschengeschlecht derzeit besitzt. Denn ich glaubte gut daran zu tun, bei dem allgemein Anerkannten innezuhalten; und zwar so, daß dadurch das Alte leichter vervollständigt werden und das Neue einfacher nähergebracht werden kann. Und ich erachte die Verbesserung dessen, was wir besitzen, für ebenso sehr erstrebenswert wie den Erwerb von mehr.« (Entwurf zur *Instauratio Magna*, IV, 22)

Der Fortschritt der Wissenschaften, zusammen mit seiner erweiterten lateinischen Fassung *De Dignitate*, enthalte »Neues und Altes gemischt«, wie Bacon in einem Brief schreibt, während die *Instauratio Magna* von 1620 das »Neue unvermischt« enthalte. Aber gerade hier in der *Instauratio Magna* spricht Bacon von einer maßvollen Annäherung an die Innovation, die mit dem typologischen Gehalt des Titels übereinstimmt. Die Möglichkeiten traditioneller Wissenschaft zu verwirklichen, so sagt er, ist an sich ebenso wichtig wie die Erkundung unbekannter Gebiete; außerdem nähere man sich dem Neuen am besten mittels einer rechten Disposition für das Alte und nicht durch eine platte Zurückweisung von Einsichten der Vergangenheit. Betrachten wir daher zunächst kurz Bacons Einstellung gegenüber dem Wandel in *Der Fortschritt*, dem Werk, in dem er sich am unmittelbarsten mit den Verbindungen zwischen Vergangenheit, Gegenwart und Zukunft beschäftigt.

Bisweilen spürt man, daß *Der Fortschritt* eine reformerische Tradition erläutert, etwa dann, wenn Bacon die humanistischen Angriffe auf die Scholastik nachbetet und dabei verkündet, daß, »wenn diese Scholastiker zu ihrem großen Wahrheitsdurst und der unermüdlichen Übung ihres Geistes Vielfalt und Universalität der Lektüre und der Betrachtung hinzugefügt hätten, sie hervorragende Geister gewesen wären, zum großen Nutzen aller Wissenschaften und der Erkenntnis« (III, 237). Für Geoffrey Bullough ist der *Fortschritt* der Höhepunkt jener lebhaft sprießenden humanistischen und apologetischen Werke während der späten elisabethanischen Epoche.[2] Verteidigungen des gelehrten Wissens – und dabei besonders der Poesie – sowie Streitgespräche über dessen Grenzen gab es im Überfluß. Sie schlossen Werke von Sidney, Samuel Daniel, Thomas Nashe, Gabriel Harvey ein sowie die Debatte über das gelehrte Wissen, die von den Parteien Essex und Raleigh ausgetragen wurde. Ähnlich wie in Daniels *Musophilus* (1599) geht es bei Bacon um eine Verteidigung *jeglicher* Gelehrsamkeit, einschließlich der Produkte der literarischen Phantasie. Sein Ton ist dabei versöhnlich. Gleich Daniel bemüht er sich, »zu zeigen, daß wahres Wissen sowohl sprechen wie handeln kann«[3] – er versucht also das Argument zu unterlaufen, das gelehrte Wissen sei zu abgelöst von der Welt, indem er in gewohnter humanistischer wie protestantischer Manier dessen praktische Seite sichtbar werden läßt.

Am Ende von Buch I von *Der Fortschritt* skizziert Bacon nochmals eine reformerische Haltung zur Tradition und gebraucht dabei Redewendungen, die seine oben zitierten Bemerkungen zur unendlichen Bedeutung der Hl. Schrift vorwegnehmen:

»Die Bilder menschlichen Geistes und Wissens ruhen in Büchern, sind dem Unrecht der Zeit entrissen und einer ewigen Erneuerung fähig. Auch sind sie eigentlich nicht Bilder zu nennen, denn sie erzeugen noch immer und säen Samen in andere Geister und rufen Taten und Meinungen ohne Ende im Wandel der Zeiten hervor. Wenn also die Erfindung des Schiffes als so vortrefflich erachtet wurde, weil es Schätze und Waren von einem Ort zum anderen befördert, um wieviel mehr sind dann die Buchstaben der Schrift zu verherrlichen, die gleich Schiffen durch die weiten Meere der Zeit steuern und die Weisheit, Glanz und Erfindungen eines Zeitalters an denen eines anderen teilhaben lassen?« (III, 318)

Bacon denkt offenbar über die weltliche Tradition so, als besitze sie etwas von der unerschöpflichen Macht und Zeugungskraft der Bibel, und von dieser glaubt er ja, wie wir gesehen haben, daß sie »für die Gedanken der Menschen und für die Nachkommenschaft aller Zeiten geschrieben worden« ist und daß sie »in sich, nicht nur als Ganzes und vereint, sondern verteilt in den Sätzen und Worten zahllose Quellen und Ströme der Lehre (besitzt), um die Kirche an allen ihren Teilen zu bewässern« (III, 487). In jedem Fall ist der Empfänger der Tradition ein Reformer, der durch Nachahmung und Erbauung erklärt und Neues schafft. Diese Passage greift Miltons reformerischem Konzept einer generativen Kraft der Tradition in den *Areopagitica* vor:

»Denn Bücher sind nicht völlig tote Dinge, vielmehr bergen sie eine lebendige Potenz in sich, die so rege tätig sein sollte wie der, dessen Nachkommenschaft sie sind; ja sie bewahren wie in einer Phiole die reinste Wirksamkeit und feinste Essenz jener Denkkraft, die sie gebar. Ich weiß sie ebenso lebendig und zeugungskräftig wie jener märchenhafte Drachenzahn [...] Wer ein gutes Buch vernichtet, mordet die Vernunft selber, tötet gleichsam das Abbild Gottes in seinem Auge.«[4]

Aus einem weiteren Gesichtswinkel betrachtet, beruht Bacons Begründung hinsichtlich der Verteidigung des gelehrten Wissens im Buch I von *Der Fortschritt* teilweise auf der Autorität und den Beispielen der Geschichte: Die bedeutendsten Männer und Zeitalter haben das gelehrte Wissen gepriesen und seine Früchte geerntet. Beinahe jeder Grund, den Bacon vorbringt, stellt ein fesselndes und häufig phantasievoll interpretiertes Zitat eines antiken Dichters, Philosophen, Historikers oder Priesters groß heraus; sein kraftvoller, gleichwohl feiner Geist führt diese funkelnden Juwelen in seinen Strömungen mit sich. Jedoch – das erinnert irgendwie an Miltons glänzendes Porträt Satans – sind »die Wunden eines Freundes« der denkwürdigste Teil von Buch I; sie sind der zentrale Abschnitt, der die »Irrtümer und Eitelkeiten [analysiert], wie sie unter den Studien der Gelehrten aufgetreten sind« (III, 295). Angesichts dieser Kritik am traditionellen gelehrten Wissen steigt der Verdacht auf, daß Bacons Achtung vor eben diesem Wissen recht unabhängig von seiner Achtung vor der Vergangenheit ist und daher die Baconschen Vorschläge nicht zwangsläufig unter die Ägide einer »Re-Formation« von allgemein anerkannten Meinungen fallen.

Dieser Verdacht wird noch bestärkt, wenn man die energische und schneidende Kritik der »Gebrechen der Gelehrten« liest, die Buch II eröffnet und der dann Bacons Erklärung seiner Absichten folgt: »Ich werde jetzt eine allgemeine und gewissenhafte Durchmusterung des gelehrten Wissens versuchen, und ich verfolge dabei die Absicht zu untersuchen, welche Gebiete unverbraucht und unbebaut, unverbessert und unverändert durch den Fleiß des Menschen daliegen; mit dem Zweck, daß solch ein Grundriß, einmal vom Gedächtnis aufgenommen, sein Licht über jede öffentliche Angelegenheit breiten und auch zu freiwilligen Anstrengungen anstiften möge.« (III, 328) Die topographische Metapher unterstreicht das, was nach Edward Said eher eine »angrenzende« [adjacent] Beziehung zur Vergangenheit als eine »dynastische« oder »sequenzielle« zu nennen ist: »Die authentische Beziehung ist [in der modernen Literatur] durch laterale Angrenzung vermittelt, während die dynastische Beziehung immer diejenige ist, mit der ironisch umgegangen, über die gespottet, mit der gespielt oder die abgewiesen wird [...] Der Text selbst hält sich an der Seite, neben oder in der Masse aller übrigen Werke – nicht aber auf einer Linie mit ihnen oder in einer Abstammungslinie von ihnen.«[5] Wozu eigentlich noch eine Reform, wenn man auf neuem Grund beginnen kann?

Der Reformer Bacon maßt sich allerdings in Buch II von *Der Fortschritt* eine allzu übertriebene Unabhängigkeit des Urteilsvermögens darüber an, was an der Tradition wertvoll ist und was nicht. Entsprechend seinen engen und gelegentlich unsensiblen Kriterien muß das gelehrte Wissen von Grund auf gereinigt und neu bewertet werden. So vieles vom Tempel des Wissens wird hinwegbefördert oder auf eine Randstellung abgedrängt, daß die Metapher der Erbauung sich nur noch in verkrampfter Weise anwenden läßt. Eine Geschichte des gelehrten Wissens wird z. B. »nicht um der Befriedigung der Liebhaber von gelehrten Studien willen« vorgeschlagen, sondern »um die gelehrten Männer im Gebrauch und der Pflege ihrer Studien weise werden zu lassen. Denn es sind eben nicht die Werke des Hl. Augustinus oder des

Hl. Ambrosius, die einen Gottesgelehrten weise sein lassen, als es vielmehr die gründlich studierte Kirchengeschichte ist; und dasselbe gilt
für das gelehrte Wissen.« (III, 330) Bacon nimmt hierbei an, daß die
Gegenwart ihr Urteil zum Teil auf die Vergangenheit stützen muß. Sie
verfährt jedoch am besten nach einer unverbrauchten Perspektive, die
die bislang mißachteten Quellen der Vergangenheit in den Vorder-
grund rückt, während sie die klassischen Texte beiseite läßt, die den
Kern der Tradition und die unveräußerliche Anleitung für alle gebildet
hatten, die eine eigene Perspektive suchten. Nehmen wir ein anderes
Beispiel: Die Tradition, sagt Bacon, hat keineswegs die Untersuchung
der Endzwecke versäumt, sondern an der falschen Stelle angesetzt;
denn durch die Suche nach diesen Zwecken in der Natur wurden die
Menschen daran gehindert, neue Entdeckungen zu machen. »Und deshalb scheint mir die Naturphilosophie eines Demokrit und anderer, die
weder an Geist noch an Vernunft in der Konstitution der Dinge glaub-
ten, in den Einzelheiten der physikalischen Ursachen wirklichkeitsnä-
her und besser fundiert zu sein, als die eines Aristoteles und eines Plato
(soweit ich das nach den uns überkommenen Berichten und Bruchstük-
ken zu beurteilen vermag).« (III, 358) Auf der Grundlage seines Prin-
zips, daß die Wissenschaft sich Entdeckungen und Fortschritte zum
Ziel setzen sollte, übergeht Bacon hier umfassende Aspekte der beiden
bedeutendsten Philosophen – zusammen mit Werken anderer, die daraus hervorgegangen sind –, und bevorzugt Fragmente, die von Kom-
mentaren verhältnismäßig unberührt und einer recht unterschiedlichen
Interpretation durch ihre Leser zugänglich sind.

Abgesehen vom Lob der Bücher und der Kennzeichnung des ersten
der sechs Teile von Bacons Programm im Entwurf zur *Instauratio Magna*, scheinen nur wenige Äußerungen in *Der Fortschritt*, in der *Instauratio Magna* von 1620 oder in irgendeinem anderen wichtigen philosophischen Werk Bacons eine unmißverständliche Haltung zur Reform
zu verkörpern. Die Analyse wichtiger Passagen über Tradition und Innovation in *Der Fortschritt* oder in anderen Werken gehört zur Diskussion von Ideen über Revolution, die weiter unten in Teil 2 folgt. Wir
werden dann etwa sehen, daß Bacons Mehrdeutigkeit oder Fehlübertra-
gung es unmöglich macht, seine berühmte Diskussion über »den ungeheuren Einfluß von Alt- oder Neusein« oder seine Bemerkungen über
Neologismen in dem metaphysischen Abschnitt von Der *Fortschritt* als
die Äußerungen eines Reformers zu lesen.

Anscheinend folgt Bacon weder den Implikationen der religiösen Ikonographie von ›instauratio‹ noch den versöhnlichen Passagen von *Der Fortschritt*, sobald er sich tatsächlich besonderen Beziehungen von Vergangenheit und Gegenwart oder von traditionellem Gelehrtenwissen und neuer Philosophie zuwendet. Außerdem scheint es, daß *Der Fortschritt* eine zweideutige Haltung gegenüber Tradition und Innovation zeigt und sich entschieden von dem Begriff der Reform verabschiedet. Es bleiben allerdings noch andere Ebenen der Betrachtung: Zunächst, wie sehr weicht das Wissen, das von den erschöpften Feldern eingebracht wurde, tatsächlich von der Baconschen Auffassung eines neuen Wissens ab, das von den jetzt brachliegenden, angrenzenden Feldern kommen wird? Bringt etwa Bacons Ansicht von Naturphilosophie wirklich seine Verwerfung Platos und Aristoteles' »in den Einzelheiten der physikalischen Ursachen« zum Ausdruck? Und noch wichtiger für unseren Gegenstand: Wie verwendet Bacon selbst traditionelle Materialien zur Konstruktion seiner Philosophie der Forschung? Gewiß gibt es, wie ein Leser bemerkt hat, bei vielen Vorschlägen Bacons auch reichlich Bluff: »Er klingt immer nach einem neuen Manager, der über die alte Firma herfällt. Wir hören das Sausen seines neuen Besens und sind doch überrascht, den altbekannten Trödel, geputzt und als neueste Ware angeboten, wiederzuerkennen«.[6] Nun, ob es mit seinen ausdrücklichen Bekundungen über die ideale Beziehung von Vergangenheit und Gegenwart übereinstimmt oder nicht, so zeigt Bacons Umgang mit den vorhandenen Quellen doch häufig den Habitus des Reformers, und in diesem Sinn bringt er die Implikationen zur Geltung, die der Titel seines Unternehmens enthält. – Ich werde mich an dieser Stelle auf eine Diskussion des Verhältnisses von Bacons Wissenschaft zur Rhetorik beschränken.

Gelehrte Reformer

Man wird erwarten, daß der Sohn eines Renaissancehöflings, dem man eine humanistische und juristische Bildung angedeihen ließ, daß ein Politiker und Ratgeber, der sich nur kurzer Besuche im Theater erfreute, weil er so eifrig mit seiner Selbstdarstellung beschäftigt war, daß ein glänzender Schriftsteller, dessen »Redebegabung ihm in jeder Verlegenheit mit einer Menge genialer Einfälle zu Hilfe kam« – so James Spedding in seiner Einleitung zu *De Interpretatione Naturae Proemium* (*Works* III, 512) –, daß dieser in seinem Denken kräftig von den Künsten der Beredsamkeit beeinflußt ist. William Sessions, der eine lange Tradition von Bacon-Studien reflektiert, behauptet nun, daß Bacon die *pietas litterata* des Erasmus, d. h. die gelehrte Suche nach den historischen Quellen der Wahrheit in den antiken Texten, die den Leser zu erbauen und zu reformieren trachtet, zu dem Ansatz einer *pietas rerum* verlagert habe, d. h. der Suche nach einer natürlichen Wahrheit – und zwar zum selben Zweck.[7]

In seiner Geschichte und Kritik der humanistischen Neigungen zur Rhetorik kommt Bacon zu dem Schluß: »Diese vier zusammentreffenden Ursachen: die Bewunderung der antiken Autoren, der Haß auf die Scholastiker, das sorgfältige Studium der Sprachen und die Wirksamkeit des Predigens bewirkten eine lebhafte Beschäftigung mit der Kunst der ausdrucksvollen, flüssigen Rede [...] Das wuchs sich schnell zu einem Übel aus; denn die Menschen begannen, mehr nach den Worten als nach der Sache zu jagen.« (*Der Fortschritt der Wissenschaften, Works* III, 283)[8] Die Wissenschaft Bacons soll ein Buch der Natur sein, »unbelastet von Literatur und Bücherweisheit« (IV, 12), das Worte und Dinge, die Texte und den Text der Natur wieder miteinander vereint. Doch ungleich Galileis Buch der Natur, das vermöge seines natürlichen Mediums der Mathematik Unabhängigkeit von den üblichen Büchern erlangen konnte, stützt sich Bacons Buch der Natur nicht auf Zahlen. Es spricht die Sprache anderer Bücher, und sein Autor handhabt sie mit vollendeter Geschicklichkeit. Unser augenblickliches Problem wird es daher sein, zu überlegen, von welchem Sinn Bacons Instauration der Wissenschaft rhetorische Techniken und Ideale in ein Reformprogramm überführt.

Indem die humanistische Bildung jeder Epoche sich häufig zur Vorkämpferin der pietas litterata aufwirft, stellt sie die Mittel bereit, um eine, in diesem Kapitel schon angekündigte, Unterscheidung von Theorie und Praxis festzuhalten – nämlich die zwischen Bacons idealem Buch der Natur und demjenigen, das er wirklich zu verfertigen beginnt. Karl Morrison hat jüngst eine Gruppe von Gelehrten benannt, die den Gedanken an eine wohltätige, fruchtbare und optimistische Tradition der Reformen in der Literaturgeschichte bewahrt haben. Für diese – für Leo Spitzer, E. R. Curtius und E. Auerbach, ebenso wie für G. Ladner und N. Frye – bedeutet die Erhellung des reformerischen Wesens der europäischen Kunst-, Geistes- und Politikgeschichte eine grundlegende Pflicht der geisteswissenschaftlichen Forschung.

Dagegen wird Spitzers Gegenspieler A. O. Lovejoy von Morrison nicht zu diesem Kreis gezählt, da er in *Die große Kette der Wesen* die Reformideologie kaum über die Aufklärung hinaus fortdauern läßt, eine Aufklärung, die die Vergangenheit degradiert und nach einem »ebenbürtigen Spiegel« der Natur (wie Bacon es formuliert) sucht. Die anderen hingegen betonen die Kontinuität wie den zentralen Ort der Traditionen von Reform und Mimesis.[9] In anderer Weise verfährt W. K. Wimsatt, wenn er etwa von »der Abstammung [der Kritik] aus der Bibelexegese« spricht und von der »inhärent zweideutigen oder polysemen Natur des sprachlichen Diskurses«.[10] (Wie der Gebrauch von Fryes Begriff der Verschiebung im letzten Kapitel nahelegt, schreibe auch ich hier mehr oder weniger in dieser Tradition.)

Im folgenden geht es vor allem darum, etwas von der beträchtlichen Forschung über die Zugehörigkeit der Baconschen Wissenschaft zu den Künsten der Beredsamkeit, unter dem Titel der Reform zusammengefaßt, sichtbar werden zu lassen.[11] Drei besondere Bereiche sollen diskutiert werden: die Beziehung zwischen Ciceronianischen und Baconschen Idealen der Einheit des Wissens; die Baconsche Reform der rhetorischen und logischen Begriffe der Topik und der Teilung [divisio] in seiner induktiven Methode; sowie der Baconsche Versuch, das, was er als eine analogische Weltansicht begreift, die auf Ähnlichkeiten gründet, in eine rationale aufzulösen, die ihre Grundlage in der Identität und der Differenz besitzt. Zumindest beruht ein Teil der früheren Untersuchungen in den genannten Bereichen auf Annahmen, die den von Morrison genannten Reformern gemeinsam sind. Diese Untersuchungen erhalten den dynamischen und perspektivischen Charakter humanistischen Verständnisses, und vor allem verteidigen sie die Quellen der Rhetorik, Analogie und Imagination gegen die kruden Fakten und interesselosen Wahrheiten. Sie betonen die Einheit des Wissens, die produktiven Kräfte der Tradition und den Zusammenhang von Kunst und Wissenschaft als schöpferische Leistungen. Diese Sichtweise läßt allerdings gerade im Falle Bacons, der über diese und verwandte Gegenstände sehr dezidiert urteilt und den Literatur- und Wissenschaftshistoriker recht unterschiedlich porträtieren, zahlreiche Probleme aufkommen. Es stimmt eben nicht, daß Bacon zwei wissenschaftliche Disziplinen übergreift; vielmehr haben die Diskontinuitäten zwischen Reform und Revolution in seinem Werk das Auseinandertreiben jener Disziplinen und der »zwei Kulturen« der Geistes- und Naturwissenschaften mit herbeigeführt. Wie die Übersicht über die religiösen Zugehörigkeiten Bacons im letzten Kapitel zeigt, verdienen der Reformer Bacon und seine literarisch-historischen Schutzpatrone durchaus Gehör. Wir haben aber soeben auch das offensichtliche Fehlen einer *durchgängigen* reformerischen Haltung bei Bacon festgestellt, so daß eine Einschränkung (die in Teil 2 ausgeführt wird) geboten scheint.

Die Einheit des Wissens und der Gattungen

Cicero, der so großartig von der griechischen Philosophie Besitz ergriffen und sie popularisiert hatte, war für viele ebenso besitzergreifende Humanisten ein Führer und Vorbild. Seine Überzeugung war, daß die Rhetorik das gesamte Studium der freien Künste [artes liberales] umgreifen sollte. In seinem *De Oratore*, wahrscheinlich eines von etwa einem Dutzend der wichtigsten Bücher in der Renaissance und ein grundlegender Text für die traditionelle humanistische Erziehung und Gelehrsamkeit, klagt Cicero, daß die sokratische Forderung nach einem ungekünstelten Stil – mehr als die sophistische Wortspielerei – »die Wissenschaften weise zu denken und schön zu reden« getrennt habe. Es ist also der Pöbel, der die Worte vom Denken spaltet, wie den Körper vom Geist: So kommt es, »daß andere uns die Weisheit, andere das Reden lehren«. Plato wußte jedoch, daß »man unter allen Wissenschaften eine wunderbare Übereinstimmung und gleichsam Harmonie« findet und, daß »alles, was über und unter uns ist«, ein Ganzes bildet und »durch eine Kraft und eine Zusammenwirkung der Natur zusammengehalten [wird]. Denn es gibt keine Gattung der Dinge, die losgerissen von den übrigen für sich bestehen, oder deren die übrigen entbehren könnten« [12]. Die Rhetorik erhellt den Platz einer Idee im Aufriß des Universums und der menschlichen Angelegenheiten; nur dadurch kann die Idee in ihrer vollen Bedeutung wirklich werden. Dieses Wissen kann nicht völlig kontemplativ sein, sondern es setzt moralische Überzeugung und ein tätiges Leben voraus.

Unter dem Einfluß Ciceros nahmen Pädagogen zur Zeit Bacons den Gedanken sehr ernst, daß Wort und Ding unzertrennlich sind. Sie neigten etwa dazu, unter der umfassenden Kategorie der *ars disserandi*, der Kunst der Rede, Logik und Rhetorik miteinander zu verbinden. So mischen Logik-Handbücher wie John Setons *Dialecticae* von 1584 (das Bacon benutzt haben mag) Fiktion und Philosophie, und sie dienen als Anleitung dazu, Cicero und Ovid zu analysieren wie auch eine formgerechte Debatte zu führen. [13]

In *Der Fortschritt der Wissenschaften* spielt Bacon auf Ciceros rhetorische Prinzipien an (und auf dessen Angriff auf Sokrates), wenn er die Notwendigkeit unterstreicht, an die Stelle von Streit und Spezialisierung die Einheit aller Zweige der Wissenschaft zu setzen:

»Und im allgemeinen sollte es eine Regel sein, daß alle Abteilungen des Wissens eher um ihrer Grundsätze und Verbindungen als um ihrer Bestandteile und Sonderungen willen akzeptiert werden; und daß der Zusammenhang und die Vollständigkeit des Wissens gewahrt werden. Denn das Gegenteil davon hat bestimmte Wissenschaften steril, seicht und fehlerhaft werden lassen, da sie nicht aus einer gemeinsamen Quelle gespeist und unterhalten wurden. So sehen wir Cicero, den Redner, über Sokrates und seine Schule klagen, daß er Philosophie und Rhetorik erstmals voneinander geschieden habe; weshalb dann die Rhetorik zu einem leeren Spiel mit Worten wurde. Ebenso haben wir mit der Meinung des Kopernikus über die Drehung der Erde zu verfahren, die zwar die Astronomie nicht zurechtrücken kann, da sie den Phänomenen nicht widerstreitet, die aber die Naturphilosophie berichtigen kann.« (III, 367)

Das ironische Faktum eines empirisch orientierten, begeisterten Wissenschaftlers des 17. Jahrhunderts, der zustimmend Cicero anführt und zugleich Kopernikus zurechtweist, hat man vielleicht erst später in der Geschichte würdigen können. Um die Tragweite dessen zu begreifen, daß Bacon Cicero anführt, sollten wir die Stelle, an der es zuerst geschieht, den sogenannten *Valerius Terminus*, untersuchen. Diese weitergehende Diskussion entlarvt nämlich Bacons teilweise verborgene, reformerische Beziehung zu Cicero in bezug auf die Idee einer Einheit des Wissens. Im *Valerius Terminus* wird Bacons Abneigung gegen Kopernikus deutlich: Ungleich Ciceros Philosophie der Rhetorik erfüllt die heliozentrische Theorie des Kopernikus keineswegs Bacons Kriterium der Einheit. Kopernikus ist verwundbar, weil er sich geniale Hypothesen über *eine* Art der Bewegung ausdenkt, ohne das Bedürfnis nach einer allgemeinen Theorie der Bewegung zu beachten, indem er »eine Philosophie für den Himmel entwickelt und eine andere für das, was unter dem Himmel ist« (III, 229). (Newton, in seinem Baconschen Streben nach universellen Prinzipien, beseitigte dieses kopernikanische Manko mit seiner Theorie der universellen Gravitation.) Schließlich aber geht auch Cicero am Ziel vorbei:

»Ich indessen, der ich es als großes Hindernis für den Fortschritt und die weitere Entfaltung des Wissens ansehe, daß die vereinzelten Künste und Wissenschaften aus dem allgemeinen Wissen ausgegliedert wurden, verstehe unter dem, was zum einen Cicero in seinen Abhandlungen und zum anderen die Griechen in ihren Schriften und ihrem Bild vom Kreis-Lernen meinten, etwas anderes. [...] Sondern ich spreche [davon, daß...] vereinzelte, unterschiedene Wissenschaften vom universalen Wissen abhängen, insofern sie durch dessen höheren Kenntnisstand gestützt und verbessert werden müssen, genauso wie die Teile und Glieder einer Wissenschaft von den Maximen derselben Wissenschaft und von der wechselseitigen Erhellung und Verständigung, die jeweils ein Teil von einem anderen erhält, abhängen.« (III, 228 f.)

Literaturwissenschaftler haben bisweilen argumentiert, daß Bacon in Passagen wie diesen der Rhetorik die vereinende Kraft abspreche, die sie beansprucht hatte, und daß er eben diese Kraft der Wissenschaft unterstelle. Der *Valerius Terminus* unterstützt diese Ansicht, sobald Bacon darangeht, die Art der Abhängigkeit von universalem Wissen und die Art der wechselseitigen Erhellung und Verständigung, die er meint, näher zu bestimmen:

»Ein Mensch, der nicht bemerkt, wieviele Figuren der Rhetorik und der Musik sich gleichen, sollte daher für jemanden gehalten werden, der seine Zeit vertrödelt. [...] Die Redefigur, die Cicero und die übrigen für den Höhepunkt an Eleganz erachten, das scharfsinnige Abbremsen von Erwartungen, ist den Musikern nicht weniger gut bekannt, wenn sie eine besondere Anmut darin entfalten, das Tonende oder die Kadenz entschweben zu lassen. Das sind keine Andeutungen, sondern direkte Gemeinsamkeiten; die gleichen Freuden des Gemüts werden nämlich nicht nur in Musik und Rhetorik angetroffen, sondern auch in Moralphilosophie, Politik und anderen Wissensbereichen; was in dem einen dunkel ist, ist in dem anderen sichtbarer, ja es kommt vor, daß in einem Bereich etwas entdeckt wird, was in einem anderen überhaupt nicht gesehen wird. Daher stellt eine Wissenschaft jeweils eine große Hilfe zur Entfaltung und Unterstützung einer anderen dar. Ohne diesen wechselseitigen Austausch wären die Axiome der Wissenschaften sicherlich weder vollständig noch wahr.« (III, 230)

In *Der Fortschritt* nennt Bacon diese Axiome die »Fußstapfen der allgemeinen Vernunft« oder *»philosophia prima* [...] der allen gemeinsame Hauptweg, bevor wir dahin gelangen, wo die Wege sich gabeln« (III, 346 f.). Sie verbinden unterschiedliche Gegenstände, wie etwa Rhetorik und Moralphilosophie, durch eine Explikation der allgemeinen Prinzipien, die ihnen zugrundeliegen. Bacon frägt daher, »Ist nicht das Trillern in der Musik das gleiche wie das Spiel der Lichter auf dem Wasser? *›Splendet tremulo sub lumine pontus‹.«* (III, 349) Dieses Vergilzitat »Unter dem zitternden Licht glitzert die See« zeigt an, daß es gerade die natürliche Grundlage der Bilder und Tropen ist – auf die sich ja die

Literaten so gut verstehen –, die von der Ersten Philosophie untersucht werden muß. Indem sie das, was je als bloße Analogie erscheint, deutlich und rational begreifbar werden läßt, wird die *philosophia prima* offensichtlich zur authentischen Verwirklichung der Beredsamkeit. Bacons Wissenschaft zielt anscheinend auf eine Art von heimlicher »Apokalypse oder getreuen Vision« literarischer Texte, der Welt der Literatur, deren Ideal der Eloquenz Bacon wiederum auf das Streben nach Wahrheit anwendet.

Die prophetische Analogie der Offenbarung, die in Werken wie der *Instauratio Magna* und der *Divina Commedia* (siehe Kapitel 1) erforscht worden ist, liefert eine Möglichkeit, die beredte Einheit der Wahrheit zu definieren. Diese Einheit ist ebenso eine der Gattungen. Gerade so wie man zur Zeit Bacons anfing, das Buch der Offenbarung als eine großangelegte Synthese nicht nur der Geschichte und der Symbole, sondern auch der literarischen Gattungen zu schätzen, so wuchsen die Gattungen im Elisabethanischen und Jakobitischen Diskurs nach und nach zu großen enzyklopädischen Formen zusammen. *The Faerie Queene* und *The Anatomy of Melancholy* z. B. repräsentieren neuartig gestaltete Werke, die aus alten und häufig überholten Formen geschaffen wurden, die ursprünglich als voneinander getrennt aufgefaßt wurden.[14] Bacons eigene Naturhistorien spiegeln diesen Versuch, die Möglichkeiten des traditionellen Materials zu umgreifen und zu erfüllen.

Bacon plündert nicht selten die Überlieferung, von den Aristoteles zugeschriebenen *Problemata* bis hin zu Lukrez, Vergil, Bartholomaeus Anglicus, Paracelsus und Ficino. Die Durchmusterung heterogener Fakten in der Art des Plinius, die konventionelle sechsteilige Anordnung des Materials, die äußerst verschiedenartigen Abhandlungen moderner Schriftsteller: Sie alle sollen in der Apokalypse oder getreuen Vision der induktiven Wissenschaft Bacons subsumiert werden, und diese wird die alte Wissenschaft von ihren kurzsichtigen Theorien befreien und den göttlichen Plan, der in ihr verborgen ist, offenbaren.[15] Als ein derartiger Sammler von Fakten aus anerkannten Quellen erinnert Bacon an den Renaissancegelehrten, der die Spuren göttlicher Offenbarung aus dem Geschwätz der heidnischen Philosophen herausliest, die jene an Moses und Salomo verliehene Weisheit entstellt und verfälscht haben.

Viele von Bacons Historien, die am meisten einen fragmentarischen Eindruck hinterlassen, wurden offenbar unter Zeitdruck und ohne Mitwirkung anderer geschrieben; die allerletzten mit ernstem Enthusiasmus und im Angesicht des bevorstehenden Todes. Wie die Temperaturtabellen im *Novum Organum* (siehe II, 14; *Works* IV, 145) scheinen sie eher darauf berechnet, Beispiele und Präzedenzfälle für ein wissenschaftliches Programm als selbständige Forschungsbeiträge abzugeben.[16] Nichtsdestoweniger geben Bacons naturhistorische Werke die Praxis einer Reform wieder, die auf apokalyptische Vollendung ausgeht. Ein vielfältiges, zusammengesetztes Bild der Tradition bestimmt die Zukunftssicht dieses Propheten. Der neue Diskurs der Wissenschaften ist daher eher dem Diskurs des modernen Romans oder romantischen Gedichts ähnlich, die durch Kombination und Einschmelzung der traditionellen und artifiziellen Gattungen der Antike hervorgegangen sind.[17]

Bacon entwirft in *Der Fortschritt* tatsächlich ein Konzept wissenschaftlicher Beredsamkeit in seiner Erörterung der »Weisheit der Tradition«. In der *Instauratio Magna* von 1620 ist dieser Topos von geringer Bedeutung; die Forschung hat freilich das Gewicht von Bacons anderen philosophischen Werken für ein Verständnis seiner Methode nachgewiesen.[18] Die Lektüre jener Werke ermöglicht uns zu erkennen, in welcher Weise Themen wie die Weisheit der Tradition sich in die Methode, die in dem unvollständigen *Novum Organum* beschrieben wird, einfügen, und wir sind zudem in der Lage herauszufinden, wo sie im *Novum Organum* ohne ausdrückliche Erwähnung diskutiert werden.

Oberflächlich betrachtet bietet *Der Fortschritt der Wissenschaften* eine Klassifikation der intellektuellen Künste, die die Rhetorik zu einem bloßen Teilstück der letzten der vier intellektuellen Künste degradiert, der Kunst der Kommunikation oder der Tradition (d. h. der Übermittlung). Die drei übrigen Künste sind die Erfindung, das Urteil und die Erinnerung. Wissen kann durch die Medien der Rede, der Schrift oder der Geste kommuniziert werden, und jeder Gegenstand besitzt eine angemessene »Methode« der Übermittlung. Die Rhetorik selbst, die sich auf die höchst gefährliche Gabe der Imagination stützt, ist der dritte, untergeordnete Teil der kommunikativen Kunst; sie wird als »Veranschaulichung der Tradition« bezeichnet. Jedoch gerade diese weitgehende Reduktion des Wirkungskreises hat zur Folge, daß Bacon die traditionellen rhetorischen Prinzipien tiefer in das Zentrum der intellektuellen Künste hineinträgt. Zum einen bezeichnet Bacon die Kunst der Kommunikation insgesamt als die »Kunst der Rede oder der Tradition« (III, 384), zum anderen wird diese Kunst innerhalb seiner wissenschaftlichen Methode außerordentlich bedeutsam.

Da Bacons wissenschaftliches Programm kooperativer Natur ist und da es von der Sammlung und Aneignung einer umfangreichen Datenmenge abhängt, werden schriftliche Dokumente und Informationsaustausch unter Wissenschaftlern äußerst wichtig (siehe *NO* I, 101, *Works* IV, 96). Bacon spricht es allerdings in *Der Fortschritt* aus, welcher Art die Kommunikationsweise sein wird, die »den Segen der Beständigkeit und des Voranschreitens [im Wissen] einflößt« (III, 403). Die Untersuchung dieser Mitteilungsweisen wird die »Weisheit der Tradition« genannt: »Wissen, das als ein weiterzuspinnender Faden überreicht wird, sollte, wenn möglich, mit derselben Methode, mit der es erfunden ward, weitergereicht und mitgeteilt werden. Und das ist auch mit induziertem Wissen möglich [...] ein Mensch kann zu den Grundlagen seines Wissens und seiner Überzeugungen zurückkehren und hinabsteigen; und so kann er es auch, wie es in seinem Geist wuchs, in einen anderen verpflanzen.« (III, 404) Nähere Angaben macht Bacon zu solcher »Beredsamkeit« kaum, aber wie wir in Teil II im einzelnen erkennen werden, entpuppt sich der Begriff als etwas anderes, als was er gewöhnlich meint. So lauten Bacons Anweisungen für die Abfassung von Naturhistorien in der *Parasceve*: »Und all das, was den Schmuck der Rede angeht: Gleichnisse, die Fülle der Beredsamkeit und ähnliche Nichtigkeiten – betrachte sie als endgültig abgetan.« (IV, 254)[19] Aber wie man Bacons obigen Bemerkungen über die Weisheit oder die Methoden der Tradition entnehmen kann – und ebenso seinen Anmerkungen zu Cicero –, geht es der spezifisch Baconschen, unberedten Beredsamkeit vor allem darum, Ciceros Verknüpfung von Gedanken und Ausdruck, von Wort und Ding zu bewahren.[20] Sehr hilfreich ist der von W. S. Howell gezeichnete Kontrast zwischen der Ansicht Bacons und der der Logiker von Port-Royal und Descartes', die im allgemeinen die Beredsamkeit völlig von der strengen Sprache der Wissenschaft trennten.[21] Für Bacon sind es nicht länger Poesie und Redekunst, sondern ist es die Wiedergabe wissenschaftlicher Wahrheit, die eine privilegierte Verbindung zu den Prozessen der Entdeckung und der Beobachtung hält. Diese beredte Verbindung selber wird in ihrer »wahren« Natur bewahrt, verwirklicht oder erfüllt durch das, was als Bacons »Reform« der Beredsamkeit bezeichnet werden könnte.

Die Abhängigkeit des Wissenschaftlers von rhetorischen und logischen Teilungen oder Klassifikationen repräsentiert eine noch ausgeprägtere Verbindung zur Rhetorik. Bevor überhaupt die Sammlung von Daten für irgendeine induktive Untersuchung (Baconscher oder anderer Provenienz) in Gang kommen kann, muß erst einmal der Gegenstandsbereich entsprechend einigen allgemeinen Begriffen katalogisiert werden, die die rechte Art, die Vielfalt der Natur zu sondern, bezeichnen. Dem Versuch, etwa alle fliegenden Geschöpfe umfassend zu klassifizieren, wäre es höchst förderlich, wenn man eine vorläufige grobe Einteilung in »Topoi« vornehmen könnte: gefiederte Lebewesen, gepanzerte, behaarte, zwei- und sechsbeinige Geschöpfe, usw. Der Glaube, daß es wichtig ist, eine gesonderte Untersuchung über die fliegenden Geschöpfe anzustellen, kann zudem auf der Vermutung beruhen, daß diese Kategorie in irgendeiner Weise den wirklichen biologischen Beziehungen unter den Tieren entspricht. Ohne einige vorläufige Vermutungen darüber, wie das Universum zu gliedern sei, müßte bei jedem Problem, das auf seine induktive Lösung wartet, die ganze Welt einbezogen werden.

Während er die Topik der Erfindung in *Der Fortschritt* diskutiert, zitiert Bacon zuversichtlich das, was Plato über die Möglichkeit sagt, vor dem Beginn einer Untersuchung eine genaue Einteilung des Wissens vorzunehmen: »›Wer auch immer forscht, weiß das, wonach er forscht, in einem allgemeinen Verständnis. Wie sonst soll er es erkennen, wenn er es gefunden hat?‹« (III, 391) (Unser Empirist teilt natürlich nicht Platos Erklärung für diese Fähigkeit, nämlich, daß wir unsere Weisheit, die wir in einem anderen Leben erworben haben, wiedererinnern.) Ganz am Ende der *Instauratio Magna* von 1620 katalogisiert Bacon 130 Naturhistorien des Universums unter verschiedenen, umfänglichen Überschriften. Sobald der Wissenschaftler eine der Naturhistorien in Angriff nimmt, markiert er Sub-Themen der Untersuchung. Der Induktionsprozeß vollzieht sich dann so, daß viele Verallgemeinerungen geringeren Grades über besondere Themen getroffen und dann diese Verallgemeinerungen unter umfassendere, in der Form einer Pyramide, subsumiert werden. Die Stufen seiner »Leiter der Axiome« werden durch das festgelegt, was Bacon die »Forschungstabellen« nennt:

»Da es eine so große Zahl und Schar von Besonderheiten gibt und diese Schar derart zerstreut und vereinzelt ist, daß sie den Verstand ablenkt und verwirrt, ist wenig von dem Geplänkel, den flüchtigen Angriffen und ziellosen Regungen des Intellekts zu erhoffen, wenn man nicht alle Besonderheiten, die zu einem Forschungsgegenstand gehören, mittels wohlgeordneter Forschungstabellen, als seien sie lebendig, aufmarschieren läßt und der Geist veranlaßt wird, mit solchen passend vorbereiteten Mitteln zu arbeiten.« (*NO* I, 102; *Works* IV, 97)

Es versteht sich für den Anwalt und das Parlamentsmitglied Bacon von selbst, diese Methode der Teilung in einen rhetorischen Kontext zu stellen. Die Kunst des Erinnerns ist für den öffentlichen Redner lebenswichtig[22], und Klassifizierung ist für diese Kunst unentbehrlich. Obgleich er im *Novum Organum* das Gedächtnis nicht ausführlich diskutiert, prüft Bacon dort kurz den Gedanken einer Vorkenntnis, den er früher in dem Abschnitt über das Gedächtnis in *Der Fortschritt der Wissenschaften* erörtert hatte. Die Vorkenntnis basiert auf denselben Prinzipien wie die Forschungstabellen: »Wenn wir etwas zu erinnern suchen oder uns ins Gedächtnis zurückrufen, werden wir ohne eine Vorkenntnis oder eine Auffassung dessen, was wir suchen, herumirren und uns vergeblich bemühen wie in einem unbegrenzten Raum. Wenn wir dagegen eine sichere Vorkenntnis besitzen, verliert sich diese Haltlosigkeit im Unendlichen sofort und das Gedächtnis braucht nicht so weit in die Ferne zu schweifen.« (*NO* II, 26; *Works* IV, 162 f.) Und an einer Stelle im *Novum Organum* nennt Bacon die wissenschaftliche Unterteilung und Katalogisierung einen »Dienst am Gedächtnis«[23], während er wiederum auf die chaotische Weitschweifigkeit der Naturhistorie hinweist (*NO* II 10; *Works* IV, 129).

Bacons Abhängigkeit von Klassifikationen überrascht nicht, wenn wir die Anlage seiner Schriften insgesamt in Betracht ziehen, seien sie nun philosophisch, religiös, literarisch oder juristisch. Nicht allein in *Der Fortschritt der Wissenschaften* gliedert er sorgfältig den behandelten Stoff: Brian Vickers hat im einzelnen gezeigt, wie Bacon regelmäßig logische Prinzipien der Teilung, die von Plato (z. B. *Phaedrus* 265–66, *Philebus* 16–17) skizziert wurden, zusammen mit rhetorischen Prinzipien der Anordnung wie etwa Qintillians Begriff der *partitio* verwendet.[24] Einige der Baconschen Naturhistorien, wie z. B. die über Leben und Tod, zeigen sämtliche Elemente rhetorischer Anordnung[25] – und gleichwohl wird den Kompilatoren von Naturhistorien nachgesagt, sie besäßen einen von den Verfälschungen der Vergangenheit »reingewaschenen Geist«.

Bacons Beziehung zu Plato dreht sich in der Tat um das Konzept einer Definition der Formen: ein induktiver Prozeß, der sich langsam und mühselig von einzelnen Beispielen mit Hilfe von Unterteilungen zu allgemeinen Prinzipien erhebt.[26] Im *Novum Organum* anerkennt Bacon, was er Plato verdankt, indem er besonders dessen Gebrauch der Induktion qua Ausschließung oder Elimination falscher Antworten bis zu einem Punkt, an dem nur noch richtige übrigbleiben, hervorhebt:

»Die Induktion aber, die für die Forschung und Beweisführung der Wissenschaften und der Künste brauchbar sein soll, muß die Natur durch passende Verwerfungen und Ausschließungen analysieren. Nach einer ausreichenden Anzahl von Negierungen muß sie dann aufgrund der affirmativen Fälle zu einer Schlußfolgerung kommen. Solches ist noch nicht getan oder selbst versucht worden, außer durch Plato, der diese Form der Induktion in einem gewissen Umfang anwendet, um die Definitionen und Ideen zu erörtern.« (*NO* I, 105; *Works* IV, 97 f.)

Sowohl in *Der Fortschritt* wie im *Novum Organum* zitiert Bacon zustimmend das, was Plato über die Teilung sagt, also das, was Definition durch Klassifikation bedeutet: »›Man sollte den für einen Gott halten, der weiß, wie man definiert und teilt.‹« (*NO* I 26; *Works* IV, 164)

Bacons Plato-Lektüre stellt eine Reinterpretation der platonischen und christlichen Auffassung der Kette der Weisheiten dar, die das imposante Ergebnis platonischer Definition und Teilung ist. In der folgenden Passage aus *Der Fortschritt* bezieht sich Bacon auf diese Kette der Wesenheiten (bei der »das höchste Glied an Jupiters Sitz geketet sein muß«, III, 268) als den Kontext seiner Reform der Wissenschaften.

»Es ist die Pflicht und Tugend jeglichen Wissens, die Unbegrenztheit der individuellen Erfahrung einzugrenzen [...] das wird dadurch vollbracht, daß die Begriffe und Auffassungen der Wissenschaften miteinander vereint werden. Denn Wissen gleicht Pyramiden, deren Basis die Historie ist: so wie die Basis der Naturphilosophie die Naturhistorie ist. Die der Basis nächstgelegene Stufe ist die Physik, während die dem Scheitelpunkt nächstgelegene Stufe die Metaphysik ist. Was den Scheitelpunkt, *Opus quot operatur Deus a principio usque ad finem* – das Werk, welches Gott von Anbeginn bis ans Ende wirkt –, was also das Summarische Gesetz der Natur betrifft, so wissen wir nicht, ob menschlicher Forschergeist es zu erreichen vermag [...] Diese drei sollen die wahren Stufen des Wissens sein [...] sie sind wie die drei Lobpreisungen *Sancte, Sancte, Sancte*: heilig in der Beschreibung oder Erweiterung seiner Werke, heilig in ihrer Verknüpfung oder Verkettung, sowie heilig in ihrer Einheit mit einem ewigen und gleichförmigen Gesetz. Und daher ragte die Spekulation eines Parmenides oder Plato hervor, obschon es nur eine Spekulation bei ihnen war, daß alle Dinge auf einer Leiter zur Einheit emporsteigen.« (*Works* III, 356; siehe auch *NO* I, 93, 104)

Als eine Entwicklungskonzeption verstanden reflektiert gerade die christlich gedeutete Erfüllung des Typus im Antitypus den Einfluß derartiger griechischer, logisch-eschatologischer Gedanken wie jener des Parmenides und Plato, auf die Bacon anspielte: In den griechischen wie christlichen figuralen Traditionen erfüllen alle Dinge ihr Wesen dadurch, daß sie zu Gott als Endzweck hinstreben. Die Wissenschaft Bacons verwirft die Endzwecke als Erklärungsweisen, der Prozeß der wissenschaftlichen Forschung indessen behält die alten Modelle und Zwecke bei. Zu Gott gehört daher, sobald man die Perspektive von Bacons reformerischem System einnimmt, eine universelle Induktion mit Hilfe des Typus.

Analogie und Identität

Während seiner Diskussion der Idole bemerkt Bacon, daß beinahe jeder von der Natur »ex analogia hominis« denkt, anstatt, wie er sollte, »ex analogia universis« (siehe *NO* I, 48). Er verurteilt die Gabe des menschlichen Geistes, »Parallelen, Paarungen und Verhältnisse« zu erfinden, wo in Wirklichkeit keine existieren (IV, 55). In *Der Fortschritt* diskutiert er die Medizin und verwirft besonders die Begeisterung für Korrespondenzen oder Analogien zwischen dem menschlichen Körper und dem gesamten Universum:

»Die antike Meinung, daß der Mensch ein *microcosmos*, ein Auszug oder Modell des Universums sei, ist von Paracelsus und den Alchimisten in phantastischer Weise überspannt worden, so als würde man im menschlichen Körper gewisse Korrespondenzen und Parallelen finden, die sich auf die ganze Vielfalt der in der großen Welt vorhandenen Dinge, seien es nun Sterne, Pflanzen oder Minerale, beziehen sollen.« (III, 370)[27]

Bacon bestreitet indessen keineswegs, daß es eine Reihe von Korrespondenzprinzipien gibt, die die verschiedenartigen Bereiche des Universums miteinander verbinden – andernfalls wäre eine Wissenschaft der Natur unmöglich. Die Analogie spielt in der Tat eine Hauptrolle in Bacons induktiver Wissenschaft, wobei er sie häufig in seinem Eifer, über Analogien hinauszugelangen, als solche gar nicht anerkennt. Seine Methode kann daher als ein unvollständiger Versuch angesehen werden, Analogien zwischen den Dingen in wahre Identitäten und Differenzen aufzulösen: eine Art von Reinigung und Erfüllung – eine Reform – der literarischen und rhetorischen Dimension des Diskurses.

Wir haben bereits gesehen, daß Bacon Analogien von der Sprache seiner Naturhistorien ausdrücklich fernhält; er weist ihnen aber einen bescheidenen, wenngleich respektablen Platz in seiner wissenschaftlichen Methode insgesamt zu.[28] Sie wirken sich z. B. in der »literarischen Erfahrung« oder in der »Jagd des Pan« aus, der »Übertragung von Versuchen der einen Kunst auf die andere«, die »zu der Entdeckung vieler neuer, für das menschliche Leben und Befinden wichtiger Dinge« führen kann (IV, 96). Bacon diskutiert »Rang und Anlage« der wissenschaftlichen Methode ausführlich nur in *De Dignitate*. Sie ist viel eher abhängig von Vergleichen zwischen besonderen Dingen als von der Formulierung von Verallgemeinerungen, die sich auf eine ganze Anzahl von Besonderheiten gründen. Ein Beispiel:

»Es ist als Sprichwort anerkannt, ›daß Weintrauben Seite an Seite mit anderen schneller reifen‹, und es ist eine gängige Redewendung geworden, die man auf die gegenseitigen Dienste und Pflichten der Freundschaft anwendet. Unsere Apfelweinkelterer haben freilich den ausgezeichneten Einfall gehabt, diese Wirkung nachzuahmen. Sie geben acht, daß die Äpfel nicht anstoßen oder zerquetschen, solange sie nicht auf einem Haufen beisammen liegen, und Seite an Seite gereift sind; denn auf diese Weise verliert das Getränk seinen allzu großen Säuregehalt.« (*Works* III, 416)

Nicht Methode, sondern common sense, Phantasie, Zufall, Glück, Versuch-und-Irrtum erweisen sich bei dieser Jagd als erfolgreich. Sie ähnelt viel eher Karl Poppers Ansicht der modernen Wissenschaft – einem Verfahren von Versuch-und-Irrtum, das auf Hypothesen basiert –, als der von Bacon selbst befolgten wissenschaftlichen Methode. Das oben erwähnte Beispiel, das Bacons Vertrautheit mit den *Adagia* des Erasmus (iii.2.49) voraussetzt, zeigt, daß die »Jagd des Pan« gerade auch der Welt der Renaissanceliteratur mit ihren Analogien und Korrespondenzen entspringt, die Erasmus so fleißig und gewissenhaft untersucht hat. Über zweihundert Eintragungen aus den *Adagia* kann man in Bacons Notizbuch finden; für Bacon ist es nur ein kurzer Sprung von einem Naturphänomen zu einer moralischen Vorschrift, vom Reifen der Trauben zu den Pflichten der Freundschaft.

Viele von Bacons »Privilegierten Fällen«, d. h. der nützlichsten Arten von Beispielen oder von Beobachtungen aus der Natur, die den Prozeß der Induktion zu leiten vermögen, stützen sich auf Analogien. Ganz ausdrücklich analogisch ist der Text über die »Bequemen Fälle oder von der Analogie«. Wie z. B. die Flosse des Fisches oder die Schwinge des Vogels sind dies diejenigen Fälle, »die die Ähnlichkeiten und Verbindungen der Dinge [...] nur im konkreten Sinn darstellen« (*NO* II, 27; *Works* IV, 164). Wie die »Jagd des Pan« sind sie für die Entdeckung der Formen von geringem Nutzen, denn sie liefern keine Grundlage für die Verallgemeinerung, obgleich sie diese nahelegen können: »Der Gummifluß der Bäume und die meisten kostbaren Gesteine sind bequeme Fälle. Denn diese sind nichts weiter als Absonderungen und gefilterte Säfte; ersterer von Bäumen, letztere aus den Felsen; daher stammt der Glanz und die Reinheit in beiden, nämlich aus der feinen und sorgfältigen Filterung.« (IV, 165 f.)

Die Analogie ist allerdings über diesen expliziten, sekundären Gebrauch hinaus für eine induktive Logik im allgemeinen unentbehrlich – eine Logik, die nach Bacon einen wesentlichen Platz in der wissenschaftlichen Forschung einnimmt. Gewöhnlich beziehen sich daher Logiker auf die Induktion als eine Reihe von »positiven und negativen Analogien«: d. h. einmal Listen von Merkmalen, die die einzelnen Dinge eines Datenbereichs gemeinsam besitzen, und ein andermal Listen von Merkmalen, die nur einige bieten.[29] Man kann eine Analogie zwischen zwei oder mehreren Einzelheiten aufstellen, wenn sie etwas gemeinsam haben: etwa die Tatsache, daß Kolibris, Schmetterlinge und viele andere Lebewesen Nektar schlürfen. Nimmt man freilich diese Ähnlichkeit für eine Identität (oder vermag nicht zwischen Ähnlichkeit und Identität zu unterscheiden), so daß alle nektarsaugenden Lebewesen als biologisch verwandt betrachtet werden, dann stellt man eine analogische Verallgemeinerung her, die sich auf einen Katalog einzelner Beispiele stützt.

Auch eine Induktion, wie sie Bacon anstrebte, würde bei einem Katalog von Einzelheiten anfangen und darauf allerdings die Berücksichtigung von sehr viel mehr charakteristischen Zügen erfordern (Vorhandensein eines Rückgrats usw.). Sie wäre so imstande, zwischen Beziehungen zu unterscheiden, die auf bloßer Ähnlichkeit basieren, und solchen, die dank eines erschöpfenden Katalogs von besonderen Merkmalen auf einer fundamentaleren Beziehung beruhen. Bacon denkt sich diese fundamentalen Beziehungen auf der Grundlage von »Formen« und »einfachen Wesen« [simple natures], die die Bausteine des Universums ausmachen und letztlich als Elementarteile definiert werden können. Andererseits würden Ähnlichkeitsbeziehungen – die phantastischen »Parallelen, Verbindungen und nicht existierenden Verwandtschaften« – den Kolibri mit der Hummel zusammenbringen und vielleicht auch mit der Seele eines verwandelten Liebhabers und der Quintessenz des Quecksilbers. Die materialistischen Begriffe, in denen Bacon die Naturgeschichte auffaßt, erlegen den Verallgemeinerungen, die dem Induktionsprozeß entstammen, Schranken auf. Allerdings bleibt der Unterschied zwischen dem analogischen und dem induktiven Verfahren eben teilweise eine Frage der Quantität und der Genauigkeit: mehr sorgfältig geprüfte Daten werden bessere Verallgemeinerungen ergeben.

Entgegen dem Versuch Bacons kann es jedoch keine derart scharfe Trennung zwischen den privilegierten Fällen der Analogie und den »konstitutiven« Fällen geben, die »in einen allgemeinen Begriff« (IV, 162) zusammengezogen werden können und denen er eine große Bedeutung bei der Auffindung wahrer Identitäten und Differenzen beimißt. Wenn »keine zwei Fälle einer universalen oder induktiven Verallgemeinerung identisch sind«, wie ein zeitgenössischer Wissenschaftstheoretiker sagt, dann verbinden die Wesen und Identitäten die Einzelheiten nur mittels einer »Familienähnlichkeit« analogisch miteinander.[30]

Die Verallgemeinerungen oder »Formen«, die die Baconsche Methode aus allgemeinen Begriffen zu induzieren sucht, müssen ebenfalls analogisch ausgerichtet sein, denn Bacon betrachtet sie als Prinzipien der Bewegung von primären Teilchen. Um von der Welt der Sinne zur Bewegung dieser unsichtbaren Teilchen zu gelangen, muß man eine Art von Analogie konstruieren, die die unsichtbare Bewegung durch den Vergleich mit der sichtbaren charakterisiert. Bacons Definition der Wärme als einer Bewegung von primären Teilchen ist daher der Bewegung nachgebildet, die er an heißen, nicht an kalten Dingen beobachtet hat. Er spricht außerdem von den »Wünschen«, »Abneigungen« und »Instinkten« dieser elementaren Kräfte.[31]

Bacons zum Teil verdeckte Komplizenschaft mit den Analogien, die seine Philosophie gerade zu reformieren versucht, sollte uns nicht dazu führen, sein Denken von der leichten Seite zu nehmen, wie es bei Wissenschafts- und Philosophiehistorikern häufig der Fall war. Zunächst ist diese Komplizenschaft als eine seiner größten schriftstellerischen Vorzüge seit langem anerkannt. Shelleys *Verteidigung der Dichtung*, eine dynamische Wiederbelebung humanistischer und biblischer Visionen des schöpferischen Wortes als aktiver Kraft im sozialen Wandel, zugleich der *locus classicus* aller humanistischen Geisteswissenschaftler des 20. Jahrhunderts, die mit Hilfe Bacons das wissenschaftliche mit dem literarischen »Hervorbringen«[32] verknüpfen wollen – Shelleys Schrift erinnert an Bacons Konzept einer philosophia prima, um den Dichter als einen Kulturbringer und Gesetzgeber des Denkens und Empfindens zu kennzeichnen:

»Diese Ähnlichkeiten [oder vitalen Metaphern, die die Sprache und die Kreativität in Gang halten] hat Bacon treffend als ›die gleichen Fußspuren der Natur, die sich den verschiedenen Objekten der Welt eingeprägt haben‹ bezeichnet, und er betrachtet die Fähigkeit, welche sie wahrnimmt, als Speicher der Axiome, die allem Wissen zugrundeliegen [...]. Alle Urheber geistiger Revolutionen sind notwendigerweise Dichter, nicht nur weil sie Erfinder sind oder auch weil ihre Worte die ewige Analogie der Dinge enthüllen durch Bilder, die am Leben der Wahrheit teilhaben, sondern vor allem weil ihre Perioden harmonisch und rhythmisch sind und in sich selbst Elemente des Verses enthalten: Sie sind das Echo der ewigen Musik.«[33]

»Lord Bacon war ein Dichter. Seine Sprache besitzt einen süßen, majestätischen Rhythmus und befriedigt das Gefühl ebensosehr wie die fast übermenschliche Weisheit seiner Philosophie den Geist zufriedenstellt. Ihre Dynamik dehnt die Fassungskraft des Lesers aus, sie sprengt und reißt sie schließlich mit sich fort in das universale Element, mit dem sie in ständiger Sympathie lebt«.[34]

Von einem abweichenden, aber komplementären Standpunkt aus hat Mary Hesse behauptet, Bacons wissenschaftliche Leistung liege »nicht in unfehlbaren Induktionen, sondern in Hypothesen, die durch die in ihnen enthaltenen Analogien angeregt worden sind«[35]. So wie mechanische Modelle in der Art der Wellen- und Partikeltheorien in der wissenschaftlichen Theoriebildung eine wichtige Rolle gespielt haben, so können, je nach eigener philosophischer Voraussetzung, analogische Modelle als ein wesentliches Element wissenschaftlicher Forschung und Erklärung aufgefaßt werden.[36] Gewiß betont Bacon sehr oft, daß sie nicht notwendig sind und in wirkliche Identitäten und Differenzen aufgelöst werden müssen; und doch werden sie in der Praxis zu einem wesentlichen Kennzeichen seiner Wissenschaft. Sein Eifer, Ähnlichkeiten zu verifizieren und die Analogie-Abhängigkeit seines Zeitalters wie des menschlichen Geistes überhaupt zu reformieren, trägt zu dem brillanten, analogischen Charakter seines Stils und Denkens bei.

»Schließlich kann man nicht oft genug empfehlen und einschärfen, daß der Eifer der Menschen beim Untersuchen und Erweitern von Naturgeschichte von nun an sich völlig ändern und eine der heutigen entgegengesetzte Richtung einschlagen muß. Denn bis heute haben die Menschen eine große und in der Tat allzu peinliche Sorgfalt darauf verwendet, die Vielfalt der Dinge zu beobachten und die spezifischen Differenzen zwischen Tieren, Heilkräutern und Fossilien zu erklären. [...] Die Mühe der Menschen sollte daher der Untersuchung und Beobachtung der Ähnlichkeiten wie der Analogien unter den Dingen, und zwar in Ganzheiten ebensosehr wie in Teilbereichen, zugekehrt werden. Denn das ist es gerade, was die Einheit der Natur aufdeckt und einen festen Boden für die Gründung der Wissenschaften ebnet. « (*NO* II, 27; *Works* IV, 166 f.)

Teil II
Revolution

3.
»Ein Neubeginn von den tiefsten Grundlagen aus«

Die metaleptische Haltung

In *The Wisdom of the Ancients* meint Bacon, daß Weisheit und Vorherwissen des Prometheus die Ebenbildlichkeit zur göttlichen Vorsehung vergegenwärtigen. Die Autonomie der intellektuellen und kreativen Erkundungsfahrt Bacons verweist aber darauf, daß der neue Prometheus, gleich Shelleys revoltierendem Prometheus, aus Quellen schöpft, die nicht durch die Satzungen Jupiters beeinträchtigt werden. Bacons Verlagerung von Salomos Tempel in das Reich der Künste und Wissenschaften bedeutet nicht nur eine neue Anwendung der biblischen Instauration, sondern sie erzeugt selbst eine neue Auffassung von Instauration. Im Hinblick auf die Typologie stellt sich heraus, daß sie eher den Plan einer Hervorbringung als den einer Erfüllung stützt; die Paradoxie, die der Reform zugrundeliegt, wird verzerrt und zerbrochen. Der Baconsche Schritt über Reformen hinaus ist, wie wir vielleicht finden werden, von einem Bruch mit der Prophetie oder mit der Bibel weit entfernt. Dadurch aber, daß er die Instauration innerhalb der Heilsgeschichte lokalisiert und zugleich Anspruch auf Originalität und Priorität erhebt, ist sein zentrales Problem der Modernität definiert und darüber hinaus das grundlegende Interesse, das unsere moderne oder postmoderne Welt an seinem Werk finden kann.

Bacons Ansprüche scheinen einige seiner Leser in Verlegenheit zu bringen. Diese Ansprüche sind eingeebnet worden, indem man die Aufmerksamkeit auf die Demut gelenkt hat, mit der Bacon sie vermischt[1] – eine Demut freilich, die jene noch fördert und steigert. Ein Ziel der Studie von Paolo Rossi ist es daher, Bacons eher moderaten und nachdenklichen Sinn für den Wert seines Werks von dem »titanischen Gebaren der Renaissancemagier« abzuheben.[2] Diese Unterscheidung ist wichtig. Freilich spielen die bedeutendsten Untersuchungen über Bacons Beziehung zur Vergangenheit sein Beharren auf der Einzigartigkeit und selbstauferlegten Isolierung in der Geistesgeschichte herunter – eine Isolierung, die ihn gegenüber der wissenschaftlichen Erneuerung, die um ihn herum vor sich geht, blind macht.[3] Bacons Ansprüche jedoch – wie auch die Ikonographie der Instauration, die sie zu Beginn der *Instauratio Magna* geltend macht – bieten einen Schlüssel für das gesamte Werk.

Der hellenistische, griechische Rhetoriker Hermagoras unterscheidet vier Arten von Haltungen (Problemebenen, *staseis*), die Anklage und Verteidigung vor Gericht annehmen und disputieren können. Die ersten drei betreffen die Tatsachen, genaue Darlegung und Stichhaltigkeit, also das, was das Wesen der Tat und die Existenz eines Verbrechens klärt. Die letzte, die metaleptische oder translative Haltung betrifft die Zuständigkeit, z. B. die Frage danach, ob der Angeklagte ohne einen Wechsel des Gerichtsstands ein angemessenes Verfahren erwarten kann.[4] Neben einigen zeitgenössischen Kritikern hat Harold Bloom eine andere Bedeutung von Metalepsis in der klassischen Rhetorik untersucht: Metalepsis oder Transumption wird dabei mehr als eine Figur des Stils als der Haltung verstanden. Bloom hat freilich argumentiert, daß die beiden Bedeutungen sich nicht wirklich voneinander trennen lassen, da nun einmal in der Literaturgeschichte die eigene Stellungnahme (Haltung) häufig auch eine Veränderung in der Stellung des eigenen Vorbildes nach sich zieht.[5] Es ist eben gerade eine solche Verknüpfung von Haltung und Vorbild, der sich Bacon, zumindest seinem Anspruch nach, zu verweigern trachtet.

Der Jurist und Latinist Bacon ging, um Rhetorik zu lernen, gewiß eher bei Cicero und Quintillian in die Schule als bei Hermagoras. In der Tat bestreitet Quintillian die Notwendigkeit einer gesonderten Kategorie von metaleptischen Haltungen.[6] Ob nun Bacon an die formale Rhetorik denkt oder nicht, so nimmt er jedenfalls in seiner Anklage gegen die abendländische Tradition der Philosophie, die er sowohl in der *Instauratio Magna* wie in etlichen anderen Werken erhebt, die Haltung ein, daß die Philosophie der Vergangenheit weniger falsch als vielmehr von Anfang an ungeeignet ist, die Suche nach der Wahrheit in Gang zu setzen. So ist die erste Haltung, die er einnimmt, die metaleptische, wie er es auch am Ende des Vorworts zur *Instauratio Magna* andeutet: »Es kann ganz offensichtlich nicht von mir verlangt werden, mich mit Beschlüssen eines Gerichts [d. h. der philosophischen Tradition] abzufinden, das unter seiner eigenen Auflage steht.« (IV, 21) Mit dieser metaleptischen Haltung verweist Bacon darauf, daß eine allgemeine Umorientierung der Standpunkte einsetzen muß, bevor der Nutzen seiner Vorschläge unvoreingenommen bedacht werden kann. Von nun an wird Bacon selbst, und nicht die Tradition, das Terrain festlegen, auf

94

dem die Kommunikation zwischen Autor und Leser stattfinden kann. Ein neuer archimedischer Punkt wird für ein neues Universum des Diskurses bereitgestellt, und der Leser wird aufgefordert, seine Vorannahmen beiseite zu lassen und etwas ganz Neuem ins Auge zu blicken. Wie die topographische Metapher, die Bacon in seiner Absichtserklärung im Buch II von *Der Fortschritt der Wissenschaften* gebraucht (»eine allgemeine und zuverlässige Durchmusterung der Wissenschaften samt einer Untersuchung derjenigen Teile, die frisch und unbebaut daliegen, ohne durch menschlichen Fleiß verbessert und umgewandelt worden zu sein«), so legt Bacons metaleptische Haltung die Beziehung zwischen seinen eigenen Ideen und denen der Vergangenheit fest, und zwar ganz nach dem Muster von E. Saids ›Angrenzung‹, so als wären Gegenwart und Vergangenheit zwei unabhängige, nebeneinander liegende Streifen Landes und nicht ein einziger Streifen, der von den Generationen nacheinander ererbt und erneuert (oder reformiert) wird.[7] Das unabhängige Urteilsvermögen eines vernünftigen Geists kann der Weisheit und dem Einfluß der Zeitalter widersprechen.

Bacon entwickelt seine metaleptische Haltung gegenüber der Tradition in einer bemerkenswerten Reihe von Manifesten oder Prophezeiungen, die in der *Instauratio Magna* von 1620 enthalten sind und dem orakelhaften *Novum Organum* vorausgehen. Wir haben bereits ausführlich Bacons Behauptungen diskutiert, die er in diesen Manifesten über die kosmische Bedeutung seines Unternehmens äußert; und zwar formuliert er diesen Gedanken, den menschlichen Geist kraft einer Reform in »seine vollkommene und ursprüngliche Lage zu versetzen«, in der Vorrede, der »Widmungsepistel«, dem Vorwort zur *Instauratio Magna*, dem »Entwurf des Werkes« und in dem Vorwort zum *Novum Organum*. Wir haben uns jetzt die Behauptungen vorzunehmen, die er in diesen fünf Prophezeiungen einmal hinsichtlich der absoluten Priorität und Originalität seiner Ideen entwickelt, und zum anderen hinsichtlich seiner eigenen Demut (d. h. des Geständnisses der Durchschnittlichkeit seiner persönlichen Fähigkeiten und seines Beitrages). Nach meiner Ansicht umfassen diese beiden Behauptungen Bacons revolutionäre Haltung.

Immer wieder betont Bacon in den fünf einleitenden Ausführungen des *Novum Organum*, daß er isoliert arbeite und daß er die erste und einzige Person sei, die fähig ist, den Weg zur Verwirklichung der menschlichen Möglichkeiten aufzufinden. In der Vorrede sieht man ihn einem »einsamen« Vorhaben hingegeben, das »jenen Weg [einschlägt], der allein dem menschlichen Geist offensteht« (IV, 7).

»Es ist allemal besser, mit etwas zu beginnen, das zu etwas führen kann, als sich in einen endlosen Kampf zu stürzen und Wege einzuschlagen, die nirgendwo hinführen. [...] Und weil er [Bacon] nicht abschätzen konnte, wie lange es dauern würde, bis diese Dinge jedem bekannt wären, *zumal er bis jetzt niemanden gefunden hat, der seinen Geist an Ähnliches gewandt hat*, entschloß er sich, alles auf einmal zu veröffentlichen, was er fertigstellen konnte.« (meine Hervorhebung; *Works* IV, 8)

In seiner Epistel wiederholt Bacon, daß seine Ideen »ganz neu, völlig neu in ihrer Art sind: und doch sind sie einem sehr alten Vorbild nachgebildet, nämlich der Welt selber und dem Wesen der Dinge und des Geistes«. Wohl in Anspielung auf die damals homonymen Worte »bacon« [Speck] und »beacon« [Leuchtfeuer] behauptet er, daß sein Werk »ein neues Licht im Dunkel der Philosophie entzündet« (IV, 11). Das Vorwort zur *Instauratio Magna* verurteilt die abendländische Überlieferungsweise oder geistige Vererbung, die als eine Entstellung des Ideals der Erfüllung zur biologischen Reife charakterisiert wird.

»Man soll nicht sagen, daß die Wissenschaften allmählich gewachsen seien, bis sie schließlich ihre volle Statur erreicht haben und sich daher (weil ihre Laufbahn abgeschlossen ist) in den Werken einiger weniger Schriftsteller niedergeschlagen haben [...] es gibt nur eine Verfassung in den Wissenschaften, und die wird immer allgemein akzeptiert sein [...] Und daher besteht kein Zweifel, daß die größten Geister einer jeden Epoche aus ihrer eigenen Bahn geworfen wurden: Männer mit außergewöhnlicher Begabung und Intelligenz waren um ihres Rufes willen genötigt, sich dem Urteil der Zeit und der Menge zu beugen; und sobald daher Erwägungen höheren Ranges anfingen, ihr Licht auszubreiten, wurden sie unter dem Einfluß der öffentlichen Meinung alsbald ausgelöscht. So gleicht die Zeit einem Fluß, der uns leichte und aufgeblasene Dinge herbeigetragen hat, während doch gewichtige und solide untergegangen sind.« (IV, 16)

Die Anspielung auf die Paulinische Kritik des Stolzes (die leichten und aufgeblasenen Dinge), dem sich die Demut der Erbauung entgegenstellt, fügt sich in den christlichen Hintergrund der Baconschen Ideen zur Erneuerung ein. Freilich kommt Bacon im »Entwurf des Werkes« auf die Einzigartigkeit seines Beitrags zurück: »Ich setze auch die Wissenschaften auf tiefere und festere Fundamente, und mein Forschen beginnt näher an den Quellen, als es Menschen jemals zuvor gelungen ist«; »ich habe meine Mitteilungen mit mehr Umsicht vorgetragen als diejenigen, die sich bisher mit der Naturgeschichte befaßt haben« (IV, 25, 30). Im Vorwort zum *Novum Organum* wird als Ziel angegeben,

»dem Verstand einen neuen Weg zu eröffnen, einen Weg, den sie [die Alten] unversucht und unerkannt ließen« (IV, 41).

In den Aphorismen des *Novum Organum* finden sich auch verstreute Behauptungen und Hinweise zu Bacons Originalität, Priorität und Einzigartigkeit in der Geistesgeschichte. So etwa, als er die Beweggründe der Hoffnung auf das neue Unternehmen aufzählt:

»Wenn es einige gibt, die den Mut verlieren, so mögen sie mich anschauen: unter den Männern meiner Zeit, der am meisten mit Staatsgeschäften Beladene, ein Mann von nicht sehr kräftiger Gesundheit (wodurch er viel Zeit verliert), der auf der eingeschlagenen Bahn als ein Pionier gelten darf, der niemandes Pfad folgt noch sich in die Beratungen anderer mischt; dieser Mann hat doch wohl, indem er entschlossen die wahre Straße betrat und seinen Geist den Dingen unterordnete, das ganze Vorhaben um einiges vorangebracht.« (I, 113; *Works* IV, 102)

»Ich kann also das von mir behaupten, was einmal ein anderer im Spaß sagte [...] ›Es ist unmöglich, daß wir das gleiche denken, wenn einer von uns Wasser und der andere Wein trinkt.‹ [...] Ich trinke auf das Wohl der Menschheit mit einem Getränk, das aus unzähligen, voll ausgereiften Trauben gekeltert ist, gelesenen und gepreßten Weintrauben, die schließlich rein und klar im Faß herangereift sind. Wen wundert es da, daß sie und ich nicht das gleiche denken.« (I, 123; IV, 109)

Wir brauchen uns mit den Belegstellen zu dieser eindeutigen Verkündung der Priorität keineswegs auf den Band von 1620 zu beschränken. Zwölf Jahre früher, in der *Redargutio Philosophorum*, betont Bacon die Schwierigkeit, seine Ideen aufgrund ihrer außergewöhnlichen Neuartigkeit mitzuteilen: »Ich weiß mir keinen Rat, wie ich Sie von einer so neuartigen und unerwarteten Sache überzeugen soll. Diese Schwierigkeit besteht, weil die gewohnten Regeln der Argumentation außer Kraft sind, denn wir stimmen in den Grundsätzen nicht überein. Selbst die Hoffnung auf eine gemeinsame Diskussionsbasis ist ausgeschlossen, weil ich die gegenwärtig gewohnten Beweisformen in Frage stelle und sie anzugreifen beabsichtige«.[8] In seiner Rechtfertigung meint Bacon freilich: »Diese unterschiedslose Zurückweisung der Autoritäten erregt viel weniger Ärgernis als die Zurückweisung einiger und die Billigung anderer. Das würde einen Urteilsspruch über sie nachsichziehen; in Wirklichkeit aber ist alles, was ich vermag, wie ich schon sagte, einen neuen Weg zu zeigen«.[9] In der *Redargutio* und in dem *Temporis Partus Masculus* von 1602, zu einer Zeit, da bissige Satiren in England viel Anklang fanden, trägt Bacon einen umfassenden Angriff auf beinahe alle wichtigen antiken und modernen Philosophen vor. Seine Darstellung der »monströsen Schuld« der Philosophen und seine Verachtung des »Lärms ihrer gewundenen und unlogischen Demonstrationen«[10] liefern Bacon eine zusätzliche Gelegenheit, seine Vorstellungen als den »einen Weg, der allein dem Menschengeist offensteht« anzupreisen.

Diese Ansprüche werden von den Dementis aufgewogen, in denen Bacon jede Wertung der Größe seiner Leistung als Anzeichen seiner persönlichen Größe ablehnt. In der Epistel bezieht Bacon seinen Erfolg auf die »Gnade und Güte Gottes und auf den Segen des Zeitalters Eurer Majestät« (V, 11). Ungleich den Einsichten anderer sind diejenigen Bacons nicht besonders tiefschürfend oder scharfsinnig, während sie doch unerhört wichtig und völlig neu sind, denn »sie sind einem sehr alten Vorbild abgeschaut; nämlich der Welt selbst und dem Wesen der Dinge und des Geistes« (IV, 11). Es waren nur gewisse eingewurzelte Denkgewohnheiten, die irgend jemanden davon abgehalten haben, auf Baconsche Gedanken vor diesem selbst zu stoßen: »das einzige Wunder daran ist nur, daß die erste Auffassung der Sache und ein derartiges Mißtrauen gegenüber altbewährten Dingen überhaupt in den Geist eines Menschen gedrungen ist«; demnach ist das Werk »eher ein Kind der Zeit als des Scharfsinns« (IV, 11 f.).

Außer seinem »aufrichtigen Geist und der Neigung, dem Menschengeschlecht Gutes zu tun«, und der »immerwährenden Liebe zur Wahrheit« (IV, 8) bringt Bacon nur eine charakteristische Eigenschaft vor, die ihm zu seinen Einsichten verholfen habe: die Demut. In der folgenden Passage aus dem Vorwort zur *Instauratio Magna* gibt Bacon das klarste – und zugleich bemerkenswerteste – Bild seines philosophischen Kampfes:

»Was mich betrifft, so habe ich mich, der immerwährenden Liebe zur Wahrheit gehorchend, den Ungewißheiten und Schwierigkeiten und Verlassenheiten unbekannter Pfade ausgeliefert, und im Vertrauen auf den göttlichen Beistand habe ich meinen Geist gewappnet gegen die Angriffe und die kampfbereiten Reihen der öffentlichen Meinung, gegen meine ganz privaten, inneren Bedenken und Zweifel, gegen die Nebel und Gewölke der Natur sowie die Gespenster, die überall herumhuschen – und all das in der Hoffnung, den gegenwärtigen und zukünftigen Generationen einen glaubwürdigen und sicheren Leitfaden an die Hand zu geben. Wenn ich darin überhaupt einen Schritt nach vorn getan habe, so ist mir dieser Weg nur durch wahre und echte Demütigung des menschlichen Geistes eröffnet worden.« (IV, 19)

Während andere Ruhm und den sinnreichen Aufbau phantastischer Systeme gesucht haben, hat es Bacon, mit juristischer Unbeteiligtheit, der

Vernunft erlaubt, sich selbst zu zeigen, anstatt der Gefahr einer bloßen »Gedankenübung« zu verfallen. Seine persönlichen Briefe an König Jakob, den Herzog von Buckingham, und andere beweisen, daß die beharrliche Beteuerung besonderer Demut, Uneigennützigkeit und Dienstbeflissenheit nicht allein den Philosophen Bacon charakterisieren, sondern auch den Ratgeber großer Männer und bescheidenen Nutznießer ihrer Gunst. In der *Redargutio* jedoch verkündet Bacon entschlossen Ansprüche, die seine titanenhafte Bescheidenheit allen anderen gegenüber gehörig ins Licht setzen. Er erklärt, eine psychologische Kritik an anderen geleistet zu haben, während er selbst einer derartigen Sondierung verborgener Motive nicht zugänglich sei.

»An dem Verdikt, das spätere Generationen über mich fällen werden, mag richtig sein, daß es mir jegliche Größe in meinem Tun abspricht. Sie werden aber fehlgehen, wenn sie etwas der Kühnheit zuschreiben, was sich der Demut verdankt; ich sage: der Demut und der Abwesenheit menschlichen Stolzes, eines Stolzes, der noch alles verdorben hat, weil er vergängliche Betrachtungen mit dem Prädikat heilig bedachte, das doch allein der göttlichen Signatur der Dinge vorbehalten sein sollte. Hier möchte ich mir nur dazu gratulieren, mich allein kraft dessen glücklich und des Menschengeschlechts würdig zu fühlen, daß ich die Macht aufgezeigt habe, die der wahren Demütigung des Menschengeistes innewohnt.«[11]

Bacons Anspruch auf Demut beweist deutlich, daß christliche Demut und Mildtätigkeit in seiner Wissenschaft eine zentrale Stellung einnehmen.[12] Sie hat allerdings auch die Wirkung, Bacons Darbietung seiner Ideen eher wie ein jähes Hervorbrechen in der Geschichte aussehen zu lassen als wie das prophezeite oder sich erfüllende Ereignis, das einem umfassenden kosmischen Plan zugehört. Es ist in der Tat genau diese Behauptung, daß er kein großer Mann sei, daß er es nicht im geringsten mit den Riesen der Tradition aufnehmen könne, durch die es Bacon gelingt, sich ein Stück Land abzustecken, das an das Platos und Aristoteles' angrenzt. Er – der doch »eher ein Kind der Zeit als des Scharfsinns« ist – sagt uns, daß er dank seiner Demut und Durchschnittlichkeit auf die neue Methode gestoßen sei, und nicht trotz ihrer. Mehr noch: seine intellektuelle Unabhängigkeit und Beweglichkeit entstamme gerade dieser Demut, denn er kämpfe nicht mit in den scheinheiligen Kriegen um die Wahrheit, die um ihn herum toben:

»Ich möchte die Menschen bitten, mir nicht den Wunsch zu unterstellen, eine philosophische Sekte nach dem Vorbild der Alten und einiger Neuerer wie Telesius, Patricius oder Severinus zu stiften [...] Ich habe keine umfassende oder universale Theorie vorzulegen [...] Noch darf ich hoffen, auch nur den sechsten Teil der Instauration bei Lebzeiten zu vollenden [...], aber ich begnüge mich damit, in der Zwischenzeit eine nüchterne und nützliche Haltung anzunehmen und für künftige Zeiten die Saat einer reineren Wahrheit auszusäen und meinen Teil zum Beginn eines großen Vorhabens beizutragen.« (*NO* I, 116; *Works* IV, 103 f.)

Drei Jahre darauf, in *De Dignitate et Augmentis Scientiarum*, bekräftigt Bacon nochmals, daß er ein »Trompeter, kein Streiter ist [...] und solche Männer dürfen überall zwischen den grimmigsten und erbittertsten Feinden unversehrt herumgehen« (IV, 372).

Dank einer Kombination von Ansprüchen: einmal auf die kosmische Bedeutung seines Werkes, dann auf die völlige Originalität und schließlich auf seine selbstlose Demut, erlangt Bacon eine wahrhaft unabhängige Haltung und eine beträchtliche Wirkung beim Angriff auf andere. Gestützt auf diese Behauptung kann er dann sehr wirkungsvoll im Vorwort zum *Novum Organum* seine lautlose intellektuelle Revolution verteidigen:

»Es fügt sich sehr glücklich, daß, um die Widersprüche und die Eifersüchteleien zu mildern, das Ansehen und die Verehrung, die den Alten geschuldet sind, unangetastet bleiben; indessen kann ich meine Pläne ausführen und die Früchte meiner Demut ernten. Denn sollte ich bekennen, daß ich dieselben Straßen wie die Alten betreten und doch etwas Besseres als sie anzubieten habe, so wird zwangsläufig ein Vergleichen oder ein Wettstreit unter uns angehen, der sich auf die Vortrefflichkeit oder die Gaben des Scharfsinns bezieht. [...] So wie die Sache liegt – und es ist ja mein Ziel, dem Verstand einen neuen Weg zu öffnen, den jene weder versuchten noch kannten –, ist eine Veränderung eingetreten: Parteigeist und Wettstreit sind an ein Ende gelangt. Und ich möchte nur ein Wegweiser sein, der die Straße kenntlich macht, ein Amt von geringer Autorität und eher vom Glück als von irgendeiner Fähigkeit oder Vortrefflichkeit abhängig.« (IV, 41)

Bacon skizziert hier eine großflächige Unterteilung des Wissens nach dessen Zielen; eine Unterteilung, die sich unserer gegenwärtigen Unterscheidung von Künsten und Wissenschaften annähert und die sich auch derselben Merkmale bedient, wie sie das späte 17. Jahrhundert in seiner Abgrenzung der antiken von der modernen Wissenschaft gebraucht[13]:

»Es sollen daher (und möge es zum Nutzen beider sein) zwei Ströme und zwei Ordnungen des Wissens nebeneinander existieren; und in gleicher Weise zwei Stämme oder Familien von Gelehrten in der Philosophie – Stämme, die sich nicht befehden, sondern sich gegenseitig Hilfe leisten; kurzum, es soll eine Methode für die Pflege und eine andere für die Erfindung des Wissens geben.« (IV, 41)

Diese Unterteilung erlaubt es Bacon, die Früchte seiner Bescheidenheit zu ernten, d. h. seine unbedingte Priorität als Wahrheitssucher, als Wegweiser in der Geistesgeschichte zur Geltung zu bringen.

Es ist offensichtlich, wie stark diese strategische Haltung von der des Magiers Paracelsus abweicht: »Die Monarchie aller Künste hat des langen und breiten bei mir ihren Ausgang genommen und ist mir übertragen worden. [...] Zu diesem Zweck bin ich von Gott auserwählt worden, alle diese Phantasien ausgeklügelter und falscher Werke, trügerischer und anmaßender Worte auszulöschen ungeachtet dessen, ob es die Worte eines Aristoteles, Galen oder Avicenna sind.«[14] Der dynastischen Beziehung zur Vergangenheit wird hier stillschweigend zugestimmt, selbst wenn die Denker der Vergangenheit angegriffen werden; denn will Paracelsus sich selber zum Oberhaupt an der Spitze küren, dann muß er die überalterten Amtsinhaber stürzen. Für Bacon hingegen ist ein Amt von geringer Autorität ganz klar das höchste Amt, da die Idee von Autorität überhaupt entwertet wird: in diesem Sinn fungiert Bacons Anspruch auf Demut.

Wenn Bacon vorsichtigerweise den Pomp des Paracelsus vermeidet, so hat er wahrscheinlich von der komplexen Haltung Montaignes gelernt. Für Montaigne, wie für Bacon in seinen *Essays*, ist die Angrenzung ein wesentliches Moment des Essay. Noch vor Bacon verkündet Montaigne nicht nur seine apriorische Unabhängigkeit von der Tradition, sondern er ist auch der Vorläufer Bacons in dessen radikaler Bescheidenheit, wenn er behauptet, weder mit den Alten in Wettstreit treten noch sie mißachten zu wollen. Der grundlegende Gegensatz zu Bacon rührt von Montaignes Glauben her, daß es kaum etwas Neues unter der Sonne gebe und daß die Erfahrung oder der Charakter eines Philosophen, wenngleich er nicht Neues biete, doch einen grundsätzlichen Wert in sich selbst besitze.

»Nihil tam absurde dici posset, quod non dicatur ab aliquo philosophorum. [Man kann nichts noch so Widersinniges sagen, das nicht schon irgendein Philosoph gesagt hätte. (Cicero, De Divinatione, II, 53)] So lasse ich denn meine

Einfälle um so freimütiger in die Öffentlichkeit ausgehen, zumal ich weiß, ob sie gleich bei mir und ohne Vorlage zur Welt gekommen sind, daß sie doch immer ihre Verwandtschaft mit irgendeiner Laune der Alten finden werden; und es kann nicht fehlen, daß einer kommt und sagt: Da also hat er das her! Meine Lebensführung ist der Natur gemäß: ich habe nicht die Hilfe irgendwelcher Lehren angerufen, um sie auszubilden. [...] Neue Erscheinung: ein Philosoph von ungefähr und ohne Vorbedacht.«[15]

Die offene Paradoxie, eine Autorität (Cicero) zu zitieren, um den Glauben an die Bedeutungslosigkeit von Autoritäten zu bekräftigen, unterstreicht Montaignes Pointe, daß die Philosophie einem Bereich des Charakters entspringen kann, der außerhalb des Zugriffs der Tradition liegt. Der Philosoph muß wenigstens diese Unabhängigkeit der Existenz erfahren haben. Für Bacon dagegen setzen sich neuartige Entdeckungen, die die Außenwelt betreffen, in Handlungen um, durch die die Unabhängigkeit von der Vergangenheit sowohl gerechtfertigt wie bewiesen wird und durch die die menschliche Natur sich vollständig verwirklicht. Montaignes beiläufiges Achselzucken angesichts der eigenen Unzeitgemäßheit scheint sich bei Bacon im *Novum Organum* I, 122 in die Forderung nach neuen Erkundungen zu verwandeln:

»Man wird es auch bedenklich und zu schroff finden, daß wir schlagartig und ein für allemal mit all den Wissenschaften und Schriftstellern aufräumen wollen; und daß wir auch zur Unterstützung keinen der Alten herbeirufen, sondern allein auf unsere eigene Kraft bauen. [...] Es wäre auch ein leichtes gewesen, für meine Vorschläge hilfreiche Gewährsleute aus den vorgriechischen Zeitaltern [...] oder [...] von einigen Griechen selber heranzuziehen. [...] Da ich mich meinerseits aber an die Evidenz und Wahrheit der Dinge halte, verschmähe ich Täuschung und Anmaßung in jeglicher Form; noch meine ich, daß es für mein Vorhaben wichtig ist, ob die jetzt zutage tretenden Entdeckungen schon vor langer Zeit den Alten bekannt waren und ob sie einem Auf und Ab im Wandel der Dinge und dem Lauf der Zeiten folgen; genauso wie es für die Menschheit gleichgültig ist, ob die Neue Welt jene Insel Atlantis ist, die den Alten bekannt war, oder ob sie heutzutage erstmals entdeckt wurde. Denn neue Entdeckungen müssen aus dem Licht der Natur hervortreten, und nicht aus dem Dunkel des Altertums zurückgeholt werden.« (IV, 108 f.)

Haben Bacons Ansprüche ihrerseits Vorbilder, dann allerdings auch, trotz der mehrdeutigen Dementis in der obigen Passage, die neue Wissenschaft, für die er sich stark macht. Das Kernstück von Bacons Vision des Forschens, die Induktion durch Negation, scheint weitgehend neu zu sein.[16] Die Ansprüche betreffen aber die Vision, sie zielen nicht auf bloße logische Innovation. Vielleicht hat niemand jemals die Priorität erlangt, die Bacon für sich fordert; er selber gewiß nicht. Seine Ideen sind nicht »völlig neu«; sein Werk grenzt nicht an andere, sondern ist aus ihnen hervorgegangen. Wir haben gesehen, wie sich Bacons Wissenschaft den rhetorischen Idealen und Praktiken seiner Zeit anschmiegt. Zahlreiche Forscher haben weitere Aspekte seiner literarischen Verpflichtungen herausgearbeitet, gelegentlich in frohgemuter Geringschätzung des heuchlerischen Denkers, den sie nach mehreren Jahrhunderten einfältiger Kommentare aufgespürt zu haben glauben.[17] Darüber hinaus ist uns aufgefallen, wie sehr Bacon mit Hilfe der Ikonographie der Instauration und dank anderer religiöser Anspielungen sein Vorhaben und dessen Voranschreiten nach dem Muster der providentiellen Geschichte begreift. Gerade aber die Unbegründetheit und Unstimmigkeit der Baconschen Ansprüche auf Originalität unterstreichen das, was wir ihre »existenzielle« Gültigkeit nennen dürfen, eine Gültigkeit, die auch Montaigne anstrebt. Sie repräsentieren nicht so sehr Bacons Meinung über die Herkunft seiner Ideen, sondern machen eher eine Unabhängigkeit geltend, die dem Inhalt des Textes logisch vorhergeht. Die Behauptungen in den Notizen zum Vorwort werden zur Grundlage, auf der sich die *Instauratio Magna* von 1620 erheben kann: Sie sind die Ausgangspunkte, die prophetisch die ursprünglichen Kräfte des individuellen Denkers und Schriftstellers bejahen und die so der prophetischen Macht der biblischen Tradition zuwiderlaufen, die sich an Gott und Tradition orientiert. Ganz gleich, ob sie nun »wahr« sind oder nicht – sie legen einen Neubeginn offen, artikulieren ihn und setzen ihn ins Werk; und ohne eine derartige Forderung nach einem unverbrauchten Ausblick wäre die *Instauratio Magna* undenkbar. Die authentische Beziehung des Erneuerers zur Tradition, so heißt es, liegt nicht nur darin, daß er seine Stärke fortwährend an den Begegnungen mit unerhört Neuem erproben muß, sondern auch darin zu verhindern, daß seine Identität dem eigenen Zugriff entschlüpft, in die Wirrnisse einer wie immer auch anziehenden Vergangenheit. Der unabhängige Richter ruht in sich selbst, erschafft sich selbst.

Wenn der Autor eine derartige apriorische Haltung durch die Zwänge des Textes hindurch nicht aufrechtzuerhalten vermag, darf ihn der Geistesgeschichtler mit Recht schelten. Die aufgedeckten Übertreibungen lassen jedoch Energie und Überzeugung plastisch hervortreten, mit Hilfe derer Bacon durch die vielen, sorgfältig ausgefeilten Revisionen des Bandes von 1620 hindurch unerschütterlich seine Haltung bewahrt; und sie offenbaren die Bedeutung dieser Haltung: Sie signalisierte Bacons Idealvorstellung der Beziehung von Tradition und Innovation innerhalb des Forschungsprozesses. Es ist daher irrelevant, ob Bacon wahre Originalität verkennt, oder ob er wirklich unfähig ist, etwas völlig Originelles zustandezubringen. Das Erstaunliche ist, daß er so beharrlich an dieser metaleptischen Absicht festhält und es für ein Vorankommen des Projekts als wesentlich erachtet, zunächst seine Originalität unter Beweis zu stellen.

Nicht durch abstraktes Denken, sondern durch den Vollzug bekräftigen Bacons Ansprüche das freie Urteilsvermögen des individuellen Denkers. In Begriffen der Sprechakttheorie: Sie besitzen eine illokutionäre Kraft ebenso wie eine perlokutionäre Wirkung, die nicht mit Bacons Fähigkeit, sie in einem buchstäblichen Sinn in die Tat umzusetzen, identifiziert werden oder von ihr aus beurteilt werden kann. »Francis von Verulam kam zu der Einsicht und erachtete es für die gegenwärtige und die künftigen Generationen für nützlich, daß sie mit seinen Gedanken vertraut gemacht werden sollten.« (IV, 7) In dieser berühmten, kleinen Induktion, die eindrucksvoll die Vorrede eröffnet, bedarf unabhängiges Denken und Urteilen keinerlei Vorwands noch einer Entschuldigung. Das Vorwort zum *Novum Organum*, das letzte in einer Reihe von fünf Einleitungen zu diesem Werk, schließt ebenfalls mit einem Appell, der Primat und Zulänglichkeit eines individuellen reflexiven Bewußtseins hervorhebt, das außerhalb jeglicher historischer oder providentieller Bedingtheit wirkt, und dieser Appell ist zugleich ein passendes Vorwort zum *cogito* Descartes':

»Wenn sich jemand eine Meinung oder ein Urteil über diese meine Spekulationen bilden möchte, sei es entweder aufgrund eigener Beobachtungen oder im Gefolge der Autoritäten, oder sei es gemäß den Beweisformen (die heutzutage ähnlich den gerichtlichen Verfahrensweisen sanktioniert sind), so darf er nicht hoffen, es nebenbei oder stückweise erledigen zu können; sondern er sollte die Sache gründlich prüfen; er sollte das selbst überprüfen, was ich beschrieben und geplant habe; er sollte seine Gedanken mit jenen verwirrenden Feinheiten der Natur vertraut machen, die durch die Erfahrung bezeugt werden; er sollte die verderblichen und tief eingewurzelten Gewohnheiten seines Geistes mit der nötigen Geduld und Zeit zurechtrücken; und wenn all das bewerkstelligt und er sein eigener Herr geworden ist, dann soll er, sofern er will, sein eigenes Urteil abgeben.« (IV, 43)

Die tiefer reichende Metalepsis geht also von den Schranken der Autorität zu denen des individuellen Gewissens über; von Ideen, die in einer kontinuierlichen und kumulativen Tradition begründet, gestaltet und reformiert worden sind, zu Ideen, die in einem nicht von der Tradition gegängelten Bewußtsein entstehen, sich wandeln oder vergehen. Es stellt sich jedoch heraus, daß dieses Argument nicht nur gegen die Tradition, sondern auch gegen traditionelle Elemente im Text selber gerichtet ist.

Das Erscheinen der Revolution

In der *Instauratio Magna* versucht Bacon die Menschen zu überzeugen, seine eigene metaleptische Haltung einzunehmen, einen neuen Gerichtssaal, der nach »natürlichen« Prinzipien angelegt ist, zu beziehen. Seine Haltung ist demnach exemplarisch: so wie seine Ideen völlig neu sind, so ruft er sein Publikum dazu auf, die Welt gleichsam als völlig neu zu betrachten und eine neue Wissenschaft zur Welt zu bringen.

»Bis jetzt ist niemand in Geist und Absicht so wenig schwankend gewesen, daß er es entschlossen fertiggebracht hätte, alle Theorien und gängigen Begriffe hinwegzufegen und einen derart gereinigten und unbelasteten Verstand an eine neue Untersuchung der einzelnen Erfahrungen zu wenden. So ist der Umstand eingetreten, daß das vorhandene menschliche Wissen ein bloßer Mischmasch und ein schlecht verdauter Brocken ist, der aus viel Leichtgläubigkeit und viel Zufälligem besteht sowie aus den kindischen Begriffen, die wir in frühen Jahren aufnahmen. [...] Da gibt es keine andere Hoffnung als in der Neugeburt [regeneratione] der Wissenschaft; sie muß gleichmäßig von der Erfahrung aus errichtet und neu erbaut werden; und ich denke, niemand wird sagen, daß das bisher getan oder gedacht worden ist.« (*NO* I, 98; *Works* IV, 97 f.; lat.: I, 201 f.)

Bacon spricht in dem obigen Zitat von einer Neugeburt der Wissenschaft (das Wort ist in der »Regeneratio ista et Instauratio scientiarum« der Epistel mit dem Ausdruck *instauratio* gekoppelt) und gemahnt damit an den reformerischen Hintergrund seines Programms. Er verweist darauf, daß der Prozeß des Aufbaus einer wissenschaftlichen Erkenntnis seine Parallele in der spirituellen Erneuerung des Christen findet, in der Überwindung der angeborenen Sündhaftigkeit durch kontinuierliche Erbauung. Bacon betont hier aber paradoxerweise die völlige Einzigartigkeit seines Plans, so wie er unversehens an der Oberfläche der geschichtlichen Kontinuität auftaucht, und er betont ineins die elementare Notwendigkeit einer unvermittelten, rein sinnlichen Erfahrung der Natur, bei der sich keinerlei Vorbegriffe oder Vorbilder einschleichen.

Selbst wenn er in der *regeneratio* den göttlichen Prozeß der Reform beschwört, so identifiziert Bacon sein Programm als etwas, das notwendig unter eigenem Gesetz, völlig unabhängig von Vorgängern, ausgeführt wird.

Ein genauerer Blick darauf, wie der Ausdruck *instauratio* in der Vorrede zur *Instauratio Magna* erstmals von Bacon gebraucht wird, führt uns über die biblische Instauration des Tempels hinaus. Es zeigt sich, daß das Wort, ähnlich wie *regeneratio* in der zitierten Passage, keineswegs »wiedererbauen« im Sinne von »erneuern« oder sogar von »renovieren« bedeutet (so wie man mit einem verfallenen oder ausgegrabenen Bauwerk verfahren könnte), sondern es hat vielmehr den Sinn von »ersetzen«, also ein neues Gebäude nach neuen Entwürfen zu erbauen, nachdem das alte vollständig abgerissen worden ist.

»Das gesamte Gebilde der menschlichen Vernunft, das wir der Erforschung der Natur dienstbar machen, ist schlecht zusammengefügt und aufgebaut und gleicht einem großartigen Bauwerk ohne irgendeine Grundlage. [...] Es bleibt daher nur ein Ausweg übrig – die ganze Sache muß von Neuem nach einem besseren Plan versucht werden, und das heißt, eine totale Rekonstruktion [in universum instauratio] der Wissenschaften, Künste und der ganzen menschlichen Kenntnisse vorzunehmen, die auf angemessenen Fundamenten aufgerichtet werden.« (engl: IV, 7 f.; lat.: I, 121 f.)

Man könnte sagen, daß Bacons Instauration diejenige Haltung gegenüber der Tradition in Erinnerung ruft, die eher durch den Bau des Zweiten Tempels (im Gefolge der völligen Zerstörung des Ersten) als durch die Reparatur des Ersten Tempels symbolisiert wird; und so gesehen kann die Instauration immer noch in Begriffen der Reform gedeutet werden, die auf christlichen Begriffen der Erfüllung gründet oder doch von ihnen nachdrücklich beeinflußt worden ist. Bacon unterscheidet in der Tat zwischen diesen beiden voneinander abweichenden Prozessen der Erbauung in seiner Schrift ›Certain Considerations Touching Pacification and Edification of the Church of England‹ (1603) [›Gewisse Überlegungen, die die Befriedung und Erbauung der Kirche von England betreffen‹]: »Es ist jetzt für die Kirche nicht an der Zeit, zu pflanzen und zu bauen, sondern von Verderbnissen gesäubert zu werden und von ihren Verfallserscheinungen wiederhergestellt zu werden.« (*Letters and Life* III, 109) Gerade bevor die Babylonier, Werkzeuge des göttlichen Zorns, den Ersten Tempel zerstörten, hatte Jeremia prophezeit: »Und der Herr [...] sprach zu mir: Siehe, ich setze dich heute dieses

Tages über Völker und Königreiche, daß du ausreißen, zerbrechen, verstören und verderben sollst und bauen und pflanzen.« (Jeremia 1:9–10) Indem er das Böse, das der Tempel verbirgt, anprangert, spricht Jeremia: »Haltet ihr denn dieses Haus, das nach meinem Namen genannt ist, für eine Mördergrube? Siehe, ich sehe es wohl, spricht der Herr.« (7:11) Ob nun Jeremia hier wirklich etwas meint, was mit einem so moderaten Ausdruck wie »Reform« belegt werden kann – jedenfalls werden seine Prophezeiungen und seine Metaphorik zum wesentlichen Bestandteil der Ideen über Reform und (Wieder-)Erbauung. »Zu bauen und zu pflanzen« – dies prophezeit die Einsetzung eines neuen Bundes und eines neuen Tempels, von Tempeln, die im Herzen leben, und schließlich eines Zweiten Tempels von Jerusalem weit in der Zukunft. In den ›Considerations Touching Edification‹ führt Bacon dann im einzelnen aus, daß er seine Bemühungen, in der Kirche Frieden zu stiften, als Instandsetzung versteht, parallel derjenigen, die die früheren ›instaurierenden‹ Könige ausführten, für die der Erste Tempel noch zu retten war. Würde seine wissenschaftliche Instauration nicht eher einer radikaleren Veränderung gleichen, nämlich Jeremias Prophezeiung der Zerstörung und Wiedererrichtung des Tempels, mit der er sie ja tatsächlich vergleicht? In gewisser Weise ja – aber soweit es sich um einen Tempel der Künste und Wissenschaften handelt, geht Bacon über das Vorbild der christlichen Reform insgesamt weit hinaus.

Die destruktive Phase, die die Vorrede erwähnt, umfaßt, wie in der Bibel, die vollständige Auslöschung eines spirituell unzulänglichen Gebildes und einen Neubeginn von Grund auf. Doch wo Jeremia den Verfall des wahren Tempels beklagt, einen Verfall, der bald seine Zerstörung durch fremde Heere nach sich ziehen wird, konzentriert sich Bacon auf die völlige Unwahrheit der »Kapitole«, »Pyramiden« und »Obelisken«, die die philosophische Tradition aufgerichtet hat, und erfreut sich an der Aufgabe, sie selbst umzustürzen. Die universellen Gesetze, denen der Wiederaufbau des Tempels der Künste und Wissenschaften entsprechen soll, sind weniger verfälscht als vielmehr noch gar nicht wirklich entdeckt; sie gehören vorrangig der Zukunft des Menschen an. Die Instauration Bacons erfordert eine vollständige Reinigung und einen vollkommenen Neubeginn.

Ein spektakulärer Fehlgriff Bacons bei der Zitierung Jeremias in *Der Fortschritt der Wissenschaften*, innerhalb der bekanntesten Passage über Tradition und Innovation, enthüllt die problematische Beziehung seiner Instauration zu den religiösen Vorbildern. (Dieser Fehlgriff wiederholt sich in *De Dignitate et Augmentis Scientiarum* und in dem Essay ›Über Neuerungen‹.) Da sie diese komplexe Beziehung nicht richtig einschätzten (oder das Fehlzitat gar nicht bemerkten), deuteten die Kommentatoren – unter ihnen Harold Bloom und Renato Poggioli – die Textpassage entweder als Vorpreschen für den aufklärerischen Glauben an die freie Vernunft (Bloom) oder als eine Verteidigung des Traditionalismus (Poggioli).[18]

Indem er die »extreme Vorliebe« der Gelehrten entweder für »das Alte« oder aber für »das Neue« kritisiert, führt Bacon aus:

> »Das Alte neidet es, daß Neues hinzukommen soll; und das Neue mag sich nicht damit begnügen hinzuzufügen, sondern es will ausstreichen: so ist gewiß der Rat des Propheten in dieser Angelegenheit die richtige Weisung, *State super vias antiquas, et videte quaenam sit via recta et bona et ambulate in eas.* Das Alte verdient solche Ehrfurcht, und die Menschen sollten daran einen Halt gewinnen und herausfinden, welches der beste Weg ist; wenn freilich die Nachforschungen erfolgversprechend sind, sollten sie zügig voranschreiten. Um es klar auszusprechen: *Antiquitas saeculi juventus mundi.* Diese Zeiten sind die alten Zeiten, solange die Welt alt ist, und nicht jene, die wir *ordine retrogrado*, d. h. durch ein von uns ausgehendes Rückwärtszählen, für alt halten.« (III, 290 f.)

Während das Gefühl einer Verkehrung von alter und neuer Zeit schon bei einigen noch älteren Zeitgenossen anzutreffen ist, spiegeln die offensichtlich maßvollen Ansichten Bacons über Tradition und Innovation seine im allgemeinen versöhnliche Haltung gegenüber der Vergangenheit, die er in *Der Fortschritt* einnimmt. Das Gegenwärtige ist »alt«, und zwar deshalb, weil es kumulative Entwicklung und produktive Nachahmung gegeben hat. Dennoch mußte Bacon Jeremia beträchtlich entstellen. Die Vulgata gibt ihn folgendermaßen wieder:

> »State super vias, et videte
> Et interrogate de semitis antiquis quae sit via bona,
> Et ambulate in ea,
> Et invenietis refrigirium animabus vestris.«

> »Haltet euch auf den Wegen und schaut herum und fragt nach den alten Wegen, wo der gute Weg ist und wandelt auf ihm und findet Ruhe für eure Seele.«

Für Jeremia ist der rechte Weg der alte Weg. Wie man zudem aus dem überraschend persönlichen und autobiographischen Charakter seiner Schriften und der folgenreichen Entwicklung seiner Idee vom »Bund des Herzens« erkennen kann, bedeutet der Traditionalismus des Propheten auch keine sklavische Anhänglichkeit an die Vergangenheit. Es verhält sich eher so, daß Jeremia die Zulänglichkeit dessen attackiert, was man »unabhängiges Urteil« nennen könnte: Am Ende ist es ein Trugbild, denn nur durch Verständnis und Förderung der Kultur sowie der Reihe von Werten, die das Individuum wirklich geformt haben und mit denen es eine unzerbrechliche, wechselseitig verpflichtende Beziehung unterhält (und da nur durch sie die göttliche Gegenwart wirkt) kann es Erfüllung erreichen. Im Bewußtsein des ungeheuren Verlustes richtet sich Jeremias ganzes Wesen darauf, die furchtbare Kluft zwischen Vergangenheit und Gegenwart zu schließen. In diesem Geiste ersetzt der Zweite Tempel den Ersten nach einer Periode des Exils und des ausweglosen Herumwanderns.

Bacon, den es vor allem nach der Kraft verlangt, sich von den überlaufenen Wegen der Tradition loszusagen, vergleicht unbedacht sein Fortblicken von den alten Wegen mit der dazu völlig gegensätzlichen Suche Jeremias nach den alten Wegen. Irgendein noch nicht festgelegtes Kriterium wird, nach Bacons Meinung, der freien menschlichen Vernunft erlauben, zwischen einem guten und einem schlechten Rat der Vergangenheit zu unterscheiden.[19] Es ist demnach nicht so sehr das Problem, einen Maßstab zu finden, der uns darüber belehrt, ob die »alten Wege« unser Maßstab bleiben sollten (d. h. unser Kanon), sondern die Schwierigkeit ist die, den Kanon durch ein neues Maß zu ersetzen und, falls möglich, eine Bestätigung in der Vergangenheit zu suchen.

Im Kontext von Bacons falscher Zitierweise verwandelt sich auch der Geist des Nacheiferns, der sich in ›Antiquitas saeculi juventus mundi‹ ausspricht, in ein Paradoxon. Denn für Bacon liegt hier die signifikante Bedeutung nicht darin, »nach all den Quellen Ausschau zu halten, die wir Modernen im Gegensatz zu den Alten besitzen«, sondern darin, daß »wir Modernen die wahren Autoritäten sind; wir können die Vergangenheit akzeptieren, auf ihr bauen oder sie zurückweisen«. Mit der Möglichkeit der Zurückweisung ist bereits eine Zurückweisung der Vergangenheit als einer Autorität, als eines Maßstabs, als eines Kanons impliziert: Einen Kanon kann es nicht länger geben.

In dieser Hinsicht ist der frühere Gebrauch von *instauratio*, gleich demjenigen Bacons, derart konservativ, daß er schon wieder radikal wird: Der früheste erhaltene Sinn von *instauratio* ist der der Wiederholung eines fehlgegangenen Rituals, d. h. er verweist auf das gröbste und eindeutigste Vorbild für Beziehungen zwischen Tradition und Innovation. Alle römischen Rituale erforderten eine absolute Treue gegenüber den vorgeschriebenen Formeln, um eine tragfähige Brücke vom Individuum, von der Familie und vom Staat aus zu den Göttern und Ahnen schlagen zu können; ein böses Omen oder die geringste Verfehlung während der Zeremonie bedeutete eine Verunreinigung. Zum Zweck der Reinigung mußte das Ritual »instauriert«, d. h. von Anfang an wiederholt werden. Cicero führt die Gründe wie den Zweck des Instaurationsrituals an:

»Wahrhaftig: wenn der Tänzer innehält oder der Flötenspieler plötzlich verstummt oder wenn der Junge, dessen Vater und Mutter noch leben, den Karren nicht hält und die Zügel losläßt oder wenn der Ädil beim Aufsagen der Formel oder mit der Schöpfkelle einen Fehler macht, dann sind die Spiele nicht ordnungsgemäß abgehalten, und man leistet für die Fehler Sühne und stellt die unsterblichen Götter durch eine Wiederholung der Spiele zufrieden [et mentes deorum immortalium ludorum instauratione placantur].«[20]

Da sie versuchen, einen idealen Ablauf des Rituals exakt einzuhalten, schätzen die Gläubigen ihre erste verfehlte zeremonielle Darbietung als völlig wertlos ein. Die zweite Darbietung baut nicht auf der ersten auf, sondern repräsentiert einen besonderen Akt; sie ist in der Tat »früher« als die erste Darbietung, denn sie gibt einen vorgeschriebenen Ablauf erfolgreich wieder, der jeglicher Darbietung vorhergeht. In der *Instauratio Magna* stellt Bacons Anspruch auf Unabhängigkeit und Originalität eben einen solchen unverbrauchten und unabhängigen Ausgangspunkt dar; wie wir gesehen haben, erklärt er, daß seine Ähnlichkeit mit Philosophen der Vergangenheit bedeutungslos sei (*NO* I, 122), also schwerlich ein Produkt kumulativ entstandener Reform und allmählicher Entwicklung. So viel zum Wandern auf alten Wegen – von der Suche nach ihnen ganz zu schweigen.

Der Schlüsselbegriff für den architektonischen Aspekt dieser ahistorischen Instauration ist *fundamenta*, »Grundlage«. Dieser Ausdruck erscheint in fast allen Passagen, die oben in Teil I untersucht worden sind, um Bacons Absicht zu bezeichnen, »die Grundlagen« der menschlichen Herrschaft »mit größerer Beständigkeit« zu schaffen (*NO* I, 116). Die Studie von Brian Vickers über Bacons Metaphorik gelangt zu dem Schluß, daß »der Gedanke, eine zuverlässige Grundlage zu schaffen, um darauf ein stabiles Gebäude zu errichten, beinahe ausnahmslos mit dem Gedanken an die Aufstellung eines philosophischen Systems einhergeht«.[21]

Der Ausdruck erhält in der *Instauratio Magna* zwei Bedeutungen, die sich auf das Objekt wie auf das Subjekt wissenschaftlicher Erkenntnis beziehen. Bacon errichtet seinen Tempel des Verstandes keineswegs auf der Grundlage vorausgegangener Tempel, sondern auf dem Boden der Natur, d. h. nach dem Muster des Welttempels, der noch im menschlichen Geist zu erbauen ist. Die heutigen Wissenschaften »schweben in der Luft«, sagt Bacon in der Epistel, und um instauriert zu werden, müssen sie »auf der gediegenen Grundlage der Erfahrung beruhen«. Diese Grundlage wird, wie wir gesehen haben, von den Naturhistorien oder Sammlungen von Beobachtungen und Experimenten gebildet, auf die sich der Induktionsprozeß stützt. Gerade so wie ein Gebäude eine Grundlage verlangt und eine *basis* oder einen Grundstein – der Untertitel der *Parasceve* deutet das an –, so muß sich eine wahre Naturphilosophie auf eine zuverlässige Sammlung von natürlichen Fakten gründen. »Zuversicht darf man aus der Naturphilosophie schöpfen, sobald die Naturhistorie, die deren Basis und Grundlage ist, ausgeführt worden ist; jedoch nicht vorher« (*NO* I 98; *Works* IV, 95). An dieser Stelle kommt dann die natürliche Offenbarung als eine angemessene Grundlage für das Wissen ins Spiel. Soweit sie aber frühere »Tempel« zurückweist, gibt diese unvermittelte Vision die reformerische Haltung preis; das zeigt sich an dem überraschenden Gebrauch, den Bacon von der architektonischen *instauratio* macht: »Es ist müßig, irgend einen großen Fortschritt in den Wissenschaften zu erwarten, indem man neue Dinge auf die alten aufpfropft. Wir müssen von neuem von den tiefsten Grundlagen aus beginnen [instauratio facienda est ab imis fundamentis], denn sonst würden wir uns für immer unter dürftigen und verächtlichen Fortschritten im Kreis drehen.« (*NO* I, 38; engl.: *Works* IV, 52; lat.: I, 162) Achsah Guibbory meint, daß Bacon, da er »Fortschritt« und »Kreis« einander entgegensetzt, sich hier eher mit dem jüdisch-christlichen Begriff einer linearen Geschichte verbündet als mit der zyklischen Auffassung der Griechen und Römer.[22] Jedoch im Kontext von Bacons Prioritätsbekundungen zerflattern die religiösen Zwischentöne dieses Aphorismus wie Phantome.

Darüber hinaus benennt *fundamenta* die geistige Verfassung des Wahrnehmenden: sie ist eine *tabula rasa* (I, 139), auf der der Tempel des Geistes erbaut wird. Der wissenschaftliche Blick wird nicht länger durch die Einstellungen der Vergangenheit vermittelt, die er kopiert oder umgestaltet, noch durch säkulare oder sakrale Interpretationsgewohnheiten, die sich ihm durch menschliche Schwäche oder göttliche Vorherbestimmung tief eingeprägt haben. *Instauratio* als Reform oder als Erfüllung bedeutet immer eine Vermittlung durch die Tradition und

111

ihre mimetische Verkettung der rhetorischen Figuren und Ähnlichkeiten; volle Gegenwärtigkeit kann nur durch Christus, den Eckstein des Tempels der Welt, errungen werden – oder, wenn durch den Menschen, so nur über das direkte Eingreifen der Gottheit. Bestenfalls rekapituliert der individuelle Denker die rechte Vernunft oder den Logos, der in der Kette der Wesen verborgen ist. Aber heute trachtet der Mensch nach dem göttlichen Zustand der Gegenwärtigkeit: nicht zwangsläufig nach der vollkommenen göttlichen Erkenntnis der Natur, jedoch nach seinem absoluten, in sich begründeten Wissen und seiner Erfindungsgabe. Wir sehen jetzt, daß der reform-bezogene Bezugsrahmen von Fryes literarischer › Verschiebung‹ die grundlegende, antithetische Eigenart von Bacons Philosophie verkennt. Bacon nimmt eine Haltung abseits der beschwichtigenden figuralen Tradition von Erbauung und Erfüllung ein, die Fryes irenisches Schema impliziert.

Die zwei verschiedenen Bedeutungen von Instauration, die die *Instauratio Magna* liefert, kann man gelegentlich auch in *Der Fortschritt der Wissenschaften* finden. Wie wir bereits gesehen haben, führt Bacons Diskussion des Alten und Neuen zu einer außerordentlich mehrdeutigen Argumentation, die radikaler ist als sie zunächst erscheint. Dasselbe gilt von den klugen Überlegungen zur Synthese innerhalb von Bacons Erörterung philosophischer Begriffe zu Beginn des naturphilosophischen Abschnitts von *Der Fortschritt der Wissenschaften* (*De Dignitate* III, iv). Darunter liegen zwei sich gegenseitig ausschließende Positionen: »Ich verwende den Ausdruck Metaphysik in einem Sinn, der von dem allgemein anerkannten abweicht [...] in der Hoffnung, mich vor dem Mißverständnis dessen, was ich vorschlage, durch übersichtliche Anordnung und klaren Ausdruck zu bewahren, bin ich andererseits bemüht, mich so wenig wie möglich von der Antike zu entfernen, weder in Worten noch Ansichten, soweit es sich mit der Wahrheit und mit der Zweckdienlichkeit des Wissens verträgt.« (III, 352) Bacon stellt hier klar, daß er an antiken Begriffen festhält, selbst wenn er sie anders gebraucht und selbst wenn sie dem Verständnis nicht weiterhelfen. Seine Haltung hebt sich von der des Humanisten Sir Thomas Elyot ab: »Aber jetzt besinne ich mich darauf, daß dieses Wort *magnanimity* [Großmut], das noch ungewohnt und spät aus dem Lateinischen entlehnt worden ist, nicht alle Menschen zufriedenstellen wird und vor allem nicht die, die aus gewohnter Verdrießlichkeit mit nichts zufrieden sind; ich werde es also wagen, da ich für *magnanimity* ein vertrauteres Wort einsetzen möchte, es *good courage* [Großherzigkeit] zu nennen, was in bezug auf die besagte Definition nicht allzu störend sein dürfte.«[23] Die Betonung liegt hier darauf, die kulturell noch nicht fest eingeführten modernen Ideen an die antiken heranzuführen, die natürlich ihre eigenen Begriffe haben; diese jedoch können um der Deutlichkeit willen durch die landesüblichen ersetzt werden. Bei Bacon sind es nicht die Modernen, sondern die Alten, die zu bevorzugen sind, selbst wenn es auf Kosten der Deutlichkeit geht. Sind Bacons Ideen modern, dann seine Begriffe alt; genau umgekehrt wie bei Elyot.

Warum setzt Bacon antike Begriffe für neue Ideen ein?

»Denn gewiß geschieht in der Verbreitung und Aufnahme der philosophischen Wahrheit genau dasselbe, wie es im Fall der göttlichen Wahrheit bemerkt wurde: ›Ich kam in meines Vaters Namen und ihr empfingt mich nicht; wenn einer jedoch in seinem eigenen kommt, so werdet ihr ihn empfangen.‹ Aber in diesem göttlichen Aphorismus – wenn wir bedenken, auf wen er gemünzt war (nämlich auf den Anti-Christ, den größten Betrüger aller Zeiten) – werden wir wohl erkennen, daß, wenn ein Mann in seinem eigenen Namen auftritt, ohne Rücksicht auf das Altertum oder auf die Vaterschaft (sozusagen), dies kein gutes Anzeichen von Wahrheit ist.« (III, 352)

Auf den ersten Blick scheint dieser Appell an die traditionelle Autorität auf eine klare Stellungnahme zur Reformposition hinauszulaufen, samt einem Verweis auf das biblische Grundmodell. Dieses Prinzip der Demut wird freilich ohne jeden wirklichen Respekt für die Person oder für die Gedanken des Erfinders des Begriffs »Metaphysik« angewandt (zu Bacons Zeit wurde fälschlich angenommen, daß Aristoteles seinem Werk über die Ontologie den Titel ›Metaphysik‹ verliehen hätte), sondern es vermischt sich mit einer strengen, wenngleich geistvollen Kritik der aristotelischen Ansichten über Tradition und Innovation sowie seiner Auffassung von Metaphysik.

»Ich wundere mich nicht wenig über den Philosophen Aristoteles, der sich in einem solchen Geist der Differenz und des Widerspruchs jedem Altertum näherte. Da er nicht nur nach Belieben neue Wörter für die Wissenschaft zu schaffen unternahm, sondern auch jede überlieferte Weisheit durcheinanderbrachte und auslöschte, insofern er niemals einen alten Schriftsteller oder eine überlieferte Meinung erwähnte, als um sie zu widerlegen oder zu mißbilligen; und so hat er, um des Ruhmes und der Nachfolger und Schüler willen, die rechte Bahn gewählt. [...] Ich denke künftig von ihm, daß er diese Gemütsart von jenem Schüler übernahm, mit dem er anscheinend im Wettstreit lag; so wie der eine die Meinungen erobern sollte, so der andere die Völker.« (III, 352)

So wie Christus in seines Vaters Namen erschien, so wird Bacon im Namen seines Vaters Aristoteles auftreten. Bacon wird ein guter Sohn sein, selbst wenn ihm sein Vater ein schlechtes Beispiel gegeben hat – hat dieser doch selbst den »größten Betrüger«, den Anti-Christ, vorweggenommen und schließlich die Verirrung auf die Spitze getrieben, indem er es nicht nur unterließ, bei seinen Lehrmeistern in die Schule zu gehen, sondern auch noch zu Füßen seines aufsässigen Schülers, Alexanders des Großen, lernte. Wenn Aristoteles neben diesem sinnwidrigen Verhalten nun auch noch mit seiner Metaphysik unrecht hätte, so verwundert es einen, warum seine Begriffe überhaupt nachgebetet werden sollten: Bacons Vergegenwärtigung der reformerischen Haltung erscheint nichtssagend und gönnerhaft, oder besser gesagt »gnädig«.

In derselben Passage rechtfertigt Bacon seine Verwendung antiker Begriffe in einer ausschließlich rhetorischen und tautologischen Weise. Er sagt, daß die antiken, Autorität heischenden Begriffe und Meinungen nur deshalb etwas taugen, weil die Autoritäten des Altertums dies behaupten, und er zählt einige von ihnen auf. So erhalten wir keinerlei Basis für ein unabhängiges Urteil, doch andrerseits eine klare Anwendung unabhängigen Urteilsvermögens. Bacon beschließt seine Diskussion mit einem Zitat aus Tacitus, das die versöhnliche Einstellung gegenüber der Vergangenheit vollkommen untergräbt: »Es scheint am besten, den Weg gemeinsam mit dem Altertum *usque ad aras* fortzusetzen [...] dem maßvollen Vorgehen in den Staatsangelegenheiten entsprechend, wo man auch bei einer Änderung beachten wird, was Tacitus weise bemerkt: *eadem magistratuum vocabula* [die Bezeichnungen der Ämter bleiben dieselben].« (III, 353) Mit den von Bacon zitierten Worten hat Tacitus freilich kühle Ironie im Sinn: Als die Republik stürzte, wahrten die Kaiser die freiheitliche Fassade, indem sie die alten Bezeichnungen beibehielten – die jetzt ohne irgendeine Bedeutung waren, außer derjenigen, die einst freien Bürger zu täuschen (*Annalen* I, 3). Hier gebärdet sich Bacon absichtlich und scherzhaft als Gönner, und das Resultat ist ein Gemisch aus oberflächlichem Traditionalismus und innovativer Praxis. Wahrscheinlich behält er »Metaphysik« aus so ziemlich denselben Gründen bei, aus denen Elyot lateinische Wörter durch englische ersetzt. Der »antike« Ausdruck ist auch der geläufige, und einen anderen an seine Stelle zu setzen, würde seine Leser verwirren und den Zugang zu seinem Werk erschweren.

Mit dem Begriff der Instauration verleiht die *Instauratio Magna* dem

Gegensatz von Tradition und Innovation (in der zitierten Passage) eher eine konkrete Form, als daß sie ihn auflöst. Auf die eine Seite gehört die Instauration im Sinne der Reform oder der Erfüllung; auf der anderen Seite führt Bacons Wendung im *Novum Organum* I, 31 – *instauratio ab imis fundamentis* – zum Begriff einer Revolution, der seine volle Entfaltung in der Wissenschaft und Politik des 18. Jahrhunderts erfährt. Es wird eine absolute Diskontinuität zu früheren Verhältnissen proklamiert und ein völlig neues Zeitalter in der Geschichte eröffnet, das kein besonderes Interesse für das Vergangene kennt: derartige Bezüge heben diesen Begriff von Revolution[24] sowohl vom zyklischen wie vom figuralen Begriff der Instauration ab, der das gegenwärtige Auf und Ab teilweise aus den vergangenen Ereignissen und Ereigniskonstellationen erklärt. In diesem Kontext von Revolution entsteht die Grundlage für die typischen Einstellungen des 20. Jahrhunderts zur Innovation, auf die Bacons Instauration ihren Schatten vorauswirft. Bacons Verwendung von *revolutio* ist dagegen kaum bemerkenswert; wie andere Zeitgenossen gebraucht er sie als Benennung für den zyklischen Wandel (*NO* I, 92) – genau die Art des Wandels, der er die *instauratio ab imis fundamentis* vorzieht. Im 17. Jahrhundert gibt es anscheinend niemanden, der »Revolution« im modernen Sinne versteht.[25] Da I. B. Cohen seine Studie über die Vorstellungen von Revolution auf den Begriff der »wissenschaftlichen Revolution« beschränkt, gehört er übrigens zu denen, die den wichtigen Präzedenzfall der Baconschen *instauratio* nicht beachten.[26]

Bacons Haltung ist, wie schon in der Einleitung angedeutet wurde, im wesentlichen modern, und zwar aufgrund seines geschärften historischen Selbstbewußtseins: Er konzentriert sich auf den (für ihn) entscheidenden gegenwärtigen Augenblick in seiner Eigenschaft als potentiell von allen anderen Zeitmomenten unterschiedenen. Und er ist deshalb ein Revolutionär, weil er darauf drängt, die Unterschiedenheit dieses gegenwärtigen Augenblicks zu realisieren: seine Leser sollen ihre Unabhängigkeit von der Vergangenheit erklären und Autonomie anstreben. Die Titelseite versetzt diese unabhängige Erkundung unter das Banner des christlichen Dramas von Geschichte und universell geltender göttlicher Rechtsordnung, aber die Implikationen von Bacons tatsächlicher Haltung weisen in eine ganz andere Richtung. Eine solche Haltung könnte nicht existieren, ohne daß sich bereits in der Renaissance eine Schicht von Intellektuellen, ein säkularer Berufsstand gebildet hätte (dessen repräsentativste Gestalt der viel gereiste, radikal-kritisch eingestellte Erasmus ist), die, wie sie selbst bekennen, gegenüber keiner Institution und keiner besonderen Glaubenslehre verantwortlich sind.

Der Absolutismus der Renaissance verdankt sich zum Teil der gefährlichen Liberalisierung der Gesellschaft, die sich an dem Aufstieg eines säkularen Gelehrtenstandes veranschaulichen läßt. In gewisser Weise verkörpert demnach der absolute Monarch dieselben machtvollen Widersprüche wie Bacon, der Erneuerer der Wissenschaft. Beide berufen sich auf einen überlieferten, der Legitimität dienlichen theologischen Kontext; beide jedoch entwerfen ein Selbst, das autonom, das außerhalb und vor jeder sozialen Ordnung existieren und handeln soll. Bacons Haltung und Anspruch in der *Instauratio Magna* reflektiert – oder parodiert – die des ersten Lesers, den er anvisierte: Jakob.[27]

Veranstaltungen und Bücher über moderne Philosophie wählen oft Descartes zu ihrem elementaren Bezugspunkt. Und d'Alembert in seiner *Einleitung zur Enzyklopädie* von 1751 begrüßt ihn als einen Revolutionär im modernen Sinn – nicht als jemanden, der einen Zyklus vollendet, sondern der eine völlig neue Bahn einschlägt. D'Alembert rühmt auch Bacons Genie und Originalität, und er wirkt in der Tat an dem Mythos über Bacon und die Renaissance mit, den Diderot in Frankreich initiiert hatte:

»Bei einer Betrachtung der gesunden und weitblickenden Ansichten dieses großen Mannes, der zahlreichen Gebiete, denen sein Geist sich zuwandte, und der Kühnheit seines Stils, der stets die erhabensten Bilder mit strengster Genauigkeit in Einklang zu bringen verstand, könnte man in Versuchung geraten, ihn als größten, umfassendsten und wortgewaltigsten aller Philosophen anzusehen. Der im tiefsten Dunkel geistiger Nacht geborene Bacon empfand, daß eine eigentliche Philosophie noch gar nicht existierte.«[28]

Indessen fügt d'Alembert hinzu, daß der »unsterbliche Kanzler« vielleicht von »zu ängstlicher Zurückhaltung« gewesen sei, während »Descartes [...] es wenigstens gewagt [hat], den Begabten zu zeigen, wie sie das Joch der Scholastik, der öffentlichen Meinung, der Autorität, kurz, der Vorurteile und der Unwissenheit abschütteln könnten [...] und in der Vorbereitung einer aufsehenerregenden Revolution den Grund zu einer gerechteren und glücklicheren Regierung« zu legen.[29] Descartes nun verwendet eine völlig säkularisierte Metaphorik des Bauens und Grundlegens, um ein weniger zweideutiges Verhältnis zur Tradition nahezulegen, auf das auch d'Alembert abzielt.

»[Ich verglich] die moralischen Schriften der Heiden des Altertums mit außerordentlich stolzen und prächtigen Palästen [...], die nur auf Sand und Staub gebaut sind [... Ich schloß,] daß man auf so unsicheren Fundamenten nichts Dauerhaftes habe bauen können. [...] So kann man beobachten, daß Bauten, die ein Architekt allein unternommen und ausgeführt hat, für gewöhnlich schöner und harmonischer sind als solche, die mehrere versucht haben umzuarbeiten, indem sie alte, zu anderen Zwecken gebaute Mauern benutzten. [... Ich war überzeugt,] daß ich, bezüglich all der Meinungen, die ich bisher unter meine Überzeugungen aufgenommen hatte, nichts Besseres unternehmen könne, als sie einmal ernstlich wieder abzulegen, um sie nachher entweder durch andere, bessere zu ersetzen oder auch durch dieselben, wenn ich sie an der Vernunft gemessen haben würde. Ich war der festen Überzeugung, daß es mir dadurch gelingen würde, mein Leben weit besser zu führen, als wenn ich nur auf alten Fundamenten baute und mich nur auf Grundsätze stützte, die mir in meiner Jugend eingeredet wurden [...]«[30]

Eine solche Metaphorik wird in dem extravaganten Frontispiz der *Enzyklopädie* glorifiziert, das das Heiligtum der Wahrheit darstellt.

Kants programmatischer Artikel über Aufklärung beschreibt in ähnlicher Weise den revolutionären Charakter:

»Aufklärung ist der Ausgang des Menschen aus seiner selbst verschuldeten Unmündigkeit. Unmündigkeit ist das Unvermögen, sich seines Verstandes ohne Leitung eines anderen zu bedienen. Selbst verschuldet ist diese Unmündigkeit, wenn die Ursache derselben nicht am Mangel des Verstandes, sondern der Entschließung und des Mutes liegt, sich seiner ohne Leitung eines anderen zu bedienen. Sapere aude! Habe Mut, dich deines eigenen Verstandes zu bedienen! ist also der Wahlspruch der Aufklärung.«[31]

Wie sich herausstellt, ist Kants Bestimmung der Aufklärung gegen die politische Revolution gerichtet; sein Plädoyer für »Reformen« sollte freilich nicht mit Ladners Ideal verwechselt werden. Die intellektuelle Revolution, die auf der Fähigkeit gründet, ungebunden zu forschen und die Wahrheit aus eigener Kraft zu erkennen, wird bei Kant, genau wie bei Bacon, ein fait accompli. Kants Verteidigung von politischen Reformen zuungunsten der politischen Revolution stützt sich lediglich auf praktische Überlegungen: Es »kann ein Publikum nur langsam zur Aufklärung gelangen. Durch eine Revolution wird vielleicht wohl ein Abfall von persönlichem Despotism und gewinnsüchtiger oder herrschsüchtiger Bedrückung, aber niemals wahre Reform der Denkungsart zu Stande kommen; sondern neue Vorurteile werden, eben sowohl als die alten, zum Leitbande des gedankenlosen großen Haufens dienen.«[32]

Eine so gemäßigte, bürgerliche Revolutionsideologie kann natürlich herrschende Gewinnsucht zusammen mit hochgesinntem Streben nach einer aufgeschobenen Reform der »Denkungsart« konservieren. Denn die Revolution, die Bacon ankündigt und die Kant vor allem feiert, schlägt zum Nutzen der besonderen Klasse aus, die heute wie damals viel eher von der Gewinnsucht als von der universellen Aufklärung lebt.

In einem Zitat Voltaires entdeckt Ernst Cassirer die fundamentale revolutionäre Haltung, von der Bestimmung durch traditionelle Autoritäten unabhängig zu sein, und er erklärt, daß sie »alle intellektuellen Überzeugungen und Tendenzen der Aufklärungszeit wie in einem Brennpunkt zusammen[faßt]«: »›Die vergangenen Zeiten sind so, als wären sie nie gewesen. Es ist immer erforderlich, an dem Punkt zu beginnen, an dem man bereits steht und den die Völker erreicht haben.‹«[33] Diesem Beharren auf Unabhängigkeit stellt sich ein machtvolles *Pathos des Neuen* an die Seite: die »großen Autoren, Wissenschaftler und Philosophen seit dem siebzehnten Jahrhundert [beharren darauf], Sachen zu sehen, die niemand zuvor gesehen, Gedanken zu denken, die niemand zuvor gedacht hat«[34]; und dieses Pathos des Neuen ist es, das Karl Jaspers als das Unterscheidungsmerkmal der »wissenschaftlichen Denkweise« identifiziert und dem Bacon so emphatisch in seinem Staunen und seiner Forderung nach wahrhaft ursprünglichem Anfang und Erfahrung Ausdruck verleiht. Denn wie könnte sich eine solche Unabhängigkeit bewahrheiten und welche Gestalt könnte sie annehmen, wenn nicht die eines seiner selbst bewußten Neuen?

Ist die Aufklärung erst einmal institutionalisiert, wie Rousseau in seinem *Premier Discours* andeutet, kann sie selber repressiv werden. Ähnlich Shelley findet Rousseau allerdings an Bacon ein Beispiel für einen folgenreichen Ikonoklasmus. Nur wahrhaft unabhängige Geister wie Bacon, verkündet er in seinem *Premier Discours*, können eine Alternative zu der Verdorbenheit einer Zivilisation weisen, die die Menschen ausrufen läßt: »Befreie uns von dem Wissen und den unheilvollen Künsten unserer Väter und gib uns die Einfalt, die Unschuld und die Armut zurück.«

»Für die, welche die Natur dazu bestimmt hatte, Schüler zu haben, hat es keiner Meister bedurft. Baco von Verulam, Descartes, Newton, diese Lehrer des Menschengeschlechts, haben selbst keine gehabt. Welche Führer hätten sie bis dahin geleitet, wohin ihr weitreichendes Genie sie trug?«[35]

In seiner Schrift *Vom Nutzen und Nachteil der Historie für das Leben*, die die im 20. Jahrhundert vorherrschende Einstellung zu Tradition und Innovation verkörpert,[36] hält Nietzsche den unhistorischen Standpunkt, der es einem erlaubt, die Vergangenheit (wie Rousseau) zu vergessen und dadurch das Genie zu befreien, als für das Gedeihen von Individuum und Gesellschaft unentbehrlich.

»[...] kein Künstler wird sein Bild, kein Feldherr seinen Sieg, kein Volk seine Freiheit erreichen, ohne sie in einem derartig unhistorischen Zustande vorher begehrt und erstrebt zu haben. Wie der Handelnde, nach Goethes Ausdruck, immer gewissenlos ist, so ist er auch immer wissenlos; er vergißt das meiste, um eins zu tun, er ist ungerecht gegen das, was hinter ihm liegt, und kennt nur ein Recht, das Recht dessen, was jetzt werden soll.«[37]

Jeder Mensch – so scheint es hier – hat sich jetzt ein revolutionäres Prinzip in der Art Bacons innerlich anzueignen – nicht nur, um das Wissen voranzutreiben, sondern auch als einen Bestandteil seines von Augenblick zu Augenblick existierenden Bewußtseins. Mit Nietzsche wird das unhistorische Prinzip ein Moment der Philosophie der ewigen Wiederkehr, in der den gegenwärtigen, ewig wandelbaren Augenblicken der Erfahrung höchster Wert zugesprochen wird: Diese Philosophie macht es sich zur Aufgabe, einen Willen heranzubilden, der jede Sekunde des eigenen Lebens unendlich viele Male zu wiederholen vermag. In dieser Metamorphose würde *instauratio* daher auf eine neue Version ihres frühesten literarischen Kontextes zurückkommen, auf den Kontext der rituellen Wiederholung, von der Cicero spricht, obgleich das ewige Werden, Vergehen und Neuwerden sich nunmehr der Baconschen Proklamation eines rein subjektiven Seins entgegenstellt.

Die Betonung einer »unhistorischen« Absonderung in Raum und Zeit, auf die Bacon und andere oben erwähnte Autoren Wert legen, kann nicht kurzerhand gegen ein authentisches historisches oder dialektisches revolutionäres Prinzip ausgespielt werden. Eher verhält es sich so, wie Nietzsche sagt:

»Wir bringen es im besten Falle zu einem Widerstreit der ererbten, angestammten Natur und unserer Erkenntnis, auch wohl zu einem Kampfe einer neuen strengen Zucht gegen das von alters her Angezogene und Angeborene, wir pflanzen eine neue Gewöhnung, einen neuen Instinkt, eine zweite Natur an, so daß die erste Natur abdorrt. Es ist ein Versuch, sich gleichsam *a posteriori* eine Vergangenheit zu geben, aus der man stammen möchte, im Gegensatz zu der, aus der man stammt.«[38]

Neue Wege der ›Zucht‹ besitzen ihre je eigene Geschichte – eine Geschichte jedoch, die um so ausgedünnter und verschütteter ist, je radikaler die neuen Wege zur Sache gehen. Der Kapitalismus etwa produziert, wie Marx sagt, die Mittel zu seiner eigenen Überwindung; Nietzsches springender Punkt wäre der, daß diese Überwindung von dem Hervorbrechen einer anscheinend »unhistorischen«, revolutionären Gegenwart abhängt. Die Inspiration, die dem Wort »Vision« (selbst als einer »heuristischen Fiktion«) in dem Lexikon zumindest eines zeitgenössischen marxistischen Kritikers nachgesagt wird[39], zeigt das fortdauernde und nützliche Zusammenwirken einer derartigen revolutionären Gegenwart mit jenem prophetischen Hintergrund, aus dem Bacons revolutionäre Haltung hervortritt. Und Marx' Diktum, daß die Philosophie die Welt eher zu verändern als bloß zu verstehen habe, findet in diesem Kontext durchaus ein Echo – besonders in den Worten Bacons, die in dem Motto zur *Kritik der reinen Vernunft* zitiert werden: »Was jedoch die Sache betrifft, um die es sich handelt, so bitten wir: daß die Menschen bedenken, daß sie nicht eine bloße Meinung, sondern eine notwendige Aufgabe sei; und daß sie es für gewiß halten, daß wir nicht die Grundlagen irgendeiner Schulrichtung oder Lehrmeinung schaffen, sondern die der menschlichen Wohlfahrt und Würde.« (IV, 21) Dies ist ein Ziel, das die Grenzen jeglicher Ideologie übersteigt.

John Deweys »Rekonstruktion« (d. h. Instauration) der Philosophie bietet das Beispiel einer noch unmittelbareren Umsetzung von Bacons Aufruf. Bei Dewey führt die Betonung, die das 19. und 20. Jahrhundert auf den prozeßhaften Charakter des Seins, auf den beständigen Wandel und das Wachstum von Wissen und von Identität, der Ziele und der Wahrheit selber legt, zu einem Resultat im Stil Emersons und Bacons – angemessen ebenso sehr der modernen Bürokratie im Kapitalismus wie der Avantgarde und vermutlich auch der gesellschaftlichen Veränderung:

»Francis Bacon aus dem Elisabethanischen Zeitalter ist der große Vorläufer im Geiste des modernen Lebens. [...] Die Hauptzüge seines Denkens stellen die allgemeinen Merkmale jenes neuen Geistes vor unser Bewußtsein, der dabei war, eine intellektuelle Rekonstruktion zu bewirken. [...] Bacons eigene Einschätzung des Wesens der Induktion war sehr fehlerhaft. Aber sein geschärfter Spürsinn dafür, daß Wissenschaft eher das Vordringen ins Unbekannte als eine in logische Form gebrachte Wiederholung des bereits Bekannten ist, macht ihn nichtsdestoweniger zum Vater der Induktion. Ein sich ewig erneuernder Fortschritt ist für Bacon Prüfstein sowohl wie Ziel der authentischen Logik.«[40]

Während er Bacons biblische Anspielungen (z. B. *NO* I, 93) nachahmt, beteuert Dewey, daß die Spuren, die wir in der Geschichte zurücklassen, einen antiquarischen oder pädagogischen Sinn haben können, daß aber die geistigen Menschen den Strömungen der Gegenwart folgen:

»Der Geist weht, wo er will, und das Reich Gottes kommt in diesen Dingen nicht mit genauer Befolgung von Regeln. Während es aber unmöglich ist, alte Quellen von Religion und Kunst, die außer Kurs gekommen sind, durch bewußten Entschluß zu erhalten und wiederzuerlangen, ist es doch möglich, die Entwicklung der lebenswichtigen Quellen einer Religion und Kunst, die noch auf uns warten, voranzutreiben. Doch jedenfalls nicht durch ein Tun, das unmittelbar ihre Herbeiführung beabsichtigte, sondern dadurch, daß der Glaube an die aktiven Strömungen von heute die Furcht und den Widerwillen vor ihnen ersetzt und daß der Verstand den Mut faßt, dorthin zu folgen, wohin uns die sozialen und wissenschaftlichen Veränderungen führen.«[41]

Willkommen Artaud, willkommen McDonalds! Ebenso wie Robert Nisbet mit seinem nostalgischen Blick zurück auf den Fortschrittsglauben des 19. Jahrhunderts die in paradoxer Weise destruktiven und diskontinuierlichen Aspekte der Reform vernachlässigt, so scheint Deweys vage Empfehlung für den Glauben an die aktiven Strömungen von heute von der wesentlichen Diskontinuität und Herausforderung abzulenken, die Bacons revolutionäre Haltung in sich birgt.

4.
Das Streben nach dem Neuen
in Bacons Wissenschaft

Einführende Erklärungen nehmen eine besondere Bedeutung an, wenn man jemanden liest, der den größten Teil seines Werkes als Neubeginn ausgibt. Die revolutionäre Haltung, die Bacon in seinen einleitenden Bemerkungen zur *Instauratio Magna* einnimmt, spiegelt sich in seiner wissenschaftlichen Methode, wie sie im *Novum Organum* entwickelt wird. Wie Bacon Originalität beansprucht und für die Wissenschaft einen Neubeginn fordert, so ist jene Wissenschaft verpflichtet, Tatsachen und Axiome in ihrer unmittelbar gewissen Gegenwärtigkeit und Neuartigkeit aufzufassen, als begegnete man der Natur immer zum ersten Mal. Wie Bacon seine Priorität in der Geistesgeschichte begründet, indem er keine andere Gabe als die Demut für sich reklamiert und dadurch seine Vorgänger eher beiseite schiebt als stürzt, so bewahrt seine Methode eine demütige Haltung von kindlicher Unschuld und Offenheit gegenüber gewissen »Orakeln« der Natur, eine Offenheit, in der der Geist in ungeteilter Aufmerksamkeit absolut gegenwärtig ist. Diese demütige Offenheit ist, wie wir schon gesehen haben, an der Idee prophetischer Offenbarung orientiert. Im Kontext von Bacons revolutionärer Haltung taucht freilich ein Aspekt seiner Vision von Forschung auf, der, obzwar ein Moment seines prophetischen Aufrufs, kein Bestandteil der prophetischen Tradition von Reform sein dürfte: das Neue. Der auffassende Geist selbst ist ohne Vergangenheit, ohne irrelevante Gedanken und Erfahrungen. Das Zusammentreffen von subjektiven und objektiven *Fundamenta*, d. h. Grundlegungen für den Tempel der Welt im Geiste, findet daher außerhalb der Zeit statt, in einem Augenblick oder in Augenblicken von absoluter Gegenwart: »Die geistige Operation, die den Regungen der Sinne folgt, schließe ich in den meisten Fällen aus; stattdessen eröffne und bereite ich einen neuen und sicheren Weg für den Geist, auf dem er voranschreiten kann, indem er unmittelbar von einfachen sinnlichen Wahrnehmungen ausgeht.« (Vorwort zum *NO*; *Works* IV, 40) Das Neuartige dessen, was der Geist jenseits von Kultur und Denken gewahrt, wird so für Bacon zum sicheren Nachweis der Echtheit.

Wenn wir Bacons revolutionäre Haltung und deren Manifestationen in seiner Wissenschaft begreifen, werden wir über die Mißdeutungen von Wissenschafts- wie Literaturhistorikern hinausgelangen: all jener, die Bacons Wissenschaft abgetan haben, weil sie der deduktiven Argumentation, der Imagination und den Hypothesen keine bedeutenden Rollen zugesteht; oder auch jener, die aus falsch verstandener Sympathie die Rolle dieser Faktoren in seiner Wissenschaft überbewertet haben. Häufig hat man Bacon teils als nüchternen Realisten, teils als Träumer eingeschätzt: Ich möchte zeigen, daß er gerade dann, wenn er besonders nüchtern und realistisch erscheint, durch und durch visionär ist, und ich möchte aufweisen, in welchem Sinne sein visionärer Realismus (der eben nicht ein Realismus nach dem Geschmack des Common sense ist) ein Bestandteil oder ein Komplement seiner revolutionären Haltung ist. Die Freiheit von der Vergangenheit, die Bacon ausruft, und der Sinn für die bloße Möglichkeit, den er so folgenreich beschwört, sind – nach seinen Worten – unauflöslich mit der Unterdrükkung der spekulativen und kreativen Fähigkeiten im Geist des Wissenschaftlers verknüpft, und zwar in der Absicht, eine sichere Erkenntnis der Dinge zu erlangen, wie sie sind: »Denn wir sind nicht dazu da, uns etwas vorzustellen oder zu vermuten, sondern zu entdecken, was die Natur bewirkt oder zu bewirken veranlaßt werden kann.« (*NO* II, 10; *Works* IV, 127) In Bacons visionärem Realismus ist impliziert, daß die modernen Vorstellungen von Rationalität und Objektivität nicht einfach die – nach Jahrtausenden des Irrtums erreichte – Art und Weise darstellen, die Dinge zu erkennen, sondern daß ihnen eine komplexe ideologische Macht zukommt.

Die Baconsche Wissenschaft setzt sich zum Ziel, Formen zu entdekken. Formen sind keine oberflächlichen Merkmale, Erklärungen oder Namen, sie sind vielmehr Wesenheiten, die in der Wirklichkeit existieren: »Die Form eines Dinges ist das Ding selbst, und dieses Ding weicht von der Form in keiner anderen Weise ab, als der Schein vom Wirklichen.« (*NO* II, 13; *Works* IV, 137) Die Baconschen Formen verquicken religiöse Zwischentöne mit Nützlichkeitsdenken und Empirismus; sie sind ebenso erstaunlich und von ihnen wird fast ebenso ehrfürchtig gesprochen wie von den platonischen Formen, obwohl das Staunen ihrer revelatorischen Macht entspringt, Unbekanntes zu entdecken und zu erfinden.

»Wer auch immer mit den Formen vertraut ist, umfängt in den unähnlichsten Substanzen die Einheit der Natur; und er vermag daher Dinge aufzuspüren und ans Licht zu bringen, denen dies niemals widerfahren war, und zwar solche, die weder die Wechselfälle der Natur, noch fleißiges Herumprobieren, noch Zufälle jemals ins Werk gesetzt hätten und auf die das menschliche Denken niemals verfallen wäre. Aus der Entdeckung der Formen ergibt sich mithin Wahrheit in philosophischen Betrachtungen und Freiheit im Handeln.« (*NO* II, 3; *Works* IV, 120)

»Die menschlichen Kräfte können nicht aus dem gewöhnlichen Lauf der Natur befreit und entlassen werden, noch können sie durch neue wirksame Handlungsweisen erweitert und gesteigert werden, außer durch die *Offenbarung* und Entdeckung derartiger Formen.« (meine Hervorhebung; *NO* II, 17; *Works* IV, 147)

Gerade auf diese Formen verweist Bacon, wenn er die »Idole des menschlichen Geistes« und die »Ideen des Göttlichen« (*Novum Organum* I, 124) miteinander vergleicht, wenn er mit den griechischen Worten εἴδωλα und εἴδοι sein Spiel treibt. Das letztere bezeichnet die Platonischen Ideen. (Walt Whitman verschmilzt diese Worte in seinem Gedicht »Eidólons«.)

Da die Formen Sonderfälle noch allgemeinerer Gesetze der Natur sind, führt ihre Erkenntnis womöglich zur Erkenntnis der die Natur beherrschenden Gesetze und Einheiten. Im *Novum Organum* verweist Bacon auf das Beispiel der Hitze, die er als eine besondere Art der Bewegung begreift und die in zukünftigen Stadien wissenschaftlichen induktiven Fortschreitens zu anderen Arten der Bewegung in Beziehung gesetzt werden kann. Das Verständnis der Formen hängt freilich zunächst von der Identifizierung der »einfachen Eigenschaften« und der »Alphabete der Natur« ab, aus denen die Dinge sich zusammensetzen: so verschiedene Qualitäten wie Ausdehnung, Farbe, Gewicht und Dehnbarkeit. Diese unterschiedlichen Ebenen des Besonderen und des Allgemeinen – einfache Eigenschaften, besondere Beobachtungen zu einem gegebenen Thema, Formen und allgemeine Gesetze – bilden die Hauptebenen der Pyramide des Wissens. Der Induktionsprozeß beginnt mit einer Analyse der Natur, zerlegt sie in Stücke, um die einfachen Eigenschaften zu isolieren, und klettert dann die Leiter der Axiome zu umfassenderen Verallgemeinerungen empor. Sammlungen von Fakten, die, wenn möglich, in den Begriffen der einfachen Eigenschaften ausgedrückt sind, enthalten diese anfängliche Analyse.

Eine schöne Passage aus der *Historia Naturalis*, die im ersten Kapitel zitiert wurde, verweist darauf, daß die anfängliche Fragmentierung der Natur der erste Schritt zu einem Heilungs- und Erlösungsprozeß ist, der die Folgen des Sündenfalls überwindet – und zwar zunächst durch eine reinere Vision der Einzeldinge; ihnen »nähert man sich in Demut und Ehrfurcht, schlägt das Buch der Schöpfung auf, verweilt und meditiert darin«. »Denn dies ist der Laut und die Sprache, die in alle Länder hinausging und nicht den Wirrwarr Babels auf sich zog; darin sollten sich die Menschen vervollkommnen und wieder wie die Kinder werden, sich niederbeugen, um das Alphabet in ihre Hände zu nehmen.« (V, 132 f.) Es ist jedoch gerade der hier implizierte, gleitende Übergang von der religiösen Offenbarung zur wissenschaftlichen Auffassung der natürlichen Tatsache, der durch Bacons Anspruch und Verlangen nach Originalität herausgefordert wird. Die Bibel repräsentiert die Worte und Taten Gottes innerhalb einer Offenbarungstradition und einer Sammlung von Gesetzen, die erbaut wird und erbaulich ist, die entwickelt oder wiedererrichtet wird. Bacon beharrt auf der Priorität und auf der Instauration als einem Neubeginn von den tiefsten Grundlagen aus, und das bedeutet, daß die Gültigkeit menschlichen Wissens und menschlicher Kultur auf der bloßen Gegenwart von Wahrnehmendem und Wahrgenommenem, von Schöpfer und Geschaffenem beruht, einschließlich ihrer künftigen, miteinander geteilten Gegenwart: Es bedeutet, daß sie auf der Offenheit beruht gegenüber künftigem Erkennen und Erschaffen von Natur als dem noch Unbekannten.

»Alle jene, die sich vor mir den Erfindungen der Künste gewidmet haben, haben doch nur den einen oder anderen flüchtigen Blick auf Tatsachen, Beispiele und Experimente geworfen und sind dann frohgemut vorangeschritten, als ob das Erfinden nichts anderes wäre als eine Denkübung, ein Beschwören des eigenen Geistes, um von dort Orakel zu erhalten. Ich dagegen verweile unabgelenkt und beständig inmitten der Tatsachen der Natur und distanziere meinen Verstand nur insoweit, als es nötig ist, um die Bilder und Strahlen der natürlichen Gegenstände in einem Punkt zusammentreffen zu lassen, so wie es beim Gesichtssinn der Fall ist. Daher kommt es, daß die Stärke und Behendigkeit des Geistes bei diesen Angelegenheiten wenig zu suchen hat.« (Vorwort zur *Instauratio Magna*; *Works* IV, 19)

Hier wird die Unterdrückung von Verstand, Gefühl, Gewohnheit und Tradition verglichen mit dem Triumph des Propheten über die falschen Orakel und die Orakel des Selbst. Wo die Bibel jedoch die Botschaft des Propheten zusammen mit den älteren Botschaften seiner Vorgänger in die allmähliche Entfaltung der providentiellen Geschichte einfügt, da entledigt sich Bacon der Vorbilder und Vorgänger auf der Suche nach dem Neuen.

Bacons Naturgeschichte muß eine radikale Offenheit gegenüber der Mannigfaltigkeit des Wirklichen erreichen; in einem gewissen Sinn wird die wahre Beobachtung diejenige sein, die in authentischer Weise neu ist. Wissenschaftliche Instrumente liefern den Schlüssel zur wahren Beobachtung. Bacon sorgt sich nicht darum, daß Instrumente verzerren könnten; es ist ihre Aufgabe, die Natur näher heranzubringen, indem sie die Unzulänglichkeit der menschlichen Wahrnehmung korrigieren und dafür sorgen, daß die Idole das Anderssein der Natur nicht beeinträchtigen. Sie erhöhen die emotionale Distanz, die für eine unverstellte Wahrnehmung erforderlich ist; sie bringen die Natur näher, indem sie sie vergegenständlichen und noch weiter fragmentieren, indem sie sie ins Unvertraute entrücken, ihr einen Rahmen auferlegen und in eine Reihe von Spektakeln verwandeln, die man so betrachten kann, als sei es das erste Mal.

Der biblische Prophet ist selten im Zweifel, daß Gott gesprochen hat. Man könnte behaupten, daß der Baconsche Wissenschaftler dadurch Gewißheit über die Realität erlangt, daß er das Neue als ein Kennzeichen von Authentizität auffaßt. Dieser Akt ursprünglicher Wahrnehmung impliziert Bacons Ansprüche auf Originalität und Demut wie auch seine Forderung an die Menschen, die Naturwissenschaft von neuem zu beginnen. In der *Parasceve*, in der Bacon sein Ideal von Naturgeschichte erörtert, lesen wir:

»Wenn die klugen Köpfe aller Zeiten sich getroffen hätten oder sich hierauf treffen würden; wenn das ganze Menschengeschlecht sich eifrig der Philosophie zugewandt hätte oder es hierauf tun würde und wenn die ganze Erde voller Akademien und Kollegien und hoher Schulen gelehrter Männer gewesen wäre oder noch sein würde; so hätte doch die Menschheit ohne eine Natur- und Experimentalgeschichte, wie ich sie eben in ihren Hauptlinien zu entwerfen beginne, keinen ihrer würdigen Fortschritt in der Philosophie oder den Wissenschaften verzeichnen können.« (IV, 252)

»In diese Geschichte müssen, erstens, Dinge aufgenommen werden, die so gewöhnlich sind, daß es für überflüssig erachtet werden könnte, ihrer schriftlich zu gedenken, sind sie doch nur allzu bekannt; zweitens, Dinge, die für gemein, engstirnig, schmutzig gelten (denn »dem Reinen ist alles rein...«); drittens banale und kindische Dinge (und das erstaunt nicht, da wir ja wieder wie die kleinen Kinder werden sollen); und letztens Dinge, die spitzfindig erscheinen, weil sie für sich genommen nutzlos sind.« (IV, 258f.)

In der zweiten Passage schimmern wieder biblische Bezüge durch, und sie zeigen aufs neue, wie schwer es ist, aus dem religiösen Kontext herauszutreten, wenn es um Bacons Erkenntnisideale geht. Die »kleinen Kinder« Bacons folgen allerdings nicht dem, was sie intuitiv als das unabänderlich Rechte und Gute erkennen, ein Gutes, das sogar von der Tradition, sofern richtig interpretiert, gebilligt wird. Jene sind die Kinder Christi, die gewiß in den Himmel kommen werden. Bacons Kinder ahnen das Neue. Die Aufgabe, die demnach in Buch I des *Novum Organum* formuliert wird: »expurgata jam et abrasa et aequata mentis area« [den Boden des Geistes reinigen, kehren und ebnen zu lassen] (I, 115; *Works* I, 211), oder wie es im »Entwurf des Werkes« heißt: »instar tabulae abrasae« [gleich einer leeren Tafel] (I, 139), gemahnt an Lockes Bild vom Geist als einer tabula rasa, das auf die Ebene kindlicher philosophischer Unschuld transponiert worden ist.

»Wenn Kinder zuerst in die Welt kommen, sind sie von neuen Dingen umgeben, die vermittels einer ständigen Reizung ihrer Sinne den Geist beständig an sie heranziehen; ihn neue Dinge bemerken lassen und ihn an ihrer Vielfalt und ihrem Wechsel erfreuen lassen. Die ersten Jahre werden so darauf verwandt, sich dem Äußeren zuzuwenden. Des Menschen Beschäftigung mit ihnen lenkt ihn darauf, sich mit dem, was draußen ist, vertraut zu machen; und während er so beständig auf die äußerlichen Empfindungen achtgibt, verwendet er kaum darauf einen Gedanken, was in ihm vorgeht, bis er ein reiferes Alter kommt; und mancher überhaupt nie.«[1]

Wenn wir die Erfahrung bis zur Tabula rasa des Kindes zurückverfolgen, behauptet Locke, können wir die Prozesse des menschlichen Verstandes begreifen. Wenn wir unseren Geist wieder in eine ebene Fläche, ein unbebautes Land oder einen polierten Spiegel *(abrasa mentis area)* verwandeln, behauptet Bacon, kann der menschliche Verstand das Universum erneuern. Die komplementären Personifikationen im Hinblick auf die Macht des Menschen als eines unabhängigen Richters und Erneuerers sind daher in der *Instauratio Magna* der Souverän (d. h. Jakob) und das Kind.

Es ist freilich nicht nur das erste Stadium von Bacons Unternehmen, das auf dem Wissen von erfaßten Tatsachenfragmenten beruht, die noch keine Welt ausmachen. Die unablässige Wiederkehr solcher Augenblicke einer neuartigen »Offenbarung« wird zum Schlüssel für Bacons negativ-eliminierende Induktion.

Superinducere, »umwandeln, verwandeln, hinzubauen«, kommt im Buch II des *Novum Organum* regelmäßig vor, um die der Menschheit angemessene Beziehung zur Natur zu charakterisieren; und am auffälligsten gerade zu Beginn: »An einem vorgegebenen Gegenstand ein neues Wesen oder neue Wesen zu erzeugen oder hinzuzufügen, ist das Werk und die Aufgabe der menschlichen Macht.« (*Works* IV, 119; daneben auch *NO* II, 1 und II, 3, 4, 17) Die menschliche Kultur wird also ein Hinzufügen zur Natur; unser Ziel auf Erden wird es, das Neue durch solches Hinzufügen entstehen zu lassen. Dieser Begriff wird jedoch im Buch I der *instauratio* im Sinne des Neubeginns entgegengesetzt: »Es ist müßig, irgend einen großen Fortschritt in der Wissenschaft von der Hinzufügung und Aufpfropfung neuer Dinge auf die alten zu erwarten. Wir bedürfen einer Instauration von den tiefsten Grundlagen aus.« (I, 31; *Works* I, 162) Man könnte daraus schließen, daß *superinducere* die Bedeutung von *instauratio* als Erbauung oder Reform nahelegt: Erbauung der Pyramide oder des Tempels des Wissens und Wiedereinsetzung der Natur in einen Zustand etwa wie den vor dem Sündenfall. Es stellt sich heraus, daß Bacons Hinzufügung oder Instauration der Natur sich auf diejenige Art von totaler Neuheit stützt, die mit *instauratio* (I, 31) gemeint ist. Bacon fordert seine Leser auf, die Rolle Gottes als Schöpfer und Entdecker in dem Maß zu wiederholen, als die »Wiederholung« ihre Bedeutung verliert. Das Prinzip des Ursprungs ist allen Stadien des Prozesses inhärent.

Wie Bacon Instrumente fordert, die der Schwäche der menschlichen Wahrnehmung aufhelfen, so verlangt er eine »Maschine«, um das Denken anzuleiten: »Der ganze Weg, von der allerersten Sinnesempfindung an, muß nach einem festen Plan angelegt sein.« (IV, 18) Die strenge Kontrolle des Geistes, ausgeübt nach der bescheidenen Methode der eliminierenden Induktion, wie zugleich die völlige Offenheit gegenüber dem Neuen sind unmittelbare Konsequenzen von Bacons revolutionärer Haltung: die Natur ohne Vermittlung zu gewinnen und zu erhalten und ihr in der völligen Gegenwart, die das authentisch Neue gewährt, entgegenzutreten.

Der Methode der eliminierenden Induktion gemäß muß es sich der Wissenschaftler zur Aufgabe machen, den Schwung der Gedanken zu bändigen und eine reine, unmittelbare Beziehung des Geistes zur Natur zu bewahren. Sämtliche Prozesse der Induktion, hebt Bacon hervor, besitzen einen Vorzug gegenüber dem Syllogismus: Die geistige Operation »wird nicht mit Hilfe irgend eines vermittelnden Ausdrucks vollzogen, sondern direkt, beinah in derselben Weise wie die Sinne funktionieren« (IV, 428). Daher heißt es in *Der Fortschritt*: »*In allen Induktionen, gleich ob sie nun richtig oder fehlerhaft durchgeführt werden, ist es derselbe gei-*

stige Akt, der erfindet und urteilt; genauso wie es in den Sinnen geschieht; aber anders verhält es sich hinsichtlich des Beweises mit Hilfe des Syllogismus, denn der Beweis vollzieht sich nicht unmittelbar, sondern durch Hilfsmittel; auf der einen Seite steht die *Erfindung des Hilfsmittels*, auf der anderen die Beurteilung der Konsequenz.« (III, 392) Die eliminierende Induktion reinigt dieses unvermittelte Moment der Induktion. Nach der systematischen Sammlung aller zugehörigen Fakten bei der Untersuchung eines Problems muß der Wissenschaftler dem vergeblichen, wißbegierigen Drang widerstehen, seine eigene spekulative Theorie zu konstruieren; er muß stattdessen mit Hilfe eines ausgefeilten Systems von Querverweisen alle möglichen falschen Antworten aussieben, bis endlich die einzig mögliche Antwort übrig bleibt. »Dem Verstand dürfen also nicht Flügel verliehen werden, sondern man muß ihn eher mit Gewichten beschweren, um ihn vom Springen und Fliegen abzuhalten.« (IV, 95) Als eine Litanei von Negationen wird der Induktionsprozeß nicht mittels des kreativen Gebrauchs der Vernunft und der Einbildungskraft vorangetrieben. Er »bezieht die Axiome aus den besonderen Erfahrungen, während er einen graduellen und ununterbrochenen Aufstieg absolviert«, eine Angelegenheit, die »gleichsam mechanisch« (IV, 40) durchgeführt wird. Scharfsinnig erkennt Bacon, daß sich ein Naturgesetz leichter falsifizieren als verifizieren läßt.[2] Sein Schema erzeugt daher nicht miteinander konkurrierende Theorien, sondern die jeweils beste Antwort, die die Fakten bieten können. Diese eine Antwort ist die einzige, die nicht negiert wurde, und bietet sich demnach dem Forscher als etwas Neues dar, etwas, das den engen Kreis der »Antizipationen« übersteigt.

Die »Macht der Demut« und der »glückliche Zufall«, die für Bacon die Quellen seiner methodischen Einsichten sind, reichen bis in die Methode selbst hinein:

»Mein Weg bei der Entdeckung von Wissenschaft geht nämlich sehr weit in der Absicht, die menschlichen Intelligenzen gleichzustellen, und er läßt wenig Raum für individuelle Vortrefflichkeit, denn alles wird unter der Anleitung der sichersten Regeln und Beweismittel ausgeführt. Und meinen Anteil an all dem, wie ich oft gesagt habe, spreche ich eher dem glücklichen Zufall als dem Talent zu und halte ihn eher für einen gelungenen Wurf der Zeit als des Scharfsinns. Gewiß hat nämlich der Zufall etwas mit den Gedanken der Menschen wie auch mit ihren Werken und Taten zu schaffen.« (*NO* I, 122; *Works* IV, 122)

Die Tatsache, daß Menschen von durchschnittlichem Verstand dieses wissenschaftliche Vorhaben ausführen, unterstreicht zudem den Wert, der dem Neuen zukommt: Die Menschen werden gar nicht in der Lage sein, eine komplexe, überzeugende, gleichwohl unausweichlich falsche Theorie zur Anwendung zu bringen, die sie mit ihren vorgefaßten Meinungen und spekulativen Folgerungen ausgeheckt haben. Sie müssen sich in der Geduld üben, der Natur das Wort zu lassen.

Während er Verallgemeinerungen anstellt, operiert der Geist mit derselben direkten Unbefangenheit, wie wenn er beobachtet: »In der Tat gestatte ich es mir niemals, von den Dingen selbst und von dem operativen Moment abgelenkt zu werden. Wenn ich daher etwa bei der Untersuchung der Formen von Wärme sage ›verwirf die Seltenheit‹ oder ›die Seltenheit gehört nicht zur Form der Wärme‹, so ist es dasselbe, als wenn ich sagte ›Es ist möglich, einem dichten Körper Wärme hinzuzufügen‹, oder ›Es ist möglich, von einem seltenen Körper Wärme abzuziehen oder fernzuhalten‹.« (*NO* II, 17; *Works* IV, 146) Offenbar hängt die Methode so eng mit dem operativen Moment zusammen, mit der Praxis von Beobachtung und Experiment, daß die Verallgemeinerungen, aus denen Erfindungen hervorgehen können, kaum mehr sind als in anderer Weise vorgetragene Beschreibungen von Experimenten, und so ist dann die Erfindung ein Spiegel des Experiments. Denn es heißt schließlich: »Es ist nicht eine Meinung zu vertreten, sondern ein Werk ist zu tun.«[3]

Peter Caws hat die Baconschen Verallgemeinerungen sehr treffend charakterisiert: ihr Auftreten »verlangt nicht mehr nach einer Erklärung als die Neigung neugeborener Kinder, unverständliche Geräusche zu produzieren«[4]. Sobald die Negation durchgeführt ist, wird der Geist voller Ungeduld auf die richtige Antwort verfallen. In dieser Hinsicht also »behandeln [die Baconschen Regeln] den Verstand keineswegs geringschätzig, sondern sie regieren ihn« (IV, 112). Sie bieten eine äußerste Möglichkeit von Kontrolle über die sündigen und verderblichen Neigungen der menschlichen Natur, um einer unverdorbenen und recht elementaren intellektuellen Kraft konzentriert und unmittelbar Ausdruck zu geben. Sie gemahnen an den Aphorismus, mit dem Bacon seine Analyse der Idole beschließt: »Der Eintritt in das irdische Reich des Menschen, den die Wissenschaften ermöglichen, geschieht nicht viel anders als der Eintritt in das Himmelreich, in das niemand eintreten darf denn als Kind« (IV, 69); und einem solchen Kind gehört das Reich des Neuen.

Der Aspekt von Bacons visionärer Kunst des Entdeckens, der uns wahrscheinlich die größte Schwierigkeit bereitet, ist die emphatische und unzweideutige Beschränkung, die er der Einbildungskraft auferlegt. Diese Beschränkung zu verstehen, kann uns bedeutsame Einblicke eröffnen in Bacons Unternehmung einer Jagd nach Neuem. Für Bacon bedeutet die Einbildungskraft eine tiefsitzende, konterrevolutionäre Kraft, da sie in jedes Problem die Vergangenheit in Gestalt von vorgefaßten Meinungen einzubringen droht. In Kapitel 2 haben wir die Tragweite der Analogie in Bacons Wissenschaft erkundet: Die induktive Verallgemeinerung ergibt sich im wesentlichen aus ausgedehnten und geordnet durchgeführten Vergleichen; und in der Praxis bleibt Bacon eher beim hoffnungsvollen Analogisieren, als daß er Formen durch Induktion feststellte. Bei der Darstellung von Analogien spielt die Baconsche Einbildungskraft zwar eine zentrale, gleichwohl aber völlig untergeordnete Rolle. Sie allein ist der großen Aufgabe des Forschens kaum gewachsen; denn irgend etwas Ursprüngliches, das der Einbildungskraft verfällt, gerät in Gefahr, entweder als unwirklich, d. h. als bloße Erfindung des Geistes zu erscheinen oder aber als inspiriert und daher der wissenschaftlichen Betrachtungsweise fremd. In *Der Fortschritt der Wissenschaft* ist die Einbildungskraft ein Sendbote sowohl der Vernunft wie des Willens. Sie kann sich in Angelegenheiten des Glaubens über die Vernunft erheben, sie ist eine enorme Hilfe in der Kunst des Überzeugens, und sie belehrt und erfreut in der Poesie, aber »ich finde keine Wissenschaft, die streng genommen der Einbildungskraft zugehört« (III, 382).[5]

Mit der Aufzählung von »Argumenten für die Hoffnung« darauf, daß die Mission des Forschens zum Erfolg führen kann, entwirft Bacon im Aphorismus 109 des *Novum Organum*, Buch I (*Works* IV, 99 f.) ein dramatisches Bild seines Ideals des Neuen, das nicht nur jenseits der diskursiven Vernunft, sondern auch jenseits alles dessen liegt, was der Geist sich jemals vorzustellen vermag.

»Einige der bereits bekannten Erfindungen zählen zu denen, die vor ihrer Entdeckung kaum jemals im Kopf irgend eines Menschen als Gedanke aufgetaucht wären; man hätte sie einfach als unmöglich verworfen. Denn sobald die Menschen Vermutungen darüber anstellen, was sein kann, nehmen sie sich das, was gewesen ist, zum Vorbild, und sie rätseln über das Neue mit Hilfe einer Einbildungskraft, die in das Alte vertieft und von diesem eingefärbt ist. Es führt rasch in die Irre, sich auf diese Weise eine Meinung zu bilden; die großen Flüsse, die den Springquellen der Natur entströmen, fließen nämlich nicht immer im alten Bett.«

Darauf gibt Bacon drei Beispiele von Erfindungen (Kanone, Seide, Magnet), die »kaum jemals in die Einbildungskraft oder Phantasie irgend eines Menschen eingedrungen wären«, da sie Dinge sind, »zu denen nichts unmittelbar Analoges gefunden worden wäre«. Und er folgert daraus:

»Es gibt daher einen starken Grund für die Hoffnung, daß im Schoß der Natur noch viele Geheimnisse von hervorragender Nützlichkeit geborgen sind, *die keine enge Beziehung oder Entsprechung zu irgendetwas aufweisen, das jetzt bekannt ist, sondern die völlig außerhalb der Reichweite der Einbildungskraft liegen*, die also noch nicht gefunden worden sind. Auch diese werden zweifellos zu irgend einer Zeit, im Ablauf und Umlauf vieler Zeitalter, von selbst ans Licht kommen, ganz so wie die anderen. Allein durch die Methode, welche wir jetzt eben behandeln, können sie rasch, schlagartig und gleichzeitig dargestellt und antizipiert werden.« [Meine Hervorhebungen]

Kein Genius wirkt hier, sondern eine Art geplanter Offenbarung: Wie ein Kind zu sein, heißt, die Freiheit zu erringen, die Welt wie zum ersten Mal zu erblicken, so als wäre sie nicht die je neue Kombination von Rot, Gelb und Blau, sondern von völlig neuen Grundfarben.

Die Methode, die uns das *Novum Organum* zur Verfügung stellt, ist allerdings unvollständig. Sie unterstellt ein spekulatives und ein operatives Moment, jedoch gelingt es Bacon nie, die Darstellung des ersteren abzuschließen. Der zweite Aspekt stützt sich auf die Deduktion: »wie man deduziert und neue Experimente aus den Axiomen ableitet« (*NO* II, 10; *Works* IV, 127). Nachdem man zunächst eine Form durch Induktion gefunden hat, wird der Prozeß umgekehrt. Bezweckt wird nicht, die Ergebnisse zu überprüfen – denn die eliminierende Induktion soll ja sichere Ergebnisse zeitigen –, sondern eher, neue Erfindungen aus den neuen Axiomen abzuleiten: »Meine Handlungsweise und Methode [...] besteht aber darin, [...] aus Werken und Experimenten Ursachen und Axiome zu gewinnen und wiederum aus jenen Ursachen und Axiomen neue Werke und Experimente« (*NO* I, 117; *Works* IV, 104; siehe auch *Der Fortschritt der Wissenschaften*, III, 351). Vielleicht verhinderte Bacons Vertieftsein in das Offenbarungswerk der Induktion eine Ausarbeitung des deduktiven Schemas; jedenfalls aber wäre diese Deduktion imstande, die Fallgruben der gewöhnlichen Deduktion zu vermeiden, denn sie ist durch unanfechtbare Prämissen – die Resultate der eliminierenden Induktion – gereinigt, und sie kann durch Experimente fortwährend berichtigt werden. In der Tat betont Bacon dauernd die

Unzertrennlichkeit von Theorie und Praxis, von Prinzip und Anwendung: »Menschliches Wissen und menschliche Macht treffen sich in einem Punkt; denn wo die Ursache nicht bekannt ist, kann die Wirkung nicht hervorgerufen werden. Um der Natur befehlen zu können, muß ihr gehorcht werden; und was in der Kontemplation als Ursache existiert, ist im Wirken die Regel.« (*NO* I, 3; *Works* IV, 47)[6]

Für Bacon gilt, daß »Entdeckungen die Kunst des Entdeckens fördern« (*NO* I, 130); *instauratio* ist das absichtlich dunkle Emblem für einen Prozeß, der gegenwärtig nicht verwirklicht oder nicht vollständig bestimmt werden kann. Bacon erkennt, daß sein Ziel und seine Methode nicht ohne eine Periode des Durchwurstelns einzuführen sind. »Der ausschließende Teil«, den die tatsächlich eliminierende Induktion abgibt, ist, so sagt er, »überhaupt nicht vollständig, noch kann er es zunächst sein. Denn die Ausschließung ist offensichtlich die Zurückweisung von einfachen Eigenschaften [simple natures], und wenn wir zuverlässige und wahre Begriffe von einfachen Eigenschaften noch nicht besitzen, wie kann dann der Prozeß der Ausschließung sorgfältig durchgeführt werden?« (*NO* II, 19; *Works* IV, 149). Eine ausgezeichnete Frage. Nach Bacons Methode könnte nicht festgestellt werden, daß z. B. Masse eine einfache Eigenschaft ist und Gewicht hingegen nicht, ohne nach dem Mond zu reisen und Experimente in der Art des Schiefen Turmes zu veranstalten. Können wir aber dann, wenn Masse in Energie konvertierbar ist, sie oder irgendetwas anderes eine einfache Eigenschaft nennen?

Es ist bemerkenswert zu beobachten, wie leicht Bacon Zweifel abschüttelt. Er ist sich der vielen praktischen Unzulänglichkeiten seines Systems bewußt, aber er hält an seinen Grundprinzipien fest. Er erachtet z. B. die fehlerfreie Feststellung von einfachen Eigenschaften nicht für ein Hauptproblem, noch glaubt er irgendein großes Problem zu erkennen, das auf dem Weg des Menschen zu einer unvermittelten Auffassung der Wahrheit sich an irgend einem Punkt des Induktionsprozesses aufrichten könnte. Hinsichtlich der einfachen Eigenschaften müssen wir uns auf »kräftigere Hilfsmittel zum Gebrauch des Verstandes« verlassen, die Bacon nur ansatzweise im Buch II des *Novum Organum* erwägt (die privilegierten Fälle); im Buch I äußert er sich so:

»Wer meine Beschreibungen und Tafeln der Entdeckungen studiert, wird zweifellos einiges an den Experimenten finden, das nicht völlig gewiß und vielleicht sogar völlig falsch ist. Das wird vielleicht manchen auf den Gedanken bringen, daß die Grundlagen und Prinzipien, auf denen meine Entdeckungen beruhen, falsch und zweifelhaft sind. Aber daraus lassen sich keine Schlüsse ziehen; denn so etwas muß zu Anfang passieren. Das gleicht dem Vorkommen von einem oder zwei falschen oder versetzten Buchstaben auf einer geschriebenen oder gedruckten Seite; der Leser wird dadurch nicht behindert, denn solche Irrtümer sind leicht durch den Verstand richtigzustellen.« (*NO* I, 118; *Works* IV, 105)

Wenn Bacon oder andere Forscher Fehler begehen, können sie leicht von denen, die nach ihnen kommen, korrigiert werden (siehe IV, 19). Dieses Vertrauen in die Möglichkeiten des Wissens genießt anscheinend ein Vorrecht vor den Besonderheiten der Methode; es dürfte wohl eine Funktion der anderen Aspekte von Bacons revolutionärer Haltung sein.

Die *Historia Ventorum* (Beschreibung der Winde), die 1622 zusammen mit der *Historia Naturalis* als die erste Fortsetzung von Bacons Schriften zur Naturgeschichte ausgeliefert wurde, bietet für seine wissenschaftliche Praxis ein ebenso gutes Beispiel wie jede andere Schrift. Es wird genügen, daraus einen einzigen Abschnitt als Beleg dafür zu zitieren, daß aus dem Blickwinkel des 20. Jahrhunderts hier in der Tat eine gewisse kindliche Unschuld in bezug auf metereologische Fragen vorliegt.

»Gewiß ist, daß in Europa der Ostwind scharf und austrocknend ist, der Westwind hingegen feucht und warm. Verhält es sich nicht deshalb so, weil (vorausgesetzt, die Luft strömt von Ost nach West) der Ostwind, der sich in derselben Richtung bewegt, die Luft verfeinert und zerstreut, sie also trocken und schneidend macht, während der Westwind, der sich in der entgegengesetzten Richtung bewegt, die Luft anstaut und verdichtet, und sie daher weniger scharf und schließlich feucht wird?« (IV, 147 f.)

Doch wenn Bacon hier beweist, daß sein spekulativer Geist noch immer tätig ist (freilich zu keinem guten Ende, gemessen an der Vorhersage seiner Philosophie), so scheint die *Historia Ventorum* generell doch Bacons Idealen so nahe gekommen zu sein, als man es von ihm erwarten durfte – bei einem Monat Arbeit, die er sich für diese besondere Aufgabe reserviert hatte. Sein grundlegender Kompromiß ist natürlich der, daß er sich eher auf traditionelle Gelehrsamkeit in der Art des Plinius als auf seine eigenen Beobachtungen verläßt, es sei denn, sie würden sich aus seiner alltäglichen Erfahrung ergeben (wie es oben geschieht). Diese Abgeleitetheit stempelt die *Historia Ventorum*, wie alle anderen Historien Bacons, zur bloßen Repräsentation oder Imitation einer ›Baconschen‹ Historie – ein interessanter fiktionaler Status, der später noch diskutiert werden soll. Bacon neigt auch dazu, geheime Prämissen einzuführen, wie jene oben erwähnten über die physikalischen Eigenschaften feuchter und trockener Gase. Er spricht darüber hinaus kein wissenschaftliches Publikum an, sondern – wie er in seinem Vorwort zur *Historia Naturalis* gesteht – eher zu künftigen Wissenschaftlern, denen er nicht nur ein Beispiel der neuen Methode gibt, sondern auch ein lebhaftes Bild ihrer Fähigkeit, Axiome zu erzeugen. In dem oben zitierten Abschnitt versucht Bacon offensichtlich, alle seine Annahmen zu explizieren; seine Ideen werden als Fragen vorgebracht, die weitere Untersuchungen nahelegen – und keineswegs als Schlußfolgerungen. Der größte Teil dieser Historie präsentiert wirklich »Tatsachen«, die unzusammenhängend und versuchsweise katalogisiert werden, aus denen der Autor jedoch keine endgültigen allgemeinen Schlußfolgerungen zieht. Die zugehörigen Fragen und Beobachtungen, streng begrenzt auf solche, die zufällig das Bewußtsein des Beobachters kreuzen, werden angeblich »mit geradezu religiöser Sorgfalt« in diesen Historien registriert (*Parasceve*, 9; *Works* IV, 261). Die Langweiligkeit und Banalität dieser Kataloge ist natürlich genau dasjenige Charakteristikum, durch das das revelatorische Neue der Natur offengehalten werden soll. Nichts könnte wohl belebender auf diese Eintragungen wirken als die geheime Ordnung, die sich im Lauf der Zeit offenbart.

So weit es induktive Verallgemeinerungen betrifft, lockert Bacon die Regeln und erlaubt eine Erste Lese [First Vintage] oder ein »Gewähren des Verstandes«. Wenn ich die dürftige Beschreibung im *Novum Organum* richtig verstehe, kann die Erste Lese entweder eine Verallgemeinerung darstellen, die auf einer unvollständigen oder nicht verifizierten Reihe von Daten basiert (»denn jede Wahrheit wird eher aus dem Irrtum hervortreten als aus der Unordnung«; IV, 149), oder aber eine übereilte Verallgemeinerung, die nicht die Unumgänglichkeit und Unmittelbarkeit einer reinen Ausschließung besitzt, oder sie weist beide Mängel zugleich auf. Bacon behauptet freilich niemals, daß die Erste Lese wirklich von Bedeutung sein wird, sobald das induktive Vorhaben in Gang gekommen ist. Sie spielt immerhin eine wichtige Rolle im *Novum Organum*, da ein unvollständiges Beispiel von Induktion durch Ausschließung offenbar das einzige ist, das Bacon in diesem Augenblick geben kann.

Vorläufig können wir diese und andere Notbehelfe übergehen. Welche Kompromisse zu Beginn und bei der weiteren Durchführung eines neuen Unternehmens auch immer zu schließen sind, so wird doch in der *Instauratio Magna* von 1620 der überwältigende Nachdruck auf das Ziel einer unvermittelten, zuverlässigen Erkenntnis des Naturgesetzes gelegt. Dieses Ziel wird nicht als ein entlegener Traum dargestellt, sondern als etwas, das in wenigen Generationen von Leuten mit durchschnittlicher Begabung bewerkstelligt werden kann. Wenn Bacons Werk sich auf das Was und das Wie des Entdeckens und daher auf das Neue angesichts einer bestimmten Tradition konzentriert, so repräsentiert das Prinzip der Unmittelbarkeit, das (wie bereits gesehen) Bacons Methode der Beobachtung und der Schlußfolgerung durchdringt, eine Anwendung oder Funktion dieses zentralen Themas: Im besonderen betrifft es Bacons revolutionären Bruch mit der Vergangenheit und seine Tendenz, die Präsenz des Neuen durch Abwesenheit von Tradition, Spekulation, abstrakten Beweisgründen und persönlichem Interesse erreichen zu wollen. Von diesem Gesichtspunkt aus wird Bacons Anpassung an humanistische Ideen von der Einheit der Erkenntnis, von rhetorischer und dialektischer Teilung usw. nicht zu einer Quelle der Inspiration, sondern zu der unvermeidlichen Beschränkung, die eine derart eigensinnige und unabhängige Vision zersetzen muß.

Es ist darüber hinaus fragwürdig, den Baconschen Entwurf als naiv anzusehen – ein Wort, mit dem schon viele es zu charakterisieren suchten. Welche andere »Methode«, als wirklich seine eigene Unabhängigkeit von der Vergangenheit zu proklamieren, kann man sich zu dem Versuch ausdenken, die Möglichkeit der Unabhängigkeit zu erkunden? Überdies setzen sich alle Methoden, die auf zuverlässiges Wissen zielen, an irgend einem Punkt dem Vorwurf der Naivität aus. Vielleicht ist das Vermeiden von halbherzigen Maßnahmen ein ebenso gültiger Ansatz wie jeder andere – wir sind hier jedoch in Gefahr, der Vermutung auf den Leim zu gehen, daß Bacons Position in dem gewohnten Sinn »durchdacht« ist, während sie doch vor allem in ihrer primären Eigenart als visionärer Realismus zu begreifen ist. Mit anderen Worten, Bacons Fundamentalismus, seine Forderung, mit der Gewißheit sowohl zu beginnen wie aufzuhören, schließt keineswegs die Behauptung der Unkorrigierbarkeit ein. Es fehlt der unbeholfene cartesianische Ausfall gegen die Integrität eines Schöpfers, der uns gefälligst nicht zum Narren halten solle; Bacon würde die unzähligen Versuche der letzten dreihundert Jahre, eine logische Verteidigungslinie für die Forderungen nach wissenschaftlicher oder philosophischer Gewißheit aufzubauen, mit einer Mischung aus Entsetzen und Resignation betrachtet haben.[7]

Dadurch, daß die Beziehung von Bacons Methode zu seiner Haltung gegenüber der Vergangenheit aufgezeigt wird, erhellt sich auch der Charakter seines Projekts von Forschung und Revolution, und dessen zentrale Stellung tritt hervor. Indem die Leser auf die Einschränkungen achten, die Bacon vorzunehmen gezwungen ist, indem sie die Unhaltbarkeit seiner Forschungslogik demonstrieren und indem sie schließlich Ähnlichkeiten zwischen den Baconschen Vorstellungen über die hypothetisch-deduktive Methode und denen des 19. und 20. Jahrhunderts sowie zwischen den verschiedenartigen literarischen Vorstellungen von produktiver Einbildungskraft herauszufinden versuchen, unterschätzen sie manchmal die im Kern große Einfachheit und Kraft von Bacons Vision. So beginnen ihre Kommentare gelegentlich mit der Behauptung, Bacons Forschungslogik sei häufig grob vereinfacht und mißverständlich dargestellt.

Es ist z. B. darauf hingewiesen worden, Bacons Erste Lese entspreche ganz klar dem Hypothesenbegriff, der in der modernen Wissenschaft eine so wichtige Stellung einnimmt. Im Unterschied aber zu wirklichen Hypothesen folgen diese »Essays«, wie Bacon sie nennt, erst dann, wenn schon eine große Menge von Daten ausgesiebt worden ist, und sie verlassen sich weniger auf Erfindungsgabe oder Versuch und Irrtum, sondern drücken, wie Lisa Jardine meint, eine »vorsichtige Schätzung« aus,[8] bei der der Verstand nicht eben kreativ tätig ist.

Wie R. L. Ellis in Übereinstimmung mit Thomas Fowler sagt: »›Der Verstand ist dazu verurteilt, dem ihm natürlichsten Weg folgen zu müssen.‹«[9] Ellis zieht einen gelungenen Vergleich mit Kepler: Während Bacon seine wissenschaftliche Methode ausarbeitete, war Kepler, unterstützt von seiner ungewöhnlichen natürlichen Begabung, im Begriff, neunzehn verschiedene Hypothesen zur Erklärung der Planetenbewegungen zu erproben. In keinem Fall konnte Bacons Erste Lese, bei der *alle* Menschen gute Winzer sind, für das, was Kepler tat, ein geeignetes Modell sein – ungeachtet der bemerkenswerten Demut des Astronomen. Der grundlegende Gedanke Bacons von einem graduellen, Schritt für Schritt vollzogenen Aufstieg zu den Axiomen und einem Abstieg zu den Werken[10] beeinflußt auch seine Vorstellung einer Lese.

L. Jonathan Cohen hat kürzlich vermutet, daß Bacon »sehr stark mit Wahrscheinlichkeitsüberlegungen beschäftigt« war, obgleich er das nicht ausdrücklich bekundet hat. Nach Cohens Meinung ist es das Verfahren der Baconschen Wissenschaft, daß sie »die Zuverlässigkeit [d. h. Wahrscheinlichkeit] eines bisher nicht falsifizierten Axioms [...] in dem Maße einstuft, wie es die Liste der privilegierten Fälle hindurch getestet worden ist«[11]. Ein nicht falsifiziertes Axiom jedoch, das mittels der eliminierenden Induktion (wie sie Bacon auffaßt) erstellt würde, wäre auch ein nicht falsifizierbares; es wäre auch das einzige Axiom, das mit Hilfe dieser Methode erstellt werden würde. »Es wird dann in der Tat, nachdem Zurückweisung und Ausschließung vorschriftsmäßig durchgeführt wurden und während sich alle flüchtigen Meinungen in Rauch auflösen, auf dem Grunde eine Form zurückbleiben, die positiv bestätigt, stabil, wahr und gut definiert worden ist.« (*NO* II, 16; *Works* IV, 146) Außerdem helfen die privilegierten Fälle bei der Entdeckung der Form, nicht jedoch im nachhinein bei ihrer Verifikation. Im *Novum Organum* II, 10 erläutert Bacon, er werde zunächst von der Induktion und dann von den Fällen sprechen; die Anordnung der Untersuchung sei freilich genau umgekehrt. Schließlich zieht Bacon tatsächlich einige privilegierte Fälle heran, z. B. die ›Leuchtenden Fälle‹ [Shining Instances] für seine exemplarische Induktion der Form der Wärme (IV, 150), und in Buch II, 19 führt er sie vor allem ein, um den Prozeß der Ausschließung zu fördern.

Das eigentliche Problem ist hier die Bedeutung von Bacons Erklärung: »Ich schlage vor, sukzessive Stufen der Gewißheit einzuführen«, welche sich im Vorwort des *Novum Organum* (IV, 40) findet; und dieses Ziel erwähnt er wiederum in Buch II, 19: »gradibus debitis certitudinis« (I, 216). »Stufen der Gewißheit« ergibt natürlich in diesem Kontext ein Oxymoron. Entweder ist man sich einer Sache gewiß, oder man ist es nicht. Wozu bei Bacon eine solche Redewendung? Vermutlich nicht deshalb, weil er auf »Stufen der Wahrscheinlichkeit, die in Gewißheit enden« abzielt, wie es Cohen erwartet, sondern deshalb, weil er auf die konkurrierende Epistemologie, die Acatalepsia der skeptischen Neuen Akademie anspielt, an die er im vorhergehenden Absatz des Vorwortes gedacht haben mag. Die Neuen Akademiker, einschließlich ihres Mitläufers Cicero, machten sich eine Wahrscheinlichkeitslehre zu eigen, die drei Stufen unterscheidet: den ursprünglichen Sinneseindruck, die Gesamtheit der in einem gewissen Zeitraum auftretenden Eindrücke und die Untersuchung dieser sinnlichen Gesamtheit durch die Vernunft.[12] In dieser Progression könne niemals, so dachten die Neuen Akademiker, Gewißheit erreicht werden; jede dieser Stufen gewährt nur eine Wahrscheinlichkeit, obgleich diese Progression der Akademiker, ähnlich der Methode Bacons, induktiv und empirisch ist. Bacon spielt auf diese Stufen von Wahrscheinlichkeit im *Novum Organum* I, 67 an.[13] Wenn wir annehmen, daß die irritierende Wendung zumindest bei einigen seiner Leser etwas in Erinnerung rufen sollte, können wir den Schluß ziehen, daß Bacon den Ausdruck »progressive Stufen der Gewißheit« wählte, um die Aufmerksamkeit auf den tiefen Abstand zwischen ihm und den Skeptikern zu lenken. Diese schwelgten in dem schlechten Glauben an die Wahrscheinlichkeit, anstatt zu versuchen, nach der Wahrheit zu greifen. Sein Entwurf dagegen beruht auf den Stufen der Gewißheit – d. h. auf Ebenen von fortschreitend weiter gefaßten induktiven Verallgemeinerungen, von denen jede nicht wahrscheinlich, sondern gewiß ist.

Ein verwirrender Aspekt der Baconschen Idee der Induktion besteht eben darin, daß eine Form in Ausdrücken einer noch höhergradigen Verallgemeinerung definiert werden muß, während die Methode von Ebene zu Ebene voranschreitet. Wie können die Begriffe der höheren Ebene schon auf der tiefer gelegenen bekannt sein? Verhält es sich nicht so, daß auf der tieferen Ebene bloß die wahrscheinliche Definition einer gegebenen Form zustande kommt? Eine mögliche Antwort wäre, daß eine Definition zwar gewiß, zugleich aber auch unspezifisch sein kann. Bacons Definition von Wärme ist unspezifisch, weil er noch nicht über einen strengen Begriff der einfachen Eigenschaften verfügt. Diese Eigenschaften werden zuverlässige Begriffe für Beschreibungen und Schlußfolgerungen bereitstellen; und wenn auch die Dinge im Trüben beginnen, so werden sie doch deutlicher werden:

»Es gibt keinen Grund, über die subtile Vielschichtigkeit der Untersuchung beunruhigt zu sein, so als ob sie nicht entwirrt werden könnte. Ganz im Gegenteil, je mehr man sich den einfachen Eigenschaften nähert, desto einfacher und zügiger wird alles vonstatten gehen. Die Aufgabe wird sich vom Verwickelten zum Einfachen verlagern, vom Unvergleichbaren zum Vergleichbaren, von den irrationalen zu den rationalen Größen, vom Unendlichen und Unbestimmten zum Endlichen und Begrenzten; ähnlich, wie es mit den Buchstaben des Alphabets und der Notenschrift zugegangen ist. Und die Erforschung der Natur wird die besten Ergebnisse zeitigen, wenn sie mit der Physik anfängt und mit der Mathematik aufhört.« (*NO* II, 8; *Works* IV, 126)

Bacons Wendung von der »zerbrochenen Erkenntnis«, die in Kapitel 1 einen Schlüssel bot, um die wechselseitigen Beziehungen von eliminierender Induktion und prophetischer wie mystischer Erfahrung, besonders der *via negativa* zu verstehen, hat einen weiteren Anlaß für Mißverständnisse gegeben. Michael Hattaway, der zuerst bemerkte, daß Bacon diese Formulierung gebrauchte, um von der durch Aphorismen gewonnenen Offenbarung *und* Erkenntnis zu sprechen, zieht den Schluß, daß

Bacon die »kreative Hypothese«, den »Sprung in die Theorie« verteidigt und daß dies in seiner Wissenschaft »einem Akt des Glaubens analog« ist.[14]

Nachdem wir oben Bacons revolutionäre Haltung und seine wissenschaftliche Methode kritisch durchmustert haben, können wir nun zur Behauptung des Gegenteils übergehen: Die Methode der Negation, die tatsächlich einem Akt des Glaubens analog ist, impliziert nicht nur den Ausschluß falscher Antworten, sondern auch in großem Umfang den Ausschluß der kreativen Fähigkeiten von Intelligenz und Einbildungskraft auf seiten des Wissenschaftlers, der die Hypothesen hervorbringen soll. Nur eine derartige Ausschließung ist imstande, die Wahrheit, d. h. das wahrhaft Neue, sich von außerhalb der Reichweite des Wissenschaftlers nach dem Muster der prophetischen Divination manifestieren zu lassen. Wie Bacon in *Cupid and Coelum* selbst andeutet, ist die Nacht ein konventionelles Bild für Gott den Schöpfer. In der Tat spielt sie eine Rolle in der unter orphischen, neuplatonischen und hermetischen Einflüssen stehenden christlichen Theologie, und sie vertritt die unerkennbare und umfassende Liebe und Macht Gottes. Die Baconsche Nacht der Negation dagegen hat letztlich diese theologische Nacht ihrer göttlichen Präsenz beraubt: sie ist jetzt die Finsternis des Zweifels, die skeptische Nacht eines Descartes und das Dunkel des Nichts, zu dem nach Meinung Pascals die moderne Vernunft führt.[15]

Ohne die zentrale Bedeutung von Gewißheit und Negation in Frage zu stellen, zeigt Mary Hesse in ihrer gründlichen und verständnisvollen Analyse der Baconschen Methode, daß bei deren Anwendung die Elemente der Hypothese und der Deduktion unweigerlich eine Hauptrolle zu spielen beginnen. Hesse unterstellt allerdings nicht, daß sich Bacons Denken genau entlang dieser Begriffe entfaltete; sie stellt fest, daß »unglücklicherweise der größte Nachdruck auf die induktive Methode gelegt worden ist«, und zumal auf Bacons »spezielle Anschauung der Formen«.[16] Wenn Bacons Leser darauf wirklich solchen Nachdruck gelegt haben, so sind sie ihm darin – wie wir gesehen haben – treu geblieben: seine Philosophie der Forschung geht bis zum Äußersten, ist unpragmatisch und bedarf also gewiß der Modifikation und des Kompromisses.

Und trotz seines Verlangens, »sich mit der Natur zu einigen« und den Verstand in Schach zu halten, ging Bacon »mit einem aktiven Geist an die Natur heran«[17], wie Fulton Anderson sagt – und zwar so sehr, daß Anderson sogar zweifelt, ob Bacon wirklich ein Empirist genannt werden darf. Bacons Ansichten über die Elementarteilchen, die zwei Arten der Seele, den Lebensgeist, die großen Fehler des Kopernikus sowie über die Wirkungen des Mondes auf die Gezeiten (einmal richtig getroffen!) sind natürlich zwangsläufig provisorisch und in der Schwebe, solange nicht durch den Ausgang einer eliminierenden Induktion über sie entschieden wird. Wie zu erwarten, gehen Bacons Annahmen über die Natur der Dinge reibungslos mit seiner wissenschaftlichen Methode zusammen. Seine Methode ließe sich nur in den allerwenigsten Fällen *nicht* anwenden, wenn die Natur so wäre, wie sie sich Bacon vorstellte. Ähnlich wie bei seinem Rückgriff auf religiöse Metaphern und Gedanken wird auch hier mit traditionellem Material radikal umgegangen, um dem Neuen zu dienen. Bacons Naturphilosophie scheint geradewegs dazu bestimmt, den Weg für jene revolutionären Eigenschaften und Werte des Wahrnehmens und Schließens zu bahnen, für die Bacon eintritt.

Ohne die Annahme, daß es z. B. relativ wenige einfache Eigenschaften in der Welt gibt, könnte keine Induktion nach Baconschem Muster zu einem sicheren Schluß gelangen. Seine Idee der Formen wiederum setzt voraus, daß die in dem Puzzle der Induktion auftauchenden Antworten genau zu der formulierten Art von Fragen passen. Das kommt daher, daß Bacon die Formen als »Natur erzeugende Natur«, als »natura naturans« (*NO* II, 1) ansieht. Sie repräsentieren ein aktives, lebenswichtiges Prinzip in der Natur, das sowohl das »Was« wie das »Wie« der Dinge begründet, und sie entsprechen den mittelalterlichen wie den in der Renaissance vertretenen vitalistischen Auffassungen der Natur. Da man sie so mächtig glaubt, verleiht auch ihre Erkenntnis Macht und kann unmittelbar zu Erfindungen führen. Bacons radikale Verschmelzung von Theorie und Praxis und seine radikale Forderung nach Unmittelbarkeit auf allen Ebenen der wissenschaftlichen Methode werden demnach autorisiert durch seine traditionelle Vorstellung der Natur. Die schöpferische Passivität des wissenschaftlichen Geistes wird sich gewiß auszahlen, da in den Formen, den Gegenständen jener Wissenschaft, Macht verborgen ist. Ganz anders verhält es sich mit dem Gegenstand einer späteren Wissenschaft, der *natura naturata*, den geschaffenen Dingen der Natur, die nichts als hilflose Glieder der über sie wirkenden Kausalkette sind und die nach dem aktiven Eingreifen und dem Plan eines Newton verlangen.

Bacons Vitalismus, der vom Gedanken eines vorurteilsfreien Zusammenwirkens mit der Realität ergänzt wird, findet im 20. Jahrhundert bei wenigstens einem Philosophen der Wissenschaft Zustimmung. Über Bacons vitalistische Zuerkennung von »Wahrnehmungs«fähigkeiten an unbelebten Gegenständen bemerkt A. N. Whitehead:

»Ich glaube, daß Bacons Denklinie eine grundlegendere Wahrheit ausgedrückt hat als die materialistischen Konzepte, die damals übereinstimmend mit der Physik gestaltet wurden. Wir sind heute so sehr die materialistische Betrachtungsweise gewöhnt, die durch den Genius des siebzehnten Jahrhunderts in unserer Literatur verwurzelt wurde, daß es uns einige Schwierigkeiten bereitet, die Möglichkeit einer anderen Zugangsweise zu den Problemen der Natur zu verstehen.«[18]

Whiteheads »Materialismus« versteht Natur als *naturata*; Bacons Vitalismus ist natürlich einfach eine andere Art von Materialismus. Darüber hinaus gebraucht Whitehead die beiden offensichtlich am breitesten anerkannten Wertbegriffe des 20. Jahrhunderts, nämlich »unmittelbar« und »konkret«:

»Man kann gar nicht genug betonen, daß der Schlüssel zum Prozeß der Induktion, wie sie sowohl in der Wissenschaft als auch in unserem Alltagsleben angewandt wird, im richtigen Verständnis des unmittelbaren Ereignisses der Erkenntnis in seiner vollständigen Konkretheit liegt.«[19]

Welche Bedeutung für die wissenschaftliche Methodologie sie auch haben mag, so unterstreicht Whiteheads Bewunderung für Bacon die Vielschichtigkeit von Ideologiekritik. In ihrem »Begriff der Aufklärung« greifen Max Horkheimer und Theodor W. Adorno gerade das an, was ich soeben als Bacons vielseitigen Drang nach Gegenwart umschrieben habe: Das Verlangen nach sicheren, unzweideutigen Antworten auf die fundamentalen Fragen der menschlichen Existenz und die losgelöste Objektivität der wissenschaftlichen Bemühungen Bacons spiegeln für sie einen patriarchalen Autoritarismus, einen Willen zur Herrschaft, der die verschiedenartigsten politischen und sozialen Kontrollmechanismen verstärkt – vor allem diejenigen, die für die bürgerliche Gesellschaft unentbehrlich sind.[20] Whiteheads Bewunderung für Bacons Vitalismus kompliziert neuere wissenschaftliche Einschätzungen dessen, wie die modernen Wissenschaftler die weibliche Gestalt der Natur auf ein lebloses, passives Wesen reduzieren, das der Gewalt einer »losgelösten« und »objektiven« männlichen Forschungsweise unterworfen sei.[21] Gewiß suggeriert Bacons Sprache, die oft die Natur als Frau beschreibt, die durch die geistige Macht des männlichen Wissenschaftlers unterjocht werden soll, daß die Unterordnung der Frauen und der Fortschritt der Wissenschaft ein selbstverständliches Verhältnis eingehen, und sie antizipiert eine untergeordnete Rolle der Frauen in jeder Gesellschaft, zu der die Naturerkenntnis beitragen soll.[22] Wir haben jedoch gesehen, daß die extreme Entmenschlichung des Baconschen Wissenschaftlers nicht einfach mit der komplementären Entmenschlichung des weiblichen Untersuchungsgegenstandes Hand in Hand geht, sondern mit einer irgendwie anachronistischen Rückkehr zu einem robusteren weiblichen Abbild von Natur als *natura naturans*. Der Wissenschaftler bleibt stumm, so daß »sie« beredt sprechen kann – aber durch ihn, versteht sich.

Eine ähnliche Komplexität von Bedeutungen kann in den prophetischen und utopischen Zusammenhängen entdeckt werden, in deren Kontext Bacons Forderung nach Gewißheit steht. Mit eigentlich ganz anderen ideologischen Absichten liefert Benjamin Nelson Materialien für eine Kritik der Aufklärung, wenn er behauptet, daß »nicht einer der Pioniere der neuzeitlichen Wissenschaft ein Probabilist war«[23]. Kopernikus, Galilei, Kepler, Descartes, Pascal – und Bacon –, allesamt revoltieren sie gegen den Gedanken, daß unser Wissen ein nur wahrscheinliches sein könne, und gegen die »fiktionalistische« Annahme, daß wir nur plausible Erklärungen für Ereignisse aufstellen können, deren wirkliche Natur, wenn es sie überhaupt gibt, unserer Erkenntnis entgeht. Für Nelson ist diese Begierde nach Gewißheit, die unserem eigenen improvisierenden Zeitalter so irregeleitet erscheint, nicht eine seltsame Begleiterscheinung, sondern eine treibende Kraft hinter der revelatorischen Sendung dieser Männer.[24] Ungeachtet der Auffassung B. Nelsons kann dem Fiktionalismus durchaus ein Beigeschmack von Freiheit und Pluralismus anhaften. Aber in einem Zeitalter, in dem der Status des Gedankens, wie Adorno hervorhebt, zu einem der Ware geworden ist und in dem die Wissenschaftler in einer Atmosphäre atemloser und häufig geheimnistuerischer Konkurrenz arbeiten, besitzt Bacons Forderung nach Gewißheit, zumindest als Bestandteil seines gesamten Programms wissenschaftlicher Zusammenarbeit und öffentlicher Wohlfahrt, auch eine radikale Bedeutung.

Wir haben gesehen, daß Bacon experimentelle Wahrheit und technische Anwendung gleichstellt (»was in der Betrachtung als die Ursache existiert, existiert in der Handlung als die Regel«; *NO* I, 3). Das heißt nun nicht, daß Bacon sich an den utilitaristischen Glauben hält, eine Aussage besitze außerhalb ihrer Verwendbarkeit in besonderen Situationen keine Wahrheit. Wie Paolo Rossi betont, kann *die* Wahrheit über die Natur nur durch einen experimentellen Prozeß aufgedeckt werden, der von sich aus technische Anwendungen eröffnet: »Eine wissenschaftliche Wahrheit erweist sich immer als fruchtbar und ihre Fruchtbarkeit hängt ausschießlich von ihrer Wahrheit ab. Eine praktische Anwendbarkeit ohne Wahrheit ist für Bacon willkürlich und vom Zufall regiert, unfähig zu Fortschritt und Entwicklung. Es beschäftigt ihn, daß der theoretische Fortschritt und die allgemeine ›Förderung‹ des menschlichen Daseins nicht getrennt betrachtet werden dürfen.«[25] Es wäre sehr schwierig gewesen für ein Mitglied des englischen Adels im frühen 17. Jahrhundert, die radikalen Implikationen dieser Gleichung von Wahrheit und Macht zu erfassen oder zu explizieren; indessen scheinen diese Implikationen mit dem gesamten Charakter des Baconschen Programms nicht unvereinbar zu sein. Wenn Nützlichkeit (d. h. die allgemeine Förderung der menschlichen Existenzbedingungen) und Wahrheit eins sind und beides durch kooperative Anstrengung erreicht wird, könnte eine Welt mit weitgehend ungleichen Existenzbedingungen und Chancen dem Fortschritt der Wahrheit enge Grenzen auferlegen. Diese Bedeutung wird vielleicht erst in dem ökonomisch integrierten Weltdorf von heute plausibel, mit seiner äußerst ungleichen Verteilung von Gütern, Wissen und Macht. Ohne wirklich nützlich zu sein, d. h. ohne eine menschliche Verwirklichung durch eine gemeinschaftliche Transformation der Natur allgemein anzustreben, würde man die »Wahrheit« außerhalb von örtlich begrenzten, kultivierten Einsichten sowie ihrer örtlich begrenzten Umsetzung durch exklusive Zirkel keineswegs erreichen. Von diesem Blickpunkt aus bleibt Bacons Projekt für ein radikal nichtautoritäres, sozialistisches Engagement offen – für ein Engagement, das die Unvermeidlichkeit des Pluralismus sofort zur Geltung brächte. Das Projekt könnte auch einen adäquaten Ausdruck in der Vision eines rationalen, universalisierten Diskurses finden, wie sie sich etwa in der Kommunikationstheorie von Jürgen Habermas ausspricht.

Ich beanspruche jedenfalls nicht, daß meine Analyse der Baconschen Wissenschaft Gewißheit bringt. Bacon selbst scheint sehr viele Einzelheiten nicht zu Ende gedacht zu haben, und den Kommentatoren fällt es daher leicht, eine Sicherheit zu gewinnen, die er niemals besaß. Seine Gesamttendenz ist jedoch nicht zu verkennen.

5.
Wider den Text

Mit der einflußreichen Lesart eines Coleridge und Shelley als Standards sind wir Literaturwissenschaftler bereits sehr weit gegangen, um Bacon nach unserem Bildnis und nach eng aufgefaßten professionellen Interessen umzumodeln. Er ist ein »Meister der englischen Prosa«, der einen starken Einfluß auf die spätere Entwicklung von Stil und Sprache ausgeübt hat, und das bestimmt den Autor zur Mitgliedschaft in einem besonderen Wissensarchiv und unterwirft ihn gewissen Interpretationsnormen, die ihn, im Fall Bacons zumindest, verharmlosen. Jene Interessen könnten als die literarischen Ergebnisse der von Coleridge propagierten poetischen oder schöpferischen Einbildungskraft bestimmt werden, in deren Licht jede Wahrheit notwendig erscheint:

»Die primäre *Imagination* halte ich für die lebendige Kraft und den Urheber aller menschlichen Perzeption und für eine Wiederholung des sich im unendlichen *Ich bin* vollziehenden ewigen Schöpfungsaktes im unendlichen Geist. [...] Sie löst auf, gießt auseinander, zerstreut, um neu zu schaffen; oder wo sich dieser Prozeß als unmöglich erweist, bemüht sie sich zumindest mit allen Kräften darum, zu idealisieren und zu vereinigen. Sie ist wesentlich lebendig, eben wie alle Objekte (als Objekte) wesentlich fixiert und tot sind«.[1]

Diese Definition vereint die prophetische Inspiration mit den menschlichen Gaben der Schöpfung und, auf der Erfahrungsebene, mit dem Wahrnehmen und Entdecken, und sie bietet zugleich eine klassische Darlegung dessen, was oft zu einer Häufung von Gemeinplätzen heruntergekommen ist: Es gibt keine Erkenntnis der Welt ohne die kreative Mithilfe der menschlichen Intelligenz, es gibt keine Erforschung ohne Interpretation und keine bedeutsame Wirklichkeit außerhalb von Perspektiven, die durch historische Zusammenhänge bedingt sind; und daher existiert auch keine Präsenz, keine Erkenntnis und keine Erfahrung ohne das verwandelnde, wiedererschaffende und assoziative Sprachorgan der Tropen und Figuren. In diesem Kontext reagieren Shelley und viele andere Leser auf Bacons Eloquenz, indem sie ihn einen Dichter nennen, einen Gesetzgeber des Empfindens, der durch die Vermittlung einer verwandelnden, poetischen Sprache wirkt. In dieser Weise scheinen sie jedoch den wesentlichen Antrieb von Bacons Vision, wie sie in jener Eloquenz zum Ausdruck kommt, zu verkennen oder falsch zu deuten. Mir liegt vielmehr daran, das grundlegende Interpretationsproblem bei Bacon darzustellen und zu zeigen, daß der eloquente Text gegen die Eloquenz selbst gerichtet ist. Und dieses Problem ist sinnvollerweise zu begreifen in den Termini von Tradition und Innovation, d. h. von Bacons Nebeneinanderstellung der reformerischen und der revolutionären Haltung. Sein schließliches Scheitern an diesem Problem definiert die Grenze seiner revolutionären Haltung und bestimmt zugleich die wesentliche Bedingung seiner Modernität.

Nach Coleridges Ansicht verkörpern Plato und Bacon (»der britische Plato«) zwei komplementäre Zugänge zur Wahrheit: Beide verwenden die induktive Methode, um die Idole zu überwinden – der eine, um das Denken zu erforschen, der andere, um die Natur zu untersuchen. Ihre Auffassungen des Forschenden, also des Geistes, sind »identisch«:

»Aber Lord Bacon setzt überall voraus und sagt es häufig ausdrücklich, daß in jedem Vernunftwesen potentiell, wenn schon nicht aktuell, ein Etwas liegt, das man meinethalben reine Vernunft, Geist, *lumen siccum*, νους, φως νοερόν, intellektuelle Anschauung usw. nennen kann, und daß in diesem Etwas die unentbehrlichen Voraussetzungen aller Wissenschaft und aller wissenschaftlichen Forschung zu finden sind, seien diese nun meditativ, kontemplativ oder experimentell.«[2]

Bacons nahezu vollständige Absage an Plato, Aristoteles und andere Philosophen, seine besondere Induktionsmethode und sein »kriecherischer, käuflicher und bettlerischer« persönlicher Ehrgeiz[3] sind Verirrungen, die bemerkt und dann übergangen werden, um schließlich die zugrundeliegende Einheit von Platos Idealismus und Bacons Empirismus begreifen zu können.

In dieser Weise vernimmt Coleridge die gedankenschweren Harmonien der abendländischen Philosophie. Obgleich Bacons revolutionäre Haltung in ihrem eigenen Kontext modifiziert werden muß, entspricht sie vollauf seiner Epistemologie, die das wahrhaft Neue ergreifen und erfinden möchte, indem sie den Geist zur tabula rasa macht – und nichts könnte Bacons Auffassung eines angemessen geleiteten menschlichen Verstandes ferner liegen als der neuplatonische Göttliche Geist.

Der Baconsche Beobachter handelt nicht als ein Vermittler, der die »unveräußerlichen Bedingungen« der Erkenntnis aufstellt; er kämpft darum, jenen Bedingungen gegenüber offen zu bleiben und ihnen zu gehorchen, so wie sie ihm die Natur aus heiterem Himmel auferlegt.

In seinen Erläuterungen zu den Mythen von Pan und Echo reinterpretiert Bacon ein neuplatonisches Motiv, dasjenige Echos als des göttlichen Wortes; und er präsentiert dabei seine eigene, äußerst antiplatonische Auffassung von der radikalen Offenheit des Wissenschaftlers. Dieser muß sich von der natürlichen Hervorbringung des Wissens fernhalten, indem er um der Selbstinterpretation der Natur und der rigorosen Eindeutigkeit des wissenschaftlichen Textes willen eine unbeschriebene Tafel bleibt.

»Die Welt [d. h. Pan] hat also weder Liebe noch irgendein Bedürfnis (weil sie mit sich selbst zufrieden ist), außer dem der *Rede*. Derart ist die Nymphe Echo nicht ein substanzielles Etwas, sondern bloß ein Laut; oder sie wird *Syrinx* [Panflöte], falls es sich um etwas genauer und feiner Ausgeführtes handelt – nämlich um Worte und Laute, die durch Maßzahlen, poetische und oratorische, geregelt und moduliert werden. Es ist freilich wohl eingerichtet, daß unter allen Worten und Lauten Echo allein der Welt zum Weibe gegeben werden soll. Denn das ist die wahre Philosophie, die am getreuesten die Laute der Welt selbst widerhallen läßt und die so geschrieben ist, als wäre es auf das Geheiß der Welt hin geschehen, denn sie ist nichts anderes, als dessen Spiegelung und Bild, zu dem sie nichts Eigenes hinzufügt, sondern nur wiederholt und zurückwirft.« (*De Dignitate et Augmentis Scientiarum*, IV, 326f.)

Als ein Symbol der Prophetie und der Weissagung wiederholt Echo den »ewigen Akt der Schöpfung«, wie Coleridge sagen würde; und sie erschafft ihre eigene kryptische Version oder einfach ihre Interpretation der göttlichen Wahrheit, eine Version, die selbst wiederum nach einer Interpretation verlangt, wie das eben mit heidnischen Orakeln der Fall ist. Für Bacon aber wird diese Rolle angemessener von ihrer Schwester Syrinx gespielt; Echo selbst wird zu einer Art des Sprechens, der Sprache oder des Textes, die den Abstand zwischen der Darstellung und der Natur überbrückt, ein Abstand, der in jedem vorgetragenen Gedicht und in jeder Rede wieder aufreißt und bejaht wird. Gerade so wie er gegen Cupido und die Nacht den Spieß herumdreht und göttliche Liebe, Schöpfergabe und Harmonie auf materialistische Gesetze und eine mechanische Methode reduziert, so läßt Bacon hier das Echo eines Jamblichus und der Renaissance-Mythographen (wie es bei Coleridge wiederkehrt) für eine Art von auswendiger Berichterstattung[4] herhalten, die ganz genau die passive Rolle des Baconschen Wissenschaftlers wiedergibt, der mit der Lebendigkeit der Natur konfrontiert ist.

Elizabeth Sewells zeitgenössische Lesart Bacons präsentiert eine faszinierende Möglichkeit, die neuplatonische Deutung eines Coleridge aufzupolieren. Für sie wie für Shelley verschafft die Poesie einen fundamentalen Zugang zur Erkenntnis, der sowohl der wissenschaftlichen Einbildungskraft wie der Poesie selber zugrundeliegt. In seiner Stumpfheit gegenüber Poesie und Imagination, in seiner Suche nach einem schlichteren und reineren, referentiellen Aufzeichnen von Wahrheit hat sich daher Bacon einfach den elementaren Quellen der Einsicht entfremdet, die gleichwohl noch in ihm – in eloquenter Weise – wirksam sind. Bacon, der »Dichter«, behandelt die Poesie ungerecht, er entstellt die Vision seiner eigenen Aufgabe und die Leistungen anderer. »Dies ist Verrat. [...] Ein derartiger Schwindel zieht sich durch sein gesamtes Werk.«[5] Prämissen wie die Sewells liegen der Arbeit anderer Literaturwissenschaftler unausgesprochen zugrunde. Michael McCanles urteilt, daß Bacon, der Philosoph des Entdeckens, besser daran getan hätte – wie es die großen englischen Dichter des 17. Jahrhunderts taten –, den »dialektischen Reichtum« des Diskurses anzuerkennen[6], wodurch jede Aussage, jeder Impuls im Rahmen von Sprache und Erfahrung, von Form und Geschichte, den die Literatur bildet, zwangsläufig modifiziert wird. Nur wenn man diesen Reichtum anerkennt, wird man allmählich die Wahrheit begreifen können – und jegliche Wahrheit, sogar die nackteste Tatsache, ist ein »Text«, ein Bericht, eine Darstellung.

Bacons revolutionäre Haltung bietet einen modifizierenden Kontext, und seine Wissenschaft einer reinen Gegenwärtigkeit, die diese Haltung reflektiert, ist oft einer starrsinnigen Kritik ausgesetzt gewesen (um es einmal milde auszudrücken). Niemand, der für Literatur empfänglich ist, kann zudem die zentrale Bedeutung einer gekonnten Verstellung in Bacons philosophischen Schriften übersehen. Auch die Haltung Bacons muß verstanden und gewürdigt werden – und zwar vielleicht vor allem im Hinblick auf die Dimension des literarischen Ausdrucksvermögens. Bacon kann sich sehr weltgewandt über die Beschränkungen äußern, die er dem Vergnügen am Text auferlegt:

»In der späteren Akademie, die Cicero vereinnahmte, wurde diese Meinung über die *acatalepsia* vermutlich nicht aufrichtig befolgt: denn all jene, die mit dem Reichtum ihrer Rede herausragten, scheinen jene Schule als diejenige gewählt zu haben, die am geeignetsten war, ihrer Eloquenz und ihren vielseitigen Reden

Ruhm zu verleihen; aber dies glich eher einem Voranschreiten in der Lust als einer Fahrt zu einem Ziel. Viele jedoch, die sich auf beide Akademien verteilten, befolgten sie in scharfsinniger und rechtschaffener Weise.« (III, 388)

Im Grunde freilich »beschwindelt« Bacon die Poesie keineswegs; im tiefsten Herzen stellt er sich unversöhnlich gegen das, wofür sie (seiner Meinung nach) entsteht: die Macht, jedem Impuls und jede Wahrnehmung, bevor sie noch vollständig existieren, in einem Substrat von modifizierenden Gleichnissen und Tropen einzufangen und sie sich unter den Titeln des Logos, des Göttlichen Geistes, der Einbildungskraft oder was immer man will zuzueignen und zu institutionalisieren. Literaturwissenschaftler haben daher häufig nicht gewürdigt, daß die primäre Quelle für Bacons Vision des Forschens in einem Impuls zum Wirklichen liegt – als Gegensatz zu einer schon in Kontexten erbauten Welt, einer Welt der Syrinx aus geordneten und modulierten Worten, aus Texten. Michael Polanyis Gedanke eines »persönlichen« oder »untergründigen« Wissens, von dem aus Sewell ihre orphische Ansicht Bacons entwickelt, repräsentiert also gerade diejenige Art von Subjektivismus – den Rückgriff auf individuelle Zusammenhänge und Perspektiven als dem wirksamen Boden des Wissens –, den Bacon entschieden abgelehnt hätte.

Die Institution der Literatur ermutigt solche Lesarten Bacons. Wenn die Literaturhistoriker literarische Ursprünge und Vermittlungen untersuchen und wenn sie sich stärker auf die komplexen, partiellen und mehrdeutigen Wahrheiten der Rhetorik als auf den Drang nach unzweideutiger Wahrheit konzentrieren, so könnten sie diese beiden Interessen im Falle Bacons dadurch kombinieren, daß sie Quellen und Einflüsse auf sein Werk von seiten früherer rhetorischer Vorstellungen und Praktiken aufspürten. Einen kleinen Teil dieser Arbeit der Institutionalisierung habe ich unter dem Stichwort der »Reform« vorgetragen. In der Tat sind die Prämissen des historisch vorgehenden Gelehrten über Einfluß, Entwicklung, Ursprung und Erfüllung aufgrund der Linien, die in Kapitel 2 skizziert wurden, in mancher Hinsicht denen ähnlich, die der reformatorischen, christlichen Vision der Erlösungsgeschichte eignen. Coleridges Definition der Funktion von Einbildungskraft in der Literatur legt in natürlicher Weise – wenngleich nicht zwingend – Reformmodelle nahe, die den Humanisten der Renaissance so überzeugend schienen. Seine Einbildungskraft bringt hervor, indem sie wiedererschafft; sie wiederholt oder erneuert Gott im Menschen. Obgleich die romantische Dichtung rhetorische Figuren ausdrücklich vermeidet, läßt sie sich auf Techniken der Assoziation und Verwandlung ein; sie trachtet unablässig nach dem Ziel der Einheit, oder, wie wir sagen könnten, der Erfüllung. Es liegt freilich an seiner Tendenz, Tradition und Innovation als Re-Präsentation und Wieder-Erschaffung aufzufassen, wenn Bacon die Einbildungskraft bekämpft, obgleich er ihr verpflichtet ist. Trotz unseres Glaubens an das notwendigerweise vermittelte und »textuelle« Wesen von Erfahrung und Wahrheit (ein bequemer Glaube für die professoralen Erforscher von Texten und die Parteigänger der Institution Literatur) wollen wir also Bacon seine Illusionen lassen.

Bacon kritisiert die Humanisten in seiner Diagnose der »feingesponnenen Gelehrtheit«, die in *Der Fortschritt der Wissenschaften* enthalten ist. Wie uns bereits aufgefallen ist, wirft er ihnen vor, »eher nach den Worten als nach der Sache« zu jagen, »und eher nach der Gewähltheit der Phrase und der abgerundeten und übersichtlichen Komposition des Satzes, eher nach der sanften Kadenz der Satzglieder sowie der Abwechslung und Ausschmückung ihrer Worte dank der Tropen und Figuren als nach dem Gewicht der Sache, dem Wert des Gegenstandes, der Triftigkeit des Beweisgrundes, der lebendigen Erfindungsgabe oder der Tiefe des Urteilsvermögens« zu gehen (III, 283). Bacons Achtung und Bewunderung für die Dichtung reicht sehr tief. Es wird nicht ganz deutlich, ob er profanen Dichtern Inspiration zuerkennt, er meint aber, daß die Dichtung »irgend eine Teilhabe am Göttlichen« besitze und zu »Großmut, Moral und Vergnügen« beitrage (III, 343). Ihre Aufgabe »ist es gewesen, dem Geist des Menschen gerade bei jenen Dingen einen Abglanz von Zufriedenheit zu verleihen, bei denen das Wesen der Dinge ihn versagt; es ist nämlich die Welt im Verhältnis zur Seele unterlegen, und aufgrund dessen ist dem Geist des Menschen eine erhabenere Größe, eine strengere Güte und eine reichere Vielfalt als sie im Wesen der Dinge gefunden werden kann, angenehm« (III, 343). Die Dichtung ist jedoch in keiner Hinsicht ein Werkzeug des Entdeckens und Erfindens, das dem Menschen bei seiner eigentlichen Mission auf der Erde dienstbar wäre, auf das Natürliche einzuwirken. Dasselbe ist von der Rhetorik zu sagen. Worauf es mir ankommt, hat allerdings wenig mit der heiklen Aufgabe zu tun, den genauen Grad von Achtbarkeit abzuschätzen, den Bacon der Poesie, der Rhetorik oder dem Humanismus im allgemeinen zugesteht. Seine Ansichten zur Dichtung sind häufig einsichtsvolle und scharfsichtige Überlegungen zu den vorherrschenden Meinungen seiner Zeit[7]; das Ziel der Erforschung versetzt diese Meinungen bloß in einen neuen und abschwächenden Kontext.

Im weiteren Sinn zielt Bacons Kritik am gelehrten Wissen auf die Undurchsichtigkeit des Geistes und seines Produkts, des Textes und der Sammlung von Texten, aus denen sich die Tradition bildet. Bacons Ungewißheitsprinzip konstatiert, daß die überspannte und streitsüchtige Gelehrsamkeit, ebenso wie die feingesponnene, unfähig ist, »mit der Natur einig zu werden« und die ungeschminkte Wahrheit zu entdecken – jenseits der Antizipationen, die ihr von den sperrigen Instrumenten des Diskurses auferlegt werden.

Sein Eintreten gegen die Tradition als vermittelnden Text wird in der *Instauratio Magna* ganz deutlich. Im Vorwort zum *Novum Organum* vereint Bacon alle Sparten der vorhandenen Wissenschaft in einer einzigen Kategorie: der Kultivierung des Wissens, d. h. der Versetzung des Wissens in eine Institution, einen Rahmen, einen Text. Außerhalb jener Kategorie existiert überhaupt nichts, ausgenommen Bacons revolutionäre Haltung und sein Plan zur Entdeckung neuen Wissens. In *Der Fortschritt der Wissenschaften* äußert er sich dazu:

»Von der Erfindungsgabe gibt es zwei sehr verschiedene Arten; die eine in den Künsten und Wissenschaften, die andere in der Rede und der Beweisführung. Die erstere erachte ich für unzulänglich; es ist dies ein Mangel ähnlich etwa dem *Mangel an Bargeld*, den man bei der Besitz-Inventur eines Verstorbenen feststellt [...]. Über die Kunst des Erfindens und des Forschens ist man hinweggegangen«. (III, 384)

Die Erfindungsgabe der Rede und der Beweisführung vereint jede vorhandene Form von Wissenschaft, sei es nun Philosophie oder Poesie oder was auch immer sonst, zu einer einzigen *ars disserandi*, einer Kunst des Diskurses. Wie in Kapitel 2 festgehalten wurde, hängt eine solche umfassende Denkweise von der Annahme ab (die ein grundlegender Bestandteil des humanistischen Erziehungsprogramms ist), daß Wort und Sache, Rhetorik und Philosophie, von Natur aus unzertrennbar sind. Die Logik des Ramus z. B. konnte ebensowohl auf die Figuren der Poesie wie auf die der Logik angewandt werden. Ganz so wie er mit anderem traditionellem Material verfährt, wendet Bacon gerade den ciceronianischen, humanistischen Begriff der Einheit, der gleichwohl seine Auffassung von wissenschaftlicher Einheit beeinflußt, gegen sich selbst. Das gegenwärtige Wissen ist in dem Sinne geeint, daß es darauf ausgeht, zu überzeugen, zu erfreuen und zu erklären, nicht aber zu entdecken. Es bleibt in seine selbsterzeugte Textualität gebannt, wie die Spinne in ihr Netz. Das also, was vom literarisch-historischen Standpunkt aus als Bacons reformerische Tendenz erscheint, die rhetorischen Ideale an die Wissenschaft zu adaptieren, wird im Kontext von Bacons revolutionären Idealen zu dem Instrument, um jene Ideale mit einem Schlag beiseite zu räumen.[8] Aufgrund der Idole des Stammes »ist der menschliche Verstand von Natur aus geneigt, die Existenz einer größeren Ordnung und Regelmäßigkeit in der Welt anzunehmen, als darin zu finden ist« (IV, 55). Diese Neigung verleiht der existierenden Philosophie einen Beigeschmack des Fiktionalen, und zwar dank der Idole des Theaters: »Und in dem Spiel dieses philosophischen Theaters können Sie das gleiche beobachten, was in dem Theater der Dichter anzutreffen ist: Geschichten, die für die Bühne erfunden wurden, sind knapper und eleganter, als die wahren Geschichten, die der Historie entstammen.« (IV, 63)

Welche Gattung von transparentem, text-losem Text faßt Bacon demnach für die Wissenschaft ins Auge? Ebenso wie der Geist die Natur in einem »gleichgearteten Spiegel« und nicht in einem »verzauberten Spiegel« auffangen muß, so auch die schriftliche Aufzeichnung jenes forschenden, bescheiden einsichtigen Geistes. Aus diesem Grund kann es einem entschieden rhetorischen Zugang zu Bacons Ideal eines wissenschaftlichen Stils einfach nicht gelingen, mit dessen wesentlicher Stillosigkeit zurechtzukommen. Es gibt nur wenige Bemerkungen Bacons über die schriftlichen Dokumente der Wissenschaftler. Die informativsten habe ich zum Teil im Kapitel 2 bereits zitiert, als ich über Bacons paradoxe unberedte Beredsamkeit sprach. Sie finden sich in der *Parasceve*, die Bacons Verständnis von Naturgeschichte vorstellt:

»Zuerst also hinweg mit den Altertümern und den Zitaten oder Zeugnissen der Autoren; hinweg auch mit den Streitgesprächen und Auseinandersetzungen und auseinandergehenden Meinungen, kurzum, mit allem, was philologisch ist. Zitiere nie einen Autor, es sei denn in einer Angelegenheit von zweifelhafter Vertrauenswürdigkeit; breche nie ein Streitgespräch vom Zaun, es sei denn in einer Angelegenheit von großer Tragweite. Und all das, was den Schmuck der Rede angeht: Gleichnisse, die Fülle der Beredsamkeit und ähnliche Nichtigkeiten – betrachte sie als endgültig abgetan. Und laß' das Zulässige sich kurz und knapp verweilen, auf daß es nichts weniger als Worte sei.« (IV, 254; siehe auch V, 510f.)

Während er die Idole des Marktes diskutiert, die Verzerrungen, die die Umgangssprache den Vorstellungen und Wahrnehmungen antut, überdenkt Bacon auch das Problem, die verbalen Äußerungen zu »nichts weniger als Worten« zu machen. Die Idole sind »entweder Namen für

Dinge, die nicht existieren [. . .] oder aber sie sind Namen für Dinge, die existieren, die jedoch verworren und schlecht definiert sind, die überstürzt und ungeordnet von den Gegebenheiten abgeleitet wurden« (IV, 61). Diese Idole behindern die Feststellung der einfachen Wesen, und es müssen besondere Mittel ersonnen werden, um sie auszurotten. Beim Notieren seiner Beobachtungen muß der Wissenschaftler seine Sprache reinigen und aufbereiten, und unscharfe Ausdrücke wie »feucht« darf er nur benutzen, nachdem er sie genau definiert hat; dazu noch darf er niemals Ausdrücke für Illusionen wie das »Glück« gebrauchen und er muß, wann immer möglich, auf unzweideutige Begriffe wie »Kreide« und »Schlamm« zurückgreifen. In dem frühen *Valerius Terminus* entlarvt Bacon das kardinale Gebrechen des Stils als eine Zuflucht für die Unwissenheit. Doch als ein Meister des Stils kann er nicht umhin, im Anschreiben gegen den Stil einen wahren Wirbelsturm zu entfesseln:

»So steht fest, daß die Stile und Formen sprachlicher Äußerung ebensoviele Ausdrucksweisen von Anmaßung sind: einige wählen einen Stil der Streitlust und des Haders, einige den des Spotts und des Tadels, einige den von einnehmenden und verlockenden Gleichnissen und Exempeln, einige den der großen Worte und der gehobenen Rede, einige den knapper und dunkler Sentenzen und einige schließlich den der Exaktheit der Methode – alle freilich einen Stil unumstößlicher Gewißheit, ohne ihre wahren Absichten noch die Beweise für ihre Meinungen offen darzulegen oder unverstellt ihre Unkenntnis und ihren Zweifel einzugestehen, es sei denn für einen Gunstbeweis ab und an und mit dem Hintergedanken, für das Übrige umso mehr Glaubwürdigkeit zu erlangen; nicht jedoch in wahrem Vertrauen.« (III, 247 f.)

Was auch immer ihre Mängel in bezug auf den Inhalt sein mögen, so müssen Bacons eigene Naturhistorien für Beispiele eines solchen Diskurses gelten. Lassen wir die seltsamen (und sehr viel interessanteren) hybriden Mischungen wie die *Historia Vitae et Mortis* beiseite, so scheinen Bacons Historien, in irgend einer verworrenen Weise, jenes reportagehafte Ideal zu verkörpern. Es mögen uns einige Zweifel kommen, wenn wir in der *Historia Ventorum* unter dem Titel »Der lokale Ursprung der Winde« lesen: »Die Erkenntnis der lokalen Ursprünge der Winde ist ein schwieriges Unterfangen; denn woher der Wind kommt und wohin er weht, wird selbst in der Heiligen Schrift als ein Geheimnis betrachtet« (V, 159); oder hinsichtlich der »periodischen Winde«: »Sie erscheinen tatsächlich gleich Winden, die von einer langen Reise ermüdet sind, so als seien sie kaum imstande, die Dichte der Nachtluft zu durchstoßen« (V, 150). Lassen wir jedoch die gelegentlich unterhaltsamen rhetorischen Vorspiele und die Rückfälle in die bildhafte Ausdrucksweise beiseite, dann werden die Historien eher durch die folgende Passage repräsentiert:

»27. Der Ostwind, der gegen Ende des Frühlings weht, verdirbt die Frucht, denn er trägt Würmer und Raupen herbei, die beinahe sämtliche Blätter verzehren; und er ist auch dem Getreide schädlich. Der Westwind hingegen ist den Pflanzen, den Blumen, ja aller Vegetation wohlwollend gesinnt. Um das Herbstäquinoktium jedoch ist auch der Ostwind einigermaßen wohltuend.

28. Die Westwinde sind stürmischer als die Ostwinde und beugen und zerren die Bäume heftiger.

29. Bei Ostwind dauert feuchtes Wetter länger als bei Westwind, und gewöhnlich nimmt es einen ganzen Tag ein.« (V, 157)

Hier scheint eine einzigartige Anstrengung am Werk zu sein, die Idole des Marktes niederzuringen und die Vogelscheuche der bildhaften Ausdrucksweise zu zerfetzen. Nicht einmal die symmetrische Satzstruktur, die für Bacons Stil charakteristisch ist, ergibt hier viel Sinn; und die wiederholte Kopula ist banal. Die Einzelheiten z. B. über das zerstörerische Wirken des Ostwindes sind wahllos und unzusammenhängend aneinandergefügt. Nur die Hingabe an die unerforschte Wahrheit, befeuert von der Darbietung unausgeschmückter Tatsachen, könnte den Leser zum Weiterlesen anhalten.

Morris Croll hat einmal das Baconsche Stilideal aus der sogenannten anti-ciceronianischen »Freimütigkeit der Seele« abgeleitet, die Montaigne und Lipsius zur Entfaltung bringen. Man könnte nun diese Herleitung von der apriorischen Grundlage aus zurückweisen, daß Bacon ausdrücklich das wissenschaftliche Schreiben von der Beihilfe des Stils und der Eloquenz absondert. Bacon mag sehr wohl ein antirhetorisches Ideal aus der ambivalenten Haltung gegenüber der verbalen Ausschmückung entwickelt haben, die selbst bei den größten klassischen wie modernen Meistern der Rhetorik anzutreffen ist; und sie ist besonders unter jenen modernen anzutreffen, die – wie Croll sagt – den Geist zeigen, wie »›er unvertraute Wahrheiten durch eine selbständige Übung seiner Fähigkeiten erkundet‹« (zitiert nach Robert Adolf).[9] Wenn es sich aber so verhält, dann hat er jene Neigung in seiner Wissenschaft der Präsenz zu einem programmatischen Ausschluß der Rhetorik verkehrt, und daher kann sein Denken über Stil nicht kurzerhand in rein stilistischen Begriffen umschrieben werden. Man verfehlt wiederum den Kern der Sache, wenn man argumentiert, Bacon belebe den klassischen knappen oder schlichten Stil, denn es ist hier nicht die Frage, ob er aus dem Spektrum der Stile einen für die neue Philosophie passenden Stil auswählt, sondern es geht darum, daß er die »Kultivierung« des Wissens, als Bestandteil seines prophetischen und ikonoklastischen Forschungsprogramms, völlig aufgibt.

Bacon spricht allerdings von einer paradoxen »Eloquenz« der Wissenschaft: die Weisheit der Tradition wird symbolisiert durch die prometheischen Fackelrennen, die erneuert werden sollten. Die wissenschaftliche Sprache sollte keineswegs unfähig sein, den Leser zu ergreifen. Gerade dann, wenn sich der Wissenschaftler am angestrengtesten bemüht, die Erfahrung im Rohzustand zu beschreiben, zeigt er dem Leser am deutlichsten einen Zugang zu weiterführenden Einsichten über den vorliegenden Gegenstand – so behauptet Bacon. Von dieser Art ist die natürliche Wirksamkeit der induktiven Methode. Sie inspiriert gerade in ihrer Dürftigkeit: »Wissen, das uns als ein weiterzuspinnender Faden überreicht wird, sollte, wenn möglich, *mit derselben Methode, mit der es erfunden ward*, weitergereicht und mitgeteilt werden; und das ist auch mit induziertem Wissen möglich.« (III, 404) Eben hier in *Der Fortschritt der Wissenschaften* spricht Bacon *De Methodo sincera, sive ad filios Scientiarum*. Die Eloquenz dieser »beweiskräftigen« oder »initiierenden« Schreibweise beruht darauf, daß Genauigkeit unvermeidlich einen »angemessenen«, d. h. wirksamen »Stil« erzeugt, d. h. diejenige Erklärungsweise, die den Leser veranlaßt, die Arbeit weiterzuführen. Nicht allein ist die Sprache das transparente Vehikel der Bedeutung; auch das, was bequemerweise Stil genannt wird, ist ein transparentes Medium.

Unter diesem Gesichtspunkt können wir uns der anderen Vorschläge annehmen, die Bacon in der Diskussion um Methoden der Übermittlung oder Tradition vorbringt. Zunächst zwei methodische »Varianten«, die nicht den Diskurs der Wissenschaft per se betreffen: die enigmatische und die offenbare. Die eine Variante sucht das Wissen vom »Pöbel« fernzuhalten, während die andere, »den geistigen Kräften und den Voraussetzungen dessen gemäß, was überbracht wird« (III, 406), darauf ausgeht, neue Entdeckungen einem allgemeinen Publikum mit Hilfe von Gleichnissen zu vermitteln (siehe den nächsten Abschnitt). Bei vier weiteren Vorschlägen handelt es sich – im Licht von Bacons revolutionärer, gegen Texte gerichteter Haltung – einfach um Beschreibungen der natürlichsten Weise, Einsichten zu vermitteln. Ähnlich wie bei der Baconschen Induktionsmethode zeigen uns auch die Probleme, die Bacon in bezug auf die Methoden der Tradition aufwirft, daß es zwar möglich, aber nicht einfach ist, wirkliche Natürlichkeit zu erreichen. Im *Valerius Terminus* sagt er dazu, daß, »obwohl die Menschen eigentlich in ihrem Willen und ihrer Affektio von diesen Irrtümern und Behinderungen frei sind, es doch nicht so einfach ist, wie man gerne denkt, die Überzeugungen des Gemüts eines Menschen ohne Verlust oder Fehler in das Gemüt eines anderen zu übertragen, besonders wenn es sich um neue Begriffe handelt, die sich von den bereits vorhandenen unterscheiden« (III, 248).

Die aphoristische Methode, »die eine zerbrochene Erkenntnis repräsentiert, verlockt die Menschen dazu weiterzuforschen«, und sie ist für die Wissenschaft unentbehrlich. »Es verbleibt nichts als eine ansehnliche Menge von Beobachtungen, um die Aphorismen auszufüllen: und daher wird nur der genügen und vernünftigerweise versuchen, Aphorismen zu schreiben, der zuverlässig und kompetent ist« (III, 405). Bacon beschreibt die Verschiedenheit der Methoden, die mit Wissen hantieren, entweder durch »Behauptungen und ihre Beweise oder aufgrund von Problemen und deren näherer Abgrenzung«; er warnt vor Streitsucht und empfiehlt schlicht, Tatsachen und Schlußfolgerungen zur Geltung zu bringen. Die Verschiedenheit der Methode *gemäß dem Gegenstand oder der Angelegenheit, die behandelt wird*, drückt den Einwand des Common sense gegen totalisierende und artifizielle Schemata der Organisation von Wissen aus, wie etwa die Dichotomien des Ramus: »Es gibt einen großen Unterschied zwischen der Überlieferung der Mathematik, die die abstrakteste Erkenntnis ist, und derjenigen der Politik, die am meisten [in die Erfahrung] verwickelt ist.« Die Meinung, daß man *eine* Methode als Zugang zu allen Themen auf jedem Gebiet anwenden sollte, »hat der Wissenschaft einen schlechten Dienst erwiesen, da sie auf diesem Wege auf gewisse leere und armselige Allgemeinheiten reduziert wird [...] das ganze Mark wird durch die Tortur und den Druck der Methode herausgepreßt und ausgetrieben; und so wie ich also besondere Topoi für die Erfindung zuließ, so lasse ich besondere Methoden der Tradition zu.« (III 406) Von der Physiologie in denselben Begriffen wie von den physikalischen und chemischen Aspekten des Heißen und Kalten zu sprechen, würde tatsächlich dem eigenen Diskurs einen gekünstelten und katastrophalen »Stil« aufzwingen. Eine verwandte, aber subtilere methodische Variante betrifft den Umfang, in dem eine Untersuchung auf einem Spezialgebiet sich auf andere Spezialgebiete beziehen sollte, und darüber hinaus das Problem, eine angemessene Ebene für das Besondere oder das Allgemeine zu finden, das jeweils in eine gegebene Beschreibung eingeht.

Unglücklicherweise ist es eine wesentliche Anforderung an den wissenschaftlichen Diskurs, den Akt der Entdeckung zu reproduzieren, und den kann Bacon mit seiner eigenen Sammlung von Naturhistorien mit keinerlei Regelmäßigkeit entsprechen. Die Erregung, die von einer authentischen Baconschen Naturhistorie ausginge (meines Wissens existiert keine), wäre in jedem Fall die eines zehntausend Seiten starken Krimis; aber das eigentliche Versagen selbst von Bacons zielstrebigeren Naturhistorien (die *Sylva Sylvarum* und die *Historia Vitae et Mortis* einmal ausgenommen), denen es nicht gelingt, das Interesse aufzurütteln, anstatt es niederzuhalten und zu verwirren, ist sicher der Tatsache zuzurechnen, daß er selbst kaum eigenständige Forschungen betrieb.

Natürlich hindert nichts daran, die Baconschen Ratschläge zur Methode der Übermittlung in einen nicht-wissenschaftlichen Diskurs einzubringen; offensichtlich befolgt er sie selbst in den verschiedenartigsten Schriften (denen wir uns sogleich zuwenden werden) und meint, daß seine Bemerkungen zur Methode von allen Autoren beachtet werden sollten. Zweifellos wurden einige seiner Vorschläge, z. B. die über Aphorismen, zum Bestandteil des besonderen literarischen Stils anderer. Soweit sie aber Merkmale der wissenschaftlichen Sprache betreffen, repräsentieren sie gleichsam eine entleerte Eloquenz, eine antithetische und paradoxe Stillosigkeit. Um es nochmals zu wiederholen: Bacon bestimmt traditionelle Quellen neu, so daß sie seiner in sich selbst begründete Unabhängigkeit von der Vergangenheit aufhelfen können.

In seinen Anmerkungen zur Methode der Tradition in *der Fortschritt der Wissenschaften* treffen wir auch auf die charakteristische Verbindung von Bacons Ansprüchen auf Originalität mit seiner Forderung nach Unmittelbarkeit in der Begegnung mit der Natur. Seine einführende Methode der Weitergabe gleicht nicht all den anderen, die mit Zierat und bloßen Wahrscheinlichkeiten durchsetzt sind.

»Das letztere unter diesen [d. h. die einführende Methode] scheint eine *via deserta et interclusa* zu sein [ein verlassener und verschlossener Weg]. Denn so wie heute Wissen weitergereicht wird, gibt es gleichsam einen vertraglich abgesicherten Irrtum zwischen dem Geber und dem Empfänger; derjenige, der das Wissen weiterreicht, möchte es in einer solchen Weise weiterreichen, wie es am glaubwürdigsten erscheint, und nicht, wie man es am gründlichsten überprüfen kann; und derjenige, der das Wissen empfängt, erwartet eher eine umgehende Zufriedenstellung als eine ausstehende Untersuchung; und so geht es eher darum, nicht zu zweifeln als nicht zu irren. Ruhmsucht veranlaßt den Autor, seine Mängel nicht offen darzulegen, und Faulheit hindert den Schüler, seine Stärken zu kennen [...] Mit der Weitergabe des Wissens (wie es jetzt praktiziert wird) geht es wie mit schönen Baumstämmen ohne Wurzeln: sie sind geeignet für den Zimmermann, jedoch nicht für den Siedler; aber wenn man die Wissenschaften gedeihen lassen will, dreht es sich weniger um den Schaft oder Stamm des Baumes, sondern man achtet darauf, daß die Wurzeln treiben. Welcher Art die Weitergabe der mathematischen Methoden ist, wäre in diesem Betreff zu nuancieren; aber im allgemeinen sehe ich sie weder im Gebrauch noch auf dem Prüfstand und halte sie daher für unzulänglich.« (III, 402f.)

Was immer Bacon den Prosastilisten der Renaissance verdankt, wird unterdrückt und in diese radikale, sich selbst ferne Eloquenz überführt, die auf Präsenz und Neuartigkeit ausgeht und überdies der Mathematik angeglichen wird. So gesehen, gehen die im wesentlichen unqualifizierten Erklärungen zweier Literaturhistoriker völlig an der Sache vorbei: während der eine behauptet, daß »Bacons primäres Anliegen ist, die Rhetorik als ein Werkzeug für die Philosophen eines neuen Zeitalters aufzuwerten« [10], meint der andere, daß Bacon mit seiner wissenschaftlichen Vision »noch immer Männer von Ausdauer und Phantasie« zu »der schillernden rhetorischen Vernunft lockt, die der großartigen Weltlichkeit der englischen Renaissance zugrunde lag« [11]. Und wirklich scheint der Visionär Bacon noch immer Männer dazu aufzurufen, ihre hochgezüchteten Neigungen zur Rhetorik und zu Wahrheiten, die immer einseitig, abgelegen oder abwesend sind, aufzugeben und stattdessen aus Unbekanntem zu schöpfen, ohne es durch eine überschießende Einbildungskraft zu verwässern. Die Weisheit der Tradition wird einfach zur schriftlichen Dimension des induktiven Prozesses; ihr Ziel ist es, die offenbarende Macht der Natur in ihrem umfassenden Neusein und an jedem Punkt zu bewahren, so daß jeder praktische Forscher das authentische Feuer weitertragen kann. Die verengte Lektüre Bacons durch die Literaturwissenschaft belegt in dieser Hinsicht die Gefahren, die von einer blinden Anhänglichkeit an den »Gottesbegriff« unserer Disziplin, die *Einbildungskraft*, ausgehen.

Auch die Sprachauffassung Bacons reflektiert sein Streben nach dem Neuen. Da Bacon ein Modell der Natur im »gleichgearteten Spiegel« des Geistes sucht, nimmt er unverkennbar das zentrale Projekt von Philosophie und Wissenschaft im 17. und 18. Jahrhundert vorweg. Er selbst jedoch scheint die *Sprache* nicht als das primäre Medium dieses Modellierens oder dieser Imitation zu denken. Gleich vielen wissenschaftlich orientierten Sprachreformen im kommenden 17. Jahrhundert behält Bacon, wie R. F. Jones sagt, »eine gewisse Antipathie gegenüber der Sprache« [12]. Der wissenschaftliche Diskurs wird für Bacon, scheint es, immer eine unvollkommene Angelegenheit bleiben; die eigentliche Wahrheit steckt in der Beobachtung und im Experiment, deren Ergebnisse zuletzt nicht in der Sprache, sondern in einer neuen Technologie zu finden sind. Wenn Wissen wahrhaftig Macht ist, repräsentieren neuartige Erfindungen die wahre Sprache der Wissenschaft, während die Wahrheit selbst keineswegs unbeschadet in der Sprache bewahrt wird, sondern viel eher in ihrem unmittelbaren, sprachlosen Erfassen durch den Wissenschaftler.

Schriftliche Dokumente spielen eine entscheidende Rolle in der Baconschen Wissenschaft, da sie auf sorgfältigem Verzeichnen von Daten beruht. Der folgende Aphorismus aber, der einzige im *Novum Organum*, der sich ausschließlich dem Thema der Dokumente widmet, spricht nur vom Gedächtnisstatus der Schriften:

»Selbst dann, wenn ein solcher Vorrat an Naturhistorien und an Erfahrungen, wie er für die Arbeit des Verstandes oder der Philosophie erforderlich ist, bequem zur Verfügung stehen wird, ist der Verstand keineswegs dafür tauglich, aus dem Stegreif und auswendig damit umzugehen; und zwar ebensowenig als ein Mann hoffen sollte, dank des Gedächtnisses die Berechnung der Ephemeriden zu beherrschen und sie behalten zu können. Und dennoch ist bisher mehr durch Denken als durch Schreiben in Sachen der Erfindung getan worden; und die Erfahrung hat die ihr eigenen Buchstaben noch nicht gelernt. Heutzutage können die Erfindungen sich nicht hinlänglich entfalten, wenn dieser Prozeß nicht schriftlich vorangetrieben wird. Wenn dies aber üblich geworden ist und man die Erfahrung Lesen und Schreiben gelehrt hat, wird man besseres erhoffen dürfen.« (I, 101; *Works* IV, 96)

Da Bacon behauptet, daß es unmöglich ist, die Idole des Marktes (d. h. der Sprache) völlig auszulöschen, wird das dem Naturkundigen verständliche Echo sämtlicher Dinge in der Regel »ein oder zwei Buchstaben vertauscht haben« (IV, 105).

Wissenschaftliche Beobachtungen erfordern außerdem eine Art von Wordsworth'schem »in Ruhe eingesenktem Gefühl«. Die Beobachtungserfahrung kann natürlich nicht in vollem Umfang überliefert werden, sondern eher »*secundum majus et minus* könnte ein Mann in die Fundamente seines Wissens und Urteilens hinabsteigen und sie wiederaufsuchen; und es so, wie es in seinem Geist gewachsen ist, in einen anderen verpflanzen« (III, 404). Freilich kann keine Poetik wissenschaftlicher Forschung, die der Wordsworth'schen Poetik gesammelter Erfahrung vergleichbar wäre, auf der zwangsläufig re-präsentativen Eigenart des wissenschaftlichen Berichts aufgebaut werden; denn Bacon scheint nicht auf den Gedanken zu kommen, daß die Fähigkeit gewöhnlicher Forscher, ihre Erfahrung »wiederaufzusuchen«, irgend ein größeres Problem sein könnte. Er hält ein Maß von Präzision für erreichbar, um sowohl größere Fehler zu vermeiden, wie auch den Leser anzuspornen. Kurzum, eine verbesserte Sprache wirkt fördernd an der Instauration des Menschen mit, ist aber kaum der Schlüssel zu ihr.

Die beiläufig hingeworfenen Kommentare Bacons zu den Echten Buchstaben [Real Characters], von denen sich John Wilkins im späten 17. Jahrhundert inspirieren ließ, um eine rein referenzielle Sprache zu konstruieren, werden wiederum nirgendwo in einer von Bacons Bemerkungen über den adäquaten Diskurs der Wissenschaft aufgegriffen. Die Echten Buchstaben, bei denen ein je anderes arbiträres Zeichen jeder Art von Referenten (von einfachen Wesen?) in der Welt zugeteilt wird, sind nichts weiter als ein interessanter Gedanke, »gut als Vorschlag [...] für eine bessere Untersuchungsweise« (III, 400). Bacons Ideal wissenschaftlicher Erkenntnis zieht zweifellos eine Restauration des ganzen Wahrnehmungsvermögens des adamitischen Menschen nach sich, jedoch ist jenes Ideal offensichtlich in keiner tatsächlichen Sprache Adams zu erfüllen.[13]

Nicht eben folgerichtig kürt Bacon Latein zur Sprache der Wissenschaft. Bequemlichkeit scheint dabei der ausschlaggebende Faktor zu sein. Latein ist die internationale Sprache der Gelehrten und wird sich voraussichtlich nicht so schnell verändern und von künftigen Generationen schwieriger zu verstehen sein, wie das zu jener Zeit den Volkssprachen drohte. (Da Bacon selber neue Worte prägte, trug er zur Entwicklung des Englischen bei.) Darüber hinaus würde Latein einige der Eigenschaften bestärken, die Bacon im experimentellen Forscher fördern möchte. Indem es eine künstliche und abstrakte Terminologie für konkrete Objekte und Ereignisse bietet, bestärkt es wissenschaftliche Unparteilichkeit und Objektivität – mit anderen Worten, es übt die gleiche Funktion aus, die lateinische Worte im Englischen haben. Der Gebrauch des Lateins zwingt den experimentellen Forscher außerdem, den Schranken der Sprache auf eine Weise entgegenzutreten, wie er es in seiner Muttersprache nie vermöchte. Die Tatsache, daß die Wahrheit jenseits der Sprache und nicht in einer speziellen, von ihm gehandhabten Sprache liegt, bleibt ihm ständig eingeprägt.

Für Bacon wird die wahre Sprache für immer in den Händen der Natur verbleiben. Wie in den mittelalterlichen Auffassungen eines Universums kryptischer Zeichen ist sie in einem geheimen Code verborgen, in dem Buch Gottes, das der Mensch entziffern muß. Er kann das mit seinem wissenschaftlichen Text in angemessener, wenn auch unvollkommener Weise. In der »klassischen« Sprache der Aufklärung, wie sie von Michel Foucault definiert wird, kann es allerdings »nicht länger ein unbekanntes Zeichen, ein stummes Mal geben. Und zwar nicht deshalb, weil die Menschen im Besitz aller möglichen Zeichen sind, sondern weil es solange kein Zeichen gibt, wie eine *gewußte* Möglichkeit der Substitution zwischen zwei *bekannten* Elementen existiert. Das Zeichen wartet nicht in der Stille auf das Kommen eines Menschen, der imstande ist, es zu erkennen: es kann nur durch einen Akt des Erkennens konstituiert werden«.[14]

Dieser sehr verdrehte Traditionalismus Bacons wird wiederum zur Basis seiner spezifischen revolutionären Haltung. Denn die Grundlage seiner revolutionären Ansprüche liegt in eben der Passivität und Demut, aufgrund derer der Wissenschaftler die Natur als eine Reihe von Zeichen hinnimmt, die schon gegeben sind und darauf warten, entziffert zu werden. Sobald Echo für den wissenschaftlichen Diskurs steht, wird der Wissenschaftler zu dem passiven, sich selbst fernen Herrn einer mächtigen Abwesenheit, einer paradoxen Macht der Dunkelheit, das Licht zu entdecken. Die aktive Konstruktion eines universellen Zeichensystems, um die Natur zu spiegeln und gleichsam zu ersetzen, mag spätere wissenschaftliche und linguistische Ideale charakterisieren und mag sich Bacons eigenen Maßstäben fügen, ist aber doch irgendwie unterschieden von der Weise, wie er die Funktion des wissenschaftlichen Diskurses selber auffaßt. Für Bacon machen Experiment und Erfindung sowie der Besitz der Wahrheit im Geist den Text überflüssig.

Man könnte indessen vorbringen, daß Experiment und Erfindung, die wahre »Sprache« der Baconschen Wissenschaft, selbst eine Form von Foucaults klassischem Diskurs darstellen; und außerdem, daß Reform und Revolution bei Bacon in den Rahmen von Foucaults klassischer und Renaissance-Episteme eingefügt werden können.[15] Aber selbst wenn es sich so verhält, konvergieren das Alte und das Neue bei Bacon offenbar nicht in glattem Übergang, sondern sie polarisieren sich. Diese Polarisierung bei Bacon, mein grundlegendes Thema in diesem Buch, zeigt einen Weg, die Moderne zu begreifen, die von der klassischen Episteme benannt wird: diese Episteme wird durch die Unterdrückung (nicht die Auflösung) der Polarität vollständig sichtbar; durch eine unbewußte Ökonomie, die um die Hegemonie des Sichtbaren kämpft. Eher aber als die sichtbare Episteme selbst wird das Wesen dieses Kampfes zum Kernpunkt. Das kann freilich nur bedeuten, daß die Episteme neu definiert werden muß.

Wenn Coleridges Bewunderung einen Präzedenzfall für die literarischen Mißdeutungen Bacons liefert, so bietet William Blakes großartige Wildheit dazu ein Gegenmittel. Bacons Beziehung zur visionären Tradition der Literatur kann irgendwo zwischen diesen beiden Orientierungspunkten fixiert werden.

Blakes Prophezeiungen ›Es gibt keine natürliche Religion‹ und ›Alle Religionen sind eins‹ laufen den Aphorismen zuwider, die Bacons *Novum Organum* eröffnen, indem sie gegensätzliche Folgerungen aus ähnlichen Prämissen ableiten:

Novum Organum I, 1: »Der Mensch, der der Diener und Deuter der Natur ist, kann so viel tun und begreifen und eben nur so viel, wie er den Lauf der Natur tatsächlich beobachtet und bedacht hat: jenseits dessen kann er weder irgend etwas wissen noch irgend etwas tun.«

›Es gibt keine natürliche Religion‹ (a) I, II, III: »Der Mensch kann von Natur aus nur durch seine natürlichen oder körperlichen Organe wahrnehmen. Der Mensch kann mittels seiner Verstandeskräfte nur das vergleichen und beurteilen, was er bereits wahrgenommen hat. Aufgrund der Wahrnehmung von nur 3 Empfindungen oder 3 Elementen könnte niemand ein viertes oder fünftes erschließen.«

Aus diesen Annahmen werden die folgenden Schlüsse gezogen:

Novum Organum I, 6: »Es wäre eine unvernünftige Laune und eine in sich widersprüchliche Erwartung, daß Dinge, die noch niemals getan worden sind, getan werden können, wenn es nicht durch Mittel geschieht, die noch niemals erprobt worden sind.« (IV, 48)

›Alle Religionen sind eins‹, 4tes Prinzip: »Wie niemand mittels Reisen durch bekannte Länder das Unbekannte herausfinden kann, ebensowenig kann der Mensch aus dem bereits erworbenen Wissen noch mehr gewinnen: Daher existiert ein universeller Poetischer Genius.«[16]

162

Der »Poetische Genius«, jenseits des »immergleichen blinden Kreislaufs« der Naturgesetze, ist für Blake der Springquell aller Mächte der Schöpfung und Offenbarung; für Bacon kann der Gehorsam gegenüber der Natur auf Entdeckungen lenken, die das menschliche Leben wahrhaftig umgestalten. Wie Blake den Poetischen Genius als die wahre Quelle der prophetischen Offenbarung erfaßt, so denkt Bacon diesen produktiven Gehorsam gegenüber der Natur nach dem Modell der Aufnahme der göttlichen Offenbarung durch den Propheten.

Bacons visionäre Qualitäten anzuerkennen (was Blake selbst gewiß nicht tut) heißt, zwei Arten von Prophetie zu unterscheiden, die sich vom biblischen und orphischen Stamm herleiten, und von denen jede auf einer anderen Auffassung der Beziehung von Geist und Welt basiert. Die Baconsche oder empirische Art entdeckt die Gültigkeit der Prophetie in dem Anderssein der autorisierenden Machtinstanz, während die Blakesche oder phänomenologische ihre Gültigkeit in der Ununterschiedenheit von Geist und Vision findet. Wie Geoffrey Hartman konstatiert: in der letzteren, einer »reinen Vorstellung«, »stellt der Dichter den Geist als dasjenige vor, das ohne Ursache aus der Wahrnehmung weiß, und also in und aus sich selbst« weiß.[17] Die Baconsche Tradition der Prophetie – die vielleicht besser die lukrezisch-salomonische genannt würde – erhält sich als eine ihrer selbst bewußte visionäre Tradition nicht über die Aufklärung hinaus; und es wird dann gerade der Zweck eines Teils der phänomenologischen Tradition, die Falschheit oder Beschränktheit ihrer gefallenen Schwester bloßzustellen, so wie Blake mit Bacon, Newton und Locke verfährt. Wenn am apokalyptischen Ende von Blakes *Jerusalem* die Liebe triumphiert, fahren auch jene drei Helden im himmlischen Wagen, allerdings erst nachdem sie geläutert und verwandelt wurden. Zwar machen sich Shelley und Coleridge Bacon mit wenigen Abstrichen zueigen, jedoch einen Bacon, der als ein phantasievoller Visionär, als ein Phänomenologe neu erdacht wurde. So haben sie Kritikern wie Historikern eine allzu enge Verbindung der »weisen Passivität« eines Wordsworth und des »negativen Vermögens« eines Keats mit der schonungslos realistischen eliminierenden Induktion eines Bacon nahegelegt.[18]

Nicht allein für das Verständnis Bacons, sondern auch in bezug auf das Wesen und die Rolle von Literatur unter anderen Texten und Institutionen der Gesellschaft ist es wichtig, solche falschen disziplinären Beschränkungen in den Griff zu bekommen. Während Blake das Ziel

Bacons, die weltliche Herrschaft Adams wiederherzustellen, verdammt, reflektiert er selbst – auf andere Weise und bruchstückhaft – das jüdisch-christliche Ideal einer Vorherrschaft; er verleiht dem prometheischen Bewußtsein, das sich im »wahren Menschen« oder im »Poetischen Genius« verkörpert, eine noch größere, wenngleich asketischer ausgerichtete Vorherrschaft über den natürlichen Körper: »wo der Mensch nicht ist, ist die Natur unfruchtbar«.[19] Dieses Ziel einer asketischen Herrschaft bedeutete manchmal (obzwar nicht für Blake), die Verbindung von Literatur und Handeln zu opfern, sich in der Tat den Kräften zu fügen, die die Literatur an den Rand der Gesellschaft drängen und sie zu etwas *bloß* Visionärem, Intellektuellem oder Akademischem stempeln.

Autor versus Text

Die Probleme der Textualität bei Bacon sind in den Griff zu bekommen, wenn man die folgenden Tatsachen und Schlüsse berücksichtigt. Alle Hauptwerke Bacons kreisen um das Problem der Entdeckung. Die Naturhistorien sind Versuche, wie ein wirklicher Entdecker zu schreiben – wenn das ohne konkrete eigenständige Forschung möglich wäre. Die *Instauratio Magna* von 1620 berichtet über eine neue Entdeckung – nämlich die der Methode des Forschens selbst –, und diese nimmt einen Platz in dem sechsteiligen System des neuen Wissens ein. Entdeckung ist das übergeordnete Thema in dem wechselhafteren und zwiespältigeren *Fortschritt der Wissenschaften*; und dessen lateinische Version ist der erste Teil der sechsteiligen Instauration des Wissens. *Neu-Atlantis* feiert die Ergebnisse der menschlichen Befreiung, und das heißt der Befreiung vom Text. Zahlreiche Mytheninterpretationen in *The Wisdom of the Ancients* gehen die Philosophie des Forschens an. Manche Gelehrte haben vorgebracht, daß das Baconsche Projekt des Forschens von zentraler Bedeutung für die *Essays* ist. Alle diese Werke geben sich eloquent. Es versteht sich, daß der in ihnen entfaltete Stil im Zusammenhang mit Bacons Überzeugungen gesehen werden muß, die die angemessene Beziehung von Stil und Entdeckung der Wahrheit betreffen. Bacon ist überzeugt, daß diese Beziehung disjunktiv ist: Damit der Mensch sein Geschick auf dem Wege des Entdeckens und Erfindens erfüllen kann, muß er es lernen, die Wahrheit mit bisher ungekannter Offenheit auszusprechen. Untersuchte man Bacons Stil in rein stilistischen Begriffen, würde man den eigenen Interpretationsmöglichkeiten enge Grenzen auferlegen. Klammerte man sich etwa an Bacons Problem, wie man zu einem Laienpublikum im Unterschied zu Gelehrten spricht[20], würde man die Tatsache verkennen, daß sein Werk uns vor allem mit dem hermeneutischen Problem konfrontiert, wie Eloquenz etwas ausdrükken kann, was jenseits der Eloquenz liegt, allgemeiner gesagt: wie man in Worten eine Wahrheit ausdrücken kann, die jenseits der bekannten Ordnung der Worte liegt. Bacon fordert seine Leser auf, sich der Entdeckung neuer Wahrheiten hinzugeben.

Diese Frage des eloquenten Appells zur Verabschiedung der Eloquenz ist mit der anderen Frage verquickt, wie die Tradition sich auf das Entdecken in Bacons Werk bezieht, denn er versucht energisch und bewußt, figurale und rhetorische Ideale einzusetzen, die der kunstvollen Rede kosmische Rechtfertigung und Bedeutung liefern. Er verwertet diese Ideale in kurioser oder paradoxer Weise, um seine Haltung der Unabhängigkeit zu stärken. Er scheint die Ideologie der Reform vorzutragen, und doch stehen seine elementaren Bestrebungen zweifellos im Widerspruch zu dieser Weltansicht. Wie wir sehen werden, ist es der Kontext dieses Problems von Tradition und Innovation, innerhalb dessen Bacon das Problem der Textualität überdenkt.

Bacon kämpft mit den Schwierigkeiten, die die Vermittlung neuer, schwieriger Gedanken bietet. Seine »Lösung«, die Antwort auf die Herausforderung, das »völlig Neue« in vertrauten Ausdrücken darzustellen, ist jedoch das Problem selbst. Denn obgleich seine revolutionäre Philosophie an einem Punkt außerhalb der »kultivierten« Sprache ansetzt, stellt sich seine Auffassung von Kommunikation niemals der radikalen Disjunktion von List und Wahrheit, von Altem und Neuem, die er proklamiert. Nachdem er die enge Beziehung von Kunst und Natur, auf die elisabethanische und jakobitische Werke angewiesen sind, verworfen hat, wirft sein eigenes Projekt die Frage auf: »Wie kann das eigene Bewußtsein den erdrückenden, beständig sich modifizierenden Grenzen der Textualität *innerhalb* von Texten entrinnen?« Er stellt aber nie diese Frage; seine Aufmerksamkeit wird vom Problem der Vermittlung des Neuen in Anspruch genommen, und nicht von dem, es zu begreifen. Aus diesem Grund kann Bacons eigene Vorstellung von der Vermittlung neuer Gedanken nicht für die Probleme von Tradition und Innovation in seinen Schriften verantwortlich sein; sie bezeichnet in der Tat die Stelle, an der die Grenzen der revolutionären Haltung ganz deutlich erkennbar werden.

Bacon überlegt, wie die neue Philosophie des Neuen in der gängigen Münze eines traditionellen, »kultivierten« Diskurses vermittelt werden kann. Er gibt zur Antwort, daß die alten Gedanken nicht länger der lebendige Ursprung sein können, der sich mit Hilfe des Neuen erfüllt und verwirklicht (oder reformiert); sie sind die abgestorbenen Reste einer Welt, die wirkungsvoll – von Zeit zu Zeit – dazu benutzt werden können, das Neue nach bestem Vermögen vorauszuahnen zu lassen. »Kultiviertes« Wissen muß in sich selbst nur noch provisorische Bedeutung haben, keine, die im kosmischen Bauplan wurzelt; es dient, soweit möglich, noch unerkannten Zielen.

Bacon entwirft eine eigene »Methode der Tradition«, um mit dem Problem der Vermittlung des Neuen an diejenigen, die noch nicht mit ihm vertraut sind, fertigzuwerden. Die entscheidende Bedeutung dieser Methode wird nicht so sehr durch die Tatsache unterstrichen, daß Bacon auf dieselben Ideen an verschiedenen anderen Stellen zurückkommt, als vielmehr durch den Gedanken, daß jeder hienieden, einschließlich des Meisters selber, mit der neuen Wissenschaft nicht vertraut ist; und diese ist nicht einmal begrifflich völlig durchdacht, noch wird sie irgendwo praktiziert.

»Ein anderer Unterschied des Urteils bei der Weitergabe und Unterweisung im Wissen *bezieht sich auf die geistigen Kräfte und die Voraussetzungen dessen, was überbracht wird*; denn jenes Wissen, das neu und den anerkannten Meinungen fremd ist, muß in einer anderen Weise weitergereicht werden als das gefällige und vertraute. Und Aristoteles, wenn er meint, Demokrit zu beschuldigen, so empfiehlt er ihn doch in Wahrheit da, wo er sagt, *Wenn wir tatsächlich streiten und nicht den Gleichnissen folgen werden*, etc. Denn jene, deren Einfälle auf den üblichen Meinungen beruhen, brauchen nur Beweise zu erbringen oder zu streiten; jene aber, deren Vorstellungen aus den üblichen Meinungen herausfallen, müssen eine doppelte Mühe auf sich nehmen: die eine, sich selbst verständlich zu machen, und die andere, Belege und Beweise herbeizuschaffen; so unterliegen sie der Notwendigkeit, ihre Zuflucht zu Gleichnissen und anderen Übertragungen zu nehmen, um sich auszudrücken. Und so war in der Kindheit der Wissenschaften und in den unwissenden Zeitaltern, als jene Vorstellungen neu waren, die heute trivial sind, die Welt voller Parabeln und Gleichnisse; denn andernfalls wären die Menschen, an dem, was sich ihnen darbot, achtlos vorbeigegangen oder sie hätten es als Paradoxie zurückgewiesen, bevor sie es noch verstanden oder beurteilt hätten. So sehen wir an den theologischen Schriften, wie häufig Parabeln und Tropen sind: denn es gibt die Regel, *daß welche Wissenschaft auch immer mit den Voraussetzungen nicht übereinstimmt, Gleichnisse um Hilfe angeben muß*.« (III, 406 f.)

Zunächst müssen wir den identifizieren, der der Gleichnisse bedarf, um das Neue zu verstehen. In dieser Passage mißbilligt Bacon niemals ausdrücklich ihren Gebrauch in wissenschaftlichen Dokumenten. Wenn man jedoch seine Ansichten, die anderswo geäußert werden, berücksichtigt, kommt man zu dem Schluß, daß er hier wahrscheinlich nur über Erklärungen von wissenschaftlichen Entdeckungen für Laien spricht.[21] Wir können daraus folgern, daß er nicht die »Söhne der Wissenschaft« im Sinn hat, da diese das Wissen »mit derselben Methode, mit der es erfunden ward« (III, 404) weitergeben sollen, mit einer Methode, in der der »Schmuck der Rede, Gleichnisse, Fülle der Beredsamkeit und ähnliche Hohlheiten« »entschieden verbannt« werden (IV, 254). Wir können denselben Schluß ziehen, wenn wir uns daran erinnern, daß Bacons eliminierende Induktion die aktiven, Gleichnisse erzeugenden Fähigkeiten des Geistes einschränkt, auf deren Boden die Menschen fälschlich »das Neue mit Hilfe einer Einbildungskraft weissagen, die sich in das Alte vertieft und dessen Farbe annimmt« (*NO* I, 109; *Works* IV, 99). Schließlich verweist die letzte Aussage in der obigen Passage, nämlich, daß Entdecker gelegentlich ebenso wie Wahrsager und Propheten Analogien gebrauchen müssen, darauf, daß Bacons Thema der öffentliche Diskurs ist; denn das gemahnt an die mittlerweile bekannte Parallele, die er zwischen dem Verständnis der Natur und dem Verständnis Gottes zieht.

Bacons Vergleich zwischen der eliminierenden Induktion und der theologischen via negativa in *Cupid and Coelum* kann uns hier weiterhelfen: »Und gewiß ist es allein das Vorrecht Gottes, daß, wenn seine Natur von den Sinnen erforscht wird, Ausschließungen nicht in Affirmationen enden. Doch hier [in der Wissenschaft] liegt der Fall anders; und das Ergebnis ist, daß nach den fälligen Ausschließungen und Negationen etwas affirmiert und festgelegt wird.« (V, 465) Wenn wir diesen Vergleich zwischen Theologie und Wissenschaft zusammen mit dem anläßlich der Methode der Tradition herangezogenen betrachten, erkennen wir, daß sowohl Gott wie die Gesetze, die durch die induktive Wissenschaft aufgestellt werden, für Bacon mit Hilfe des positiven, aktiven Gebrauchs des Geistes nicht wirklich verstanden werden können; mit Hilfe eines Geistes, der Gleichnisse aus Bekanntem gewinnt, um das Unbekannte auszudrücken. Hinsichtlich der Methode der Vermittlung neuen Wissens spricht Bacon dann in der obigen Passage aus *Der Fortschritt der Wissenschaften* davon, daß gerade so, wie die religiöse Gelehrsamkeit zu dem begrenzten Verständnis, das Parabeln und Tropen

167

zulassen, ihre Zuflucht nimmt, auch die Wissenschaft ein beschränktes Verständnis des Neuen aufseiten der Laien erreichen kann, wenn sie Gleichnisse gebraucht. Der Unterschied jedoch ist der, daß die religiöse Gelehrsamkeit keinen anderen Ausweg (außer der Inspiration) kennt, während die Wissenschaft durchaus einen besitzt: Es ist die Methode der Tradition, die ja für die Forscher selbst entworfen worden ist und die die eliminierende Induktion intakt erhält; sie ist es, die eine Form, eine affirmative Identität zur Verfügung stellt, während sie Gleichnisse vermeidet.

Warum ist es so wichtig für die Wissenschaft, dieses Hilfsmittel der Kommunikation zu besitzen? Ein Zweck ist offensichtlich der, ihre eigene Sache auf die Füße zu bringen. Das heißt, Bacons Idee von Wissenschaft, seine »völlig neue« Auffassung des menschlichen Geschicks erfordert diese Form der Weitergabe viel eher als irgend eine einzelne wissenschaftliche Entdeckung. Gleichnisse werden zu einer Technik, die eine zentrale Stellung in Bacons Mission eines prophetischen Herolds der Wissenschaft einnimmt.

Gerade Bacons Betonung der Beschränktheit von Gleichnissen im *Novum Organum* I, 109, liefert ein ausgezeichnetes Beispiel dafür, wie er sie einsetzt, um seinen Argumenten Nachdruck zu verleihen. Wie wir in Kapitel 5 angemerkt haben, gibt Bacon drei Beispiele von Erfindungen, die völlig unerwartet erschienen sind: Kanone, Seide und Kompaß. Zum Beispiel:

> »Wenn vor der Entdeckung des Magneten irgend jemand gesagt hätte, daß ein gewisses Instrument erfunden worden ist, mit dessen Hilfe die vier Himmelsrichtungen und Windstriche genau bestimmt und unterschieden werden könnten, wären die Menschen durch ihre Einbildungskraft dazu gebracht worden, verschiedene Betrachtungen über eine feinere Konstruktion der astronomischen Instrumente anzustellen. Daß aber irgend etwas, das in so großartiger Übereinstimmung mit den Bewegungen der Himmelskörper ist, entdeckt werden könnte, und daß es sich dabei nicht um einen Himmelkörper selbst, sondern um nichts weiter als ein Stück Metall oder Stein handelt, hätte man für unglaublich gehalten.« (IV, 100)

Solche alten Erfindungen regen lebhaft zu neuen an. Der große Unterschied ist nur der, daß die alten Erfindungen bloß durch »Zufall und Gelegenheit« zustandekamen. Aber wenn sie auch ungenau ist, so ist die gleichnishafte Spiegelung des Neuen im Alten trotzdem wirksam, weil in beiden Fällen das Moment völliger Neuheit hervorgehoben wird; die Neuheit, die selbst so etwas wie ein Kanonenschuß ist,

»ein feuriger Stoß, der sich plötzlich und heftig ausdehnt und explodiert«.

Bacons Syntax kann einem hier weiterhelfen. Sie lenkt auf die Frage, ob die Definition des »Gleichnisses« nicht derart erweitert werden könnte, um all die rhetorischen Kniffe einzuschließen, die bei der Aufhellung dessen behilflich sind, was jenseits der Rhetorik liegt. Dadurch, daß er Adverbien und Adjektive vervielfacht und sie mit einem schmucklosen »und« in dem letzten Satz oben verbindet, hebt Bacon den augenblickshaften Charakter der Kanonenexplosion und des Aktes der Entdeckung hervor. In derselben Weise beschließt er den Aphorismus mit der Bemerkung, daß mit der neuen Methode Erfindungen »rasch und plötzlich und gleichzeitig vergegenwärtigt und antizipiert werden können« (IV, 100). Und auf der Ebene des Satzes handhabt er dieselbe Technik in einer noch raffinierteren Weise, indem er denselben Gedanken einer spontanen Entdeckung im folgenden dreimal wiederholt, um so die Unbeschreiblichkeit des genuin Neuen anzudeuten: »Es gibt also guten Grund zu der Hoffnung, daß noch immer viele Geheimnisse von vorzüglicher Anwendbarkeit im Schoß der Natur verborgen sind, die keine Affinität und Parallelität mit bekannten Dingen aufweisen, sondern völlig außerhalb der Reichweite der Einbildungskraft liegen und noch nicht aufgefunden worden sind.« (IV, 100)

In *Der Fortschritt der Wissenschaften* heißt es, daß die Rhetorik »die Einbildungskraft erfüllen sollte, um der Vernunft zu sekundieren und nicht um sie niederzuhalten« (III, 410). Mit seiner Definition von Rhetorik als einer »Veranschaulichung des Diskurses« scheint Bacon uns zu ermutigen, die Bedeutung von »Gleichnis« zu verallgemeinern, um alle Mittel der Eloquenz und der Überredung zu umfassen. Mit ihrer Hilfe geht er daran, die Einbildungskraft mit Veranschaulichungen oder Gleichnissen von dem zu erfüllen, was jenseits der Reichweite der Einbildungskraft liegt. Und er kennzeichnet vor allem den öffentlichen Diskurs als besonderes Gebiet der Rhetorik:

»Es erweist sich schließlich, daß die Logik von der Rhetorik verschieden ist, und zwar nicht nur so wie sich die Faust von der flachen Hand unterscheidet: die eine verschlossen, die andere offen; sondern vielmehr darin, daß die Logik den exakten und wahren Gebrauch der Vernunft behandelt, während die Rhetorik sie nach der Weise behandelt, wie sie in den allgemeinen Meinungen und Sitten verwurzelt ist [...] denn die Beweise und Argumente der Logik gelten für alle Menschen gleich; die Beweise und Meinungen der Rhetorik jedoch sollten entsprechend dem Publikum verschieden sein.« (III, 411)

James Stephens widmet seine Studie dem Thema, in welcher Weise Bacon einen besonderen Stil als pragmatisches, psychologisches Instrument begründet, um das Publikum mitzureißen und Aufnahme und Unterstützung für seine Wissenschaft zu erlangen.[22] Stephens zieht den Schluß, daß der Stil Bacons

»die gewöhnlichen von den wissenschaftlich gebildeten Lesern in unauffälliger Weise trennen wird, ohne eine von beiden Gruppen zu kränken. Er wird die Natur wie den Forschungsprozeß so genau als möglich imitieren [...] er wird durch geschickte Beeinflussung der Einbildungskraft seiner Leser Hoffnung und Abenteuerlust einflößen. Jeder Teilnehmer wird das Gefühl bekommen, als ob er in die geheimen Kammern der wahren Erkenntnis geleitet würde; sein Verständnis wird durch konkrete Veranschaulichungen erweitert und nicht durch Formen oder Abstraktionen verwirrt, und die Anordnung der Einzelheiten wird eines jener gelegentlichen Resümees ermöglichen, die den Eindruck erwecken, daß Fortschritte gemacht werden. Zum Schluß wird er, aus vielerlei Gründen, so viel als möglich durch Wortbilder vermitteln; er wird die Wörter samt ihren falschen Lesarten vom Wesen der Dinge vermeiden zugunsten von emblematischen Bildern, die auf vielen Ebenen kommunizieren.«[23]

Aus dieser Perspektive ist die »Poetizität« Bacons im Grunde die Gabe eines gescheiten, einfallsreichen und energischen Anwalts[24] – zweifellos bewundernswert, doch gewiß weit entfernt von Shelleys ›Gesetzgebern des Empfindens‹ und von dem Bacon, der für Shelley »die Begrenzung des Geistes sprengt«. Indem er so die Sphären der Einbildungskraft, des Gleichnisses und der Rhetorik im allgemeinen außerordentlich einschränkt, macht Bacon sie für das umfassendere menschliche Bemühen um die Forschung ungeeignet. Wenn wir uns von Bacons eigenen Feststellungen in dieser Sache leiten lassen, die von Stephens Formulierungen wie »Unmenge von Kunstgriffen« und »geschickte Manipulation« zustimmend aufgenommen werden, kommen wir zu dem Schluß, daß Bacons Verwendung der Rhetorik das Visionäre ausschließen muß, sei es nun das eines Lukrez oder das eines Blake. Es überrascht nicht, daß Bacons Ansicht vom Wesen des Entdeckens und der Rhetorik den New Criticism zu Beschwerden über seinen Stil veranlaßt hat. L. C. Knights z. B. wirft Bacon vor, überlieferte Sensibilität zu versetzen; er kontrastiert Bacons Verwendung der Rhetorik mit der Shakespeares, in der »die Bedeutung aus vielen Spannungen innerhalb der metaphorischen Komplexität hervorgeht«. Bacon biete uns bloße Veranschaulichung von Bedeutung, bei der die »Funktion der Bilder nicht darin besteht, die Bedeutung zu verstärken, sie zu vertiefen oder zu bereichern, sondern bloß darin, die Wirksamkeit einer Bedeutung zu steigern, die bereits vor der Anwendung des illustrativen Hilfsmittels erfaßt war«.[25]

Als Methode der Tradition, die dem religiösen Gebrauch von Parabeln und Tropen vergleichbar ist, scheinen Bacons Gleichnisse an den »populären«, rhetorischen Kontext der Reform zu erinnern, wie er in Teil I skizziert wurde. In diesem Zusammenhang bildet ein Geflecht von figuralen Tropen von eben der sakralen Observanz, wie sie Bacon erwähnt, eine zusammenhängende prophetische Geschichte vom Sündenfall und der Erlösung des Menschen. Es formt darüber hinaus ein Modell für den Wandel und die Innovation in Gestalt schöpferischer Imitation, Formgebung, Wetteifer und Wieder-Erschaffung. Mit dieser besonderen Methode der Tradition für ein allgemeines Publikum engagiert sich Bacon keineswegs ausdrücklich für irgendwelche Reformen, im Gegenteil: er zeigt die Anerkennung des Revolutionärs für praktische Notwendigkeiten, auf die man stößt, wenn man den Wandel verständlich und annehmbar machen will. Das berührt nicht – worauf ja L. C. Knights gerade verweist – die Beschwörung eines tönenden Universums von stimmigen und umfassenden Gleichnissen und Figuren in der Art eines Spenser, Shakespeare oder Browne, sondern die aktive Verwendung und Beherrschung der nun aufgespaltenen Ressourcen dieses traditionellen Universums aus der sicheren Position des sich selbst erhaltenden, gegenwärtigen Augenblicks. Indem die Vergangenheit nur quasi-reformerische, gleichnishafte Spiegelungen des Neuen im Alten anbietet, die die kollektive Phantasie anregen, steht sie nun, wie die Natur, dem Gebrauch und der Kontrolle des Menschen zur Verfügung. Bacon wird jedoch dadurch unverwechselbar, daß er sein Bestreben nach einer sicheren Basis, von der aus man die allgemeine Währung kontrollieren und manipulieren kann, in so extremer Weise verfolgt. Er zwingt uns dazu, über das Phänomen radikaler Innovation nachzudenken, über die ungeschaute Vielfalt, in die der Neuerer eintaucht, und über den bisweilen überraschenden Charakter der daraus resultierenden Innovation.

Wir sind jetzt in der Lage, Bacons Essay ›Über Neuerungen‹ in diesem Kontext von Entdeckung und Rhetorik besser zu verstehen. Gleich den Passagen über Innovation in *Der Fortschritt der Wissenschaften*, die oben in Kapitel 3 diskutiert wurden, scheint ›Über Neuerungen‹ eine gemäßigte Haltung gegenüber der Vergangenheit einzunehmen. Genau wie *Der Fortschritt* bringt er das fehlerhafte Zitat aus Jeremia über die

Art und Weise, nach »alten Wegen« Ausschau zu halten. Und der Essay ist durchaus noch vereinbar mit Bacons radikalerer Haltung gegenüber der Vergangenheit, einer Haltung, die durch das fehlerhafte Zitat verschleiert wird. Im Grunde anerkennt der Essay den pragmatischen Vorzug einer stufenweisen Entwicklung oder Reform um eines tiefgreifenden Wandels willen. »Wie neugeborene Lebewesen anfänglich ohne rechte Gestalt sind, so auch alle Neuerungen, die von der Zeit geboren werden [...] Es haben sich Dinge, welche lange zusammen bestanden haben, gleichsam ineinandergefügt, während alles Neue sich nicht so einpaßt.« (IV, 433) Ähnlich der breiten Masse bei Kant, die die Freiheit schrittweise erlangen muß, um sie begreifen und für sie die Verantwortung übernehmen zu können, so muß sich für Bacon ein allmählicher Prozeß intellektueller Reform zugunsten totaler Innovation (wie es die wissenschaftliche Instauration ist) vollziehen, um sie zu verwirklichen: Und zwar nicht deshalb, weil die Instauration der Wissenschaft von der zukünftigen Manifestation der göttlichen Instauration umfaßt wird, wie der Titel *Instauratio Magna* zunächst nahelegt, sondern weil die göttliche Instauration ein Universum des Diskurses anbietet, dessen Thema Grundlage und Schicksal der Menschheit ist – und das mithin dazu benutzt werden kann, die Möglichkeiten und das noch unbekannte Wesen der menschlichen Kultur anzudeuten. In ›Über Neuerungen‹ heißt es weiter, es wäre »gut, wenn die Menschen mit ihren Neuerungen dem Beispiel der Zeit selbst folgten, die sie zwar in großer Zahl, aber gemach und unaufdringlich herbringt« (VI, 433).

Das eindringlichste Gleichnis für wissenschaftliches Forschen im Werk Bacons liefert natürlich, mit ›instauratio‹ als Emblem, die Religion. Bacon hebt hervor, daß seine Kunst des Forschens noch nicht vollkommen ist; wir haben gesehen, daß die Dunkelheit des Begriffs instauratio jene Unvollkommenheit zu repräsentieren scheint. Diese Möglichkeit aber hebt ein Hauptproblem der Baconschen Idee der Vermittlung neuen Wissens hervor: Wenn die neue Methode nicht einmal Bacon selbst bekannt ist und noch überhaupt keine Söhne der Wissenschaft existieren, auf welcher Grundlage sollen wir dann bestimmten Merkmalen des Baconschen Werks den Status von Gleichnissen für das Neue zuweisen und bestimmten anderen den Status des wahrhaft Neuen? Diese Frage ist entscheidend für das Problem der Säkularisierung und für nahezu alle Themen, die zuvor in dieser Studie abgehandelt wurden.

Nimmt man Bacons revolutionäre Haltung zum Ausgangspunkt, so gelangt man zu den folgenden bedenklichen Schlußfolgerungen: Es existiert keine interne Beziehung zwischen der figuralen instauratio und der Baconschen *instauratio ab imis fundamentis*, wobei die erstere nur ein bequemes Gleichnis für etwas umfaßt, das von ihr so verschieden ist wie die Revolution von der Reform. Bacons Ansicht von Tradition und Innovation erhält demnach keinerlei Unterstützung von seiten des biblischen, ebenso moralischen wie historischen Themas der Erbauung. Bacon führt den Leser mit seinen Bemerkungen über Tradition und Innovation in *Der Fortschritt der Wissenschaften* – die einen gemäßigten Kurs der Veränderung zu suggerieren scheinen – einfach in die Irre. Die traditionelle neuplatonische Mythographie in Bezug auf Cupido, die Nacht, Pan, Echo und andere Charaktere bereitet nur einen kontrastiven Hintergrund, vor dem Bacons eigene Interpretation den Glanzpunkt bildet. Da Bacon wissenschaftliche Beschreibung als aphoristisch betrachtet, hat seine eigene Verwendung von Aphorismen im *Novum Organum* und anderen Werken, die von wissenschaftlicher Entdeckung handeln (aber nicht eine Entdeckung berichten) keinerlei Bezug etwa zu den Aphorismen eines Seneca oder Montaigne. Bacon bedarf wirklich nicht der Unterstützung durch humanistische Vorstellungen von Eloquenz als dem Medium geeinten Wissens, und der rhetorische Hintergrund, der zu so vielen Aspekten seiner Methode beiträgt, ist ihr gleichermaßen äußerlich. Wenn man erst einmal Bacons Argumentationslinie hinsichtlich der gleichnishaften Spiegelung des Neuen im Alten zu folgen beginnt, dann gibt es kein Halten mehr; und zwar deshalb, weil so wenig in Bacons Werk sich findet, das unbestreitbar neu ist. Wir lesen aufrüttelnde Proklamationen, daß alles neu sei, Ermahnungen, sich zu erneuern, schließlich einen Traum, der das Wesen einer völlig neuen, unvermittelten natürlichen Wahrheit betrifft. Die Maßlosigkeit des Verlangens nach dem Neuen selbst beschleunigt die Verbreitung von vermittelnden, gleichnishaften Spiegelungen des Neuen im Alten, von Ausdrucksmitteln, die nach der Baconschen Definition des Neuen niemals in adäquater Weise ihren gedanklichen Inhalt repräsentieren können. Vielleicht werden wir den Schluß ziehen müssen, daß den Ausdrucksmitteln eine Kraft zu eigen ist, die über das hinausgeht, was ihnen Bacon in *seinem* Zugang zur Methode der Tradition zugesteht.

Im *Novum Organum* I, 34, konstatiert Bacon hinsichtlich der Schwierigkeit, das Neue zu vermitteln: »Selbst das weiterzugeben und zu erläutern, was ich vortrage, ist keine leichte Sache; denn Dinge, die an sich neu sind, werden noch wahrgenommen im Hinblick auf das, was alt ist.« (IV, 52) An dieser Stelle erscheint die Kehrseite von Bacons

Idee, daß das Alte für das Neue einstehe. Wenn das Neue seinen eigenen Begriffen gemäß dargestellt wird, werden diejenigen, die es erblicken, sich sofort mit vorgefaßten Meinungen behelfen, um es zu verstehen, das heißt: es mißzuverstehen. Ist es demnach Bacons Absicht, die *richtigen*, gleichnishaften Spiegelungen des Neuen im Alten zu liefern, jene, die den Leser am wenigsten irreführen (zumal ja alles in die Irre führt)? Später definiert Bacon die Beziehung zwischen Buch I und Buch II so:

»Nun, da ich den Boden des Geistes [in Buch I] gereinigt, gekehrt und geglättet habe, bleibt mir zu tun übrig, daß ich den Geist in eine gute Ausgangslage versetze und sozusagen in eine günstige Blickrichtung auf das, was ich vor ihm ausbreiten werde [in Buch II]. Denn in einer neuen Angelegenheit ist es nicht allein das starke Beschäftigtsein mit alten Meinungen, das ein Vorurteil weckt, sondern auch eine falsche vorgefaßte Meinung oder ein falscher Vorgriff auf das Neue, das dargestellt wird. Ich werde mich bemühen, vernünftige und wahre Meinungen hinsichtlich der Gegenstände, die ich unterbreite, einzubringen, obgleich sie nur für einige Zeit dienen sollen und (sozusagen) interessehalber, bis der Gegenstand selbst, der die Hauptsache ist, vollständig bekannt ist.« (*NO* I, 115; *Works* IV, 103)

Anscheinend denkt sich Bacon sein Werk als eine Vorrichtung zum geschickten Gebrauch des Alten, um den Leser davon abzubringen. Tatsächlich ist Buch II im allgemeinen weniger literarisch als Buch I. Bacon sagt aber auch in der obigen Passage, daß selbst die neuen Inhalte von Buch II nur vorübergehend gelten, da die Sache selbst, die Methode des Entdeckens insgesamt, zu dieser Zeit nicht vollständig bekannt sein kann. Soll das Alte dann dazu verwendet werden, ein Neues auszuloten und flüchtig anzudeuten, das als Ganzes noch nicht existiert – soll es sogar noch seinem Schöpfer wie seinen Zeugen helfen, jenes Neue hervorzubringen und durch Figuren und Tropen zu verstehen? Wenn es sich so verhält, was bleibt dann sinnvollerweise von Bacons revolutionärer Haltung übrig?

Vielleicht ist die *Instauratio Magna* von 1620 ein gutes Beispiel für das »Kind ohne rechte Gestalt«, das in dem Essay ›Über Neuerungen‹ die Unvollkommenheit alles dessen vertritt, was neu ist. Blake protestierte ungestüm gegen das Baconsche Bild dieses Kindes: »Was für ein verfluchter Narr ist das: Ungestalt sind Kinder oder kleinwüchsige Pflanzen; ungestalt, weil sie noch nicht ihr Reifestadium erreicht haben. Was für ein gemeiner Narr ist dieser Bacon.«[26] Blake würde gleichmütig auf die Auskunft reagieren, daß im frühen 17. Jahrhundert eine andere Auffassung von biologischer Entwicklung vorherrschte. Wie Blake sucht Bacon jedoch das Ursprüngliche und die Ganzheit, und Blakes Protest sollte gerechterweise gegen die gekünstelte Manier gerichtet werden, in der Bacon seine neuen Ideen andeutet. Abraham Cowley unterbricht seinen Strom von Lobpreisungen, um gegen einen Bacon zu protestieren, der seine Zuflucht bei der Rhetorik anstatt bei der schlichten Wahrheit sucht; gegen dieselbe Neigung zu allegorisieren erhebt auch Blake Einspruch. Das Alte für ein Neues einzusetzen, ist suspekt, da es falsch ist, durch Gleichnis oder Analogie etwas darzustellen, das man entweder in schlichten Wahrheiten aussprechen kann (Cowley), oder durch das irreduzible, ganzheitliche, wahre und spontane Symbol der Dichtung (Blake). Ein anderer Kritiker Bacons hilft uns indessen noch wirkungsvoller, das Grundproblem von Bacons Idee einer Vermittlung des Neuen herauszuarbeiten.

1632 tritt Henry Reynolds für die Fähigkeit der allegorischen Dichtung ein, ein Mittel zur Entdeckung der natürlichen sowohl wie der ethischen und göttlichen Weisheit zu sein, und er fragt dabei distanziert, aber scharfsinnig nach Bacons Haltung zum antiken Mythos: »Was sollen wir mit solchen mutwilligen Widersprüchen anfangen, wenn ein Mann, um ein paar Eingebungen zu veröffentlichen, uns zunächst über sie erzählt, sie gehörten der Weisheit der Alten an, und wenn er dann sagt, jene antiken Fabeln wären nichts weiter als Fabeln und so lange ohne Weisheit oder Bedeutung gewesen, bis ihre Deuter ihnen einen Sinn gaben?«[27] Dieser Kommentar führt uns zurück zu Bacons Passage über die Methode der Tradition, denn dort legt Bacon die antiken heidnischen Mythen als Beispiele eines neuen Wissens vor, das sich in die Form des Gleichnisses hüllt. Für Bacon scheint es gleichgültig zu sein, ob der Sinn, den er den antiken Fabeln entnimmt und den er in *The Wisdom of the Ancients* und anderswo interpretiert, von den »Autoren« der Mythen in sie hineingelegt worden ist oder nicht. Sie veranschaulichen die Lehren, die er für wichtig hält, und sorgen für eine adäquate, gleichnishafte Spiegelung des Neuen im Alten. Im Vorwort zu *The Wisdom of the Ancients* bezeugt er den Mythen und ihrer Weisheit großen Respekt – aber noch größeren Respekt seinen eigenen Ideen. In jedem Fall sind die von Bacon erzählten Mythen eine bloße narrative Umhüllung; das bedeutsame traditionelle Element in der Mythographie sind nicht die Mythen selbst, sondern die sie umgebenden überlieferten Interpretationen, die Bacon heranzieht. Er könnte jedoch Reynolds entgegnen, daß es kein Widerspruch ist, wenn man einmal sagt, daß die

Weisheit von Anbeginn in den Mythen lag, und ein andermal, daß die Mythenschöpfer sie nicht auslegen konnten. Denn er sagt im Vorwort zu *The Wisdom of the Ancients*, daß wohl niemand etwas gegen den Gedanken einzuwenden habe, der antike Mythos

»leite den Verstand des Menschen mittels einer leichten und angenehmen Fahrt durch alle neuen und schwerverständlichen Erfindungen, die irgendwie von den allgemeinen anerkannten Meinungen abweichen. Daher war in den ersten Zeitaltern (als viele menschliche Erfindungen und ihre Folgeerscheinungen, die heute allgemein verbreitet sind, noch neu und nur teilweise bekannt waren) alles voller Fabeln, Rätsel, Parabeln und Gleichnissen aller Art: mit deren Hilfe sie das Wissen nicht zu verbergen, sondern zu lehren und offenzulegen suchten. Und vor allem muß man den Verstand der Menschen in jenen unwissenden und ruhelosen Zeiten in Betracht ziehen, der beinahe unfähig zu jeglicher Feinheit war, wenn es sich nicht um sinnliche Gegenstände handelte: denn so wie die *Hieroglyphen* den Buchstaben vorangehen, so sind die Parabeln älter als die Beweisgründe. Und wer auch immer in diesen Tagen den Geist der Menschen in irgendeiner alten Angelegenheit von neuem beleuchten möchte, und zwar ohne ihnen zu schaden und ohne sie zu quälen, der muß ganz genau denselben Kurs einschlagen und die Hilfe von Gleichnissen beanspruchen.«[28]

Wenn also »Parabeln den Beweisgründen vorhergingen«, dann hat es den Anschein, daß die Mythenschöpfer nicht imstande waren, einen verständlichen Beweisgrund für das anzugeben, was sie entdeckt oder erfunden hatten. Allein der kritische Blick von einem späteren, intellektuell anspruchsvolleren Zeitalter aus konnte eine derartige Interpretation nahelegen. Und warum sollte es unwahrscheinlich sein, daß diese frühen Menschen, die noch nicht von Plato und Aristoteles verdorben waren, zufällig auf Einsichten stoßen würden, die, wie Bacon im *Novum Organum* und anderswo behauptet, »der Natur der Dinge« entstammen und »die natürlichen Kräfte des Geistes, sobald er von Hemmnissen befreit ist«, berühren? Bacon sagt zwar nicht ausdrücklich, daß die antiken Mythenschöpfer sich möglicherweise ebenso sehr der Erforschung der Wahrheit wie der Erziehung ihrer Leser widmeten – aber gerade das steht wohl in Übereinstimmung mit seiner im Vorwort geäußerten Meinung wie mit den Bemerkungen über die Kindheit der Wissenschaften in *Der Fortschritt*. Außerdem scheint der Gedanke, daß die Mythen eine Art von poetischer Logik entfalten, die ursprünglich außerhalb der Allegorie eine eigene Gültigkeit hatte, von einem eifrigen Leser Bacons, von Giambattista Vico herzustammen.

Die Möglichkeit, daß diese alten Innovatoren Gleichnisse anbieten, weil sie selbst nicht in der Lage sind, klare Identität und Differenz anzugeben, verweist indessen auf die beunruhigende Möglichkeit, daß Bacon dasselbe tun könnte. Er mag fähig sein, Interpretationen für antike Mythen zu liefern, die von Dingen handeln, die nicht mehr neu sind, doch können wir sicher sein, daß er sie für seine eigenen Gleichnisse liefern kann? In welchem Umfang *gibt* es irgendeine neue Bedeutung jenseits der Gleichnisse? Bildet man sich ein Urteil nach seinen Bemerkungen über die Methoden der Tradition, dann ist es Bacons Absicht, die Macht der Tradition innerhalb des wissenschaftlichen Vorhabens zu naturalisieren, so daß sie zwar repräsentieren und überzeugen kann, aber ohne die richtige Methode der Suche nach der objektiven Wahrheit zu bedrohen. Die Figuren von Rhetorik und Dialektik sollten daher nur verstärkend und nicht verzerrend wirken. Doch Bacons Widerstand gegen ein kultiviertes Wissen wie auch die rein instrumentelle Funktion, die er ihm zubilligt, setzen unmögliche Maßstäbe für eine derartige Kontrolle von traditionellen Stoffen, wie er sie von einem völlig unabhängigen Ausgangspunkt aus errungen zu haben glaubt. Mit diesem Einblick in das grundlegende Problem von Bacons Werk und die Unzulänglichkeit seiner eigenen Äußerungen darüber haben wir über den Bezugsrahmen der Revolution hinauszugehen und seine Auffassung von Tradition und Innovation zu überdenken.

Teil III
Moderne

6.
Modernität, Dekonstruktion, Instauration

Die Moderne und die Grenzen der Dekonstruktion

Da man weder die beträchtliche Rolle von religiösen und reformerischen Idealen in Bacons »neuen« Ideen über Forschung noch die zahllosen und eigensinnigen Behauptungen von Originalität übergehen kann, die in die meisten wichtigen Aspekte seiner Ansichten über Wissenschaft und Literatur hineinreichen, kann man von Bacon wirklich sagen, daß er die Ambiguität zwischen Restauration und Neubeginn realisiert hat, die dem Wort *instauratio* seit jenem Bedeutungswechsel des Präfixes *in-* im ersten nachchristlichen Jahrhundert anhaftet. Das Ideal von sukzessiver Reform und Verjüngung wurde gegen die neuartige Initiation ausgespielt, die sich auf unmittelbare Erfassung der natürlichen Wahrheit gründet; das Neue als die Erfüllung des Alten wird gegen das Neue gesetzt, das sich vom Alten absondert. Unabhängigkeit scheint aus dem Nährboden einer figuralen Erfüllung hervorzugehen, innerhalb derer die Unabhängigkeit immer durch das größere Ganze bestimmt wird.

Diese schwierige Beziehung von Tradition und Innovation spiegelt Bacons Versuch, »um die Hilfe von Gleichnissen zu flehen«, d. h. das Vertraute einzusetzen, um das Neue anzudeuten. Das Mißliche daran ist nur, daß das Alte erwartungsgemäß eher fortfährt, auf sich selbst als auf das unaussprechlich Neue zu verweisen. Denn ungeachtet der Inspiration und Ermutigung, die Bacon späteren Forschern erwiesen hat, hält er nach so völlig neuartigen Methoden und Entdeckungen Ausschau, daß es aussichtslos erscheint, sie mit dem vorliegenden Repertoire an Gleichnissen begreifen zu wollen. Bacon begeht schließlich einen Fehler, den er selbst diagnostiziert hat, nämlich »das Neue mit Hilfe einer Einbildungskraft wahrzusagen, die vom Alten besessen und eingefärbt ist« (IV, 99). Der »positive« Weg des Theologen zu Gott, der in der sinnlichen Welt Gleichnisse über dessen Wesen auffindet, kann nicht immer die Via negativa ersetzen.

Es ist wohl ein gewisses Maß an Zusammenhanglosigkeit im Werk eines jeden intellektuellen Revolutionärs zu erwarten, der damit kämpft, neue Gedanken in einer verständlichen Weise zu formulieren. Vielleicht war keiner von diesen in dem Maße Neuerer, wie er es gerne gewesen wäre. Der innere Widerspruch von Bacons Programm in der *Instauratio Magna* erschwert es indessen, seine Vision eines neuen Wissens als etwas bloß Vorübergehendes anzusehen, als die ausgewogene Mitte in einer graduellen Entwicklung, die von den enzyklopädischen Ambitionen etwa eines Giovanni Pico della Mirandola, der alle Philosophien in einer einheitlichen christlichen Vision harmonisch umgreifen möchte, bis zu dem enzyklopädisch orientierten Abbruch und Neuaufbau eines Descartes reicht. Bacon scheint beiden Richtungen intellektueller Rekonstruktion verpflichtet zu sein.

Wenn weder der Bezugsrahmen einer Reform noch der einer Revolution die Instauration Bacons umfaßt, so bietet der einer Moderne, wie sie von Paul de Man definiert wird, wenigstens eine Signatur für dieses widersprüchliche Projekt. De Mans Begriff von Moderne betont das grundlegende Moment der Diskontinuität in Innovation und kreativem Schreiben. Diese Diskontinuität verdankt sich der Bedingtheit menschlicher Existenz durch die Zeit.

Die Modernität ist der zeitliche Horizont der Identität; die eigene Modernität festzulegen heißt, signifikante Trennlinien der eigenen Zeit und der Vergangenheit zu ziehen. Dazu hat man den Punkt des Absprungs von der Tradition zu markieren, seinen eigenen Fall oder die allgemeine Situation der eigenen Epoche von dem Strom der Geschichte abzusondern, oder auch die Abstraktionen der Geschichte vom eigenen spontanen Handeln in einer konkreten Situation abzuheben. De Man beginnt mit einem Gedanken, der Bacons *instauratio ab imis fundamentis* verwandt ist, nämlich mit Nietzsches »unhistorischem Standpunkt«. Während niemand ohne Sinn für die vielschichtigen Kontinuitäten des Lebens existieren kann, ist doch, nach Nietzsche, das Vergessen der Vergangenheit für Leben und Gesundheit unentbehrlich. De Man sagt hierzu, daß die »Augenblicke genuiner Menschlichkeit demnach Augenblicke sind, in denen alles Vorhergehende verschwindet«[1], in der Erfahrung oder dem momentanen Handeln. Doch solche spontanen Akte werden, wie Nietzsche hervorhebt, unmittelbar von der Geschichte verschlungen, und sie können nur in Begriffen umschrieben werden, die ihnen die Vergangenheit bereits auferlegt hat. Die Geschichte wird in der Tat zu einer Reihenfolge solcher unhistorischen Akte, und das Geltendmachen der eigenen Modernität erzeugt daher eine Antithese zwischen der Gegenwart als etwas Unabhängigem und der Vergangenheit als einer Determinante der Gegenwart. Diese Antithese treibt sowohl die Spannung wie die Chance der Moderne hervor; aus der Perspektive der Moderne werden Identität, Kultur und Geschichte in einem paradoxen Prozeß erzeugt, der einsetzt mit einer Verneinung von Identität, Kultur und Geschichte zugunsten von ad hoc-Beschränkung und Konzentration auf den Augenblick.

»Die Anziehungskraft eines Themas auf einen Schriftsteller«, folgert de Man, »ist auch die Anziehungskraft einer Handlung, einer Moderne und einer autonomen Bedeutung, die außerhalb des Bereichs der Sprache existiert«, eine Anziehungskraft dessen, »was nicht Kunst ist«[2]. Darstellen heißt noch nicht vergegenwärtigen; Literatur ist darum mehr als Geschichte, weil sie nicht einfach Ereignisse oder Gefühle erzählt oder wiederholt, sondern weil sie gewissermaßen die lebendige Gegenwart ihres Sinnes zu verkörpern sucht. Und doch kann ihr das niemals gelingen, ohne uns gleichzeitig den Eindruck zu vermitteln, daß sie nichts weiter als Darstellung, Nachahmung und nachträgliche Eingebung ist. Die formalen Merkmale des Textes zwingen der »autonomen Bedeutung« ein unentrinnbares Vergangensein, eine geordnete Zerstreuung in Raum und Zeit auf. Der Schriftsteller, so schließt de Man, ist mit derselben Paradoxie wie Nietzsches unhistorischer Mensch konfrontiert, und er bringt ein ähnliches Ergebnis hervor: »Sobald Baudelaire [z. B.] den einmaligen Augenblick der Erfindung, der als ein Akt begriffen wird, durch eine sukzessive Bewegung ersetzen muß, die wenigstens zwei getrennte Augenblicke umfaßt, betritt er eine Welt, die die Tiefen und Verwicklungen einer artikulierten Zeit aufweist, einer Interdependenz zwischen Vergangenheit und Zukunft, die jegliche Gegenwart daran hindert zu entstehen.«[3] Auf diese Weise setzt sich der dauerhafte Appell der Moderne durch, das Verlangen, von der Literatur zur Wirklichkeit des Augenblicks durchzubrechen, und er wendet sich einerseits gegen sich selbst und ruft die Wiederholung und Fortsetzung der Literatur hervor«[4].

Danach existiert etwas in der Literatur, das über die Literatur hinauszutreiben sucht und so noch mehr Literatur erzeugt. Darstellung ist auch das Resultat der Suche nach Gegenwart, sei es die einer sich artikulierenden Stimme oder sei es die einer Welt; und Resultat auch der Suche nach Originalität. Eine derartige Ansicht von Literatur impliziert zwangsläufig ein gewichtiges »dekonstruktives« Element. Indem die moderne Betrachtungsweise zeigt, wie Sprache, Metapher und Kontext auf die Manifestationen der »Wirklichkeit des Augenblicks« ablenkend, ausgleichend und zersplitternd wirken, dekonstruiert sie diese Manifestationen auch – handle es sich um auktoriale Präsenz, intendierte Bedeutung oder um Kohärenz sowohl hinsichtlich einer Harmonie der Strukturen wie einer Darstellung der Realität. Denn der Drang nach der Wirklichkeit des Augenblicks existiert, und er kann nur insoweit entdeckt werden, als er zugleich aus dem Gewebe von Text und Kontext hervorgeht und in es eingeht.

Welche grundlegende oder inhärente Modernität es auch immer in jeder Literatur gibt – das Aufspüren der Modernität eines Textes kann dann bedeutsam werden, wenn sie der Text, wie bei Bacon, in irgendeiner Form explizit beansprucht: wenn er nämlich, auf der Suche nach Erfüllung in einem neuen Augenblick des Ursprungs, gegen die ihm auferlegten Grenzen angeht, seien sie formaler, thematischer, politischer oder anderer Art. Bacons Modernität droht nicht nur damit, über die Grenzen des Textes hinaus vorzustoßen, sondern behauptet tatsächlich, dies bereits getan zu haben, die Gebäude von Wissenschaft und Kunst hinweggefegt und uns vor den letzten Schleier einer wohlbegründeten, wiedererrichteten Wahrheit des innersten Heiligtums geführt zu haben. Indem wir ihn als einen Modernen dieser Art erkennen, können wir sowohl den Wissenschaftler Bacon wie auch den »dunklen, rätselhaften, emblematischen Dichter [besser begreifen], der mit einer Metamorphose seines eigenen Denkens kämpft«[5], wie Elizabeth Sewell es formuliert.

Bacon bezeugt die »Obsession der *tabula rasa*«, die de Man zufolge für die moderne Literatur charakteristisch ist: »Die Moderne investiert ihr Vertrauen in die Macht des gegenwärtigen Augenblicks im Sinne eines Ursprungs, aber sie entdeckt, daß sie sich mit der Ablösung von der Vergangenheit zugleich von der Gegenwart abgelöst hat.«[6] Bacons *instauratio ab imis fundamentis* reflektiert den machtvollen und produktiven Drang, über die erdrückende Masse von gängigen Ideen und Formen hinaus als unabhängiger Beobachter und Richter zu einer unmittelbaren Erfassung der Natur zu gelangen. Aber eine solche Unabhängigkeit droht den Augenblick der Vision zu einer unbegreifbaren, unbeschreibbaren, unbedeutenden und flüchtigen Präsenz schrumpfen zu lassen, die durch einen völlig autonomen Erkennenden erlangt wird, dessen heroischer Individualismus sich vor allem in Haltung und Programmatik, in einem abstrakten und formalen »Ich« ausdrückt. Bacons Drang nach einem Neubeginn des menschlichen Bewußtseins und nach der unvermittelten Gegenwart der natürlichen Wahrheit erzeugt eine eigenartige Blindheit, die von seiner Fähigkeit zu erleuchten und zu begreifen ununterscheidbar ist. Das gelehrte Handwerk der Dichter, die Allegorien der antiken Mythenschöpfer und die »Parabeln und Tropen« der Theologen werden zu Modellen für Bacons Diskurs über das Entdekken. Seine Revolution wird weitgehend aus ihrer Vorgängerin, der Reform, gebildet. Bacons moderner Text mag die offenbarenden Züge eines Meisterwerkes tragen, doch dessen Bestandteile sträuben sich insgeheim gegeneinander, da das Aufspüren eines von der Tradition wegführenden Ausgangspunktes das kontrollierende Bewußtsein einer gefährlichen Verminderung und Erschütterung ausgesetzt hat.

»Die zahllosen Ströme der Lehre«, die der Vergangenheit entspringen, bewässern also nicht nur die Kirche, wie Bacon meint, sondern sie liefern auch ein Modell von Figuration und Erfüllung, das Bacons Identität als Revolutionär charakterisiert. Von daher die Paradoxie eines Stilisten, der für die Stillosigkeit eintritt: Das Prinzip eines Dekorum, dem entsprechend jede Sache ihre eigene charakteristische und natürliche Ausdrucksweise besitzt, legt den Grund zu Bacons Ideal wissenschaftlicher Einheit und wissenschaftlichen Diskurses, aber es untergräbt zugleich sein Projekt eines stillosen Ausdrucks. Rhetorische und logische Teilung, Topik und Analogie spielen in Bacons Wissenschaft nicht nur deshalb unverzichtbare Rollen, weil sie bequeme Auswege bieten, um eine diffizile und unvollkommene, neuartige Vision zu erläutern, sondern auch deshalb, weil sie substanzielle und folgenreiche Bestandteile jener Vision sind. Der Titel *Instauratio Magna* drückt schließlich Bacons Identität als die eines im Widerspruch stehenden Propheten aus: Er imaginiert einen wissenschaftlichen Diskurs, der der Tradition eines visionären Diskurses opponiert, aus der heraus er imaginiert wird.

In der Modernität von Bacons Mytheninterpretation übertrumpft der Kontext die ausdrückliche Bedeutung, und so nehmen die gleichnishaften Spiegelungen des Neuen im Alten eine Art hermeneutischer Rache an der revolutionären Haltung, der zu dienen sie aufgeboten wurden. Bacons Echo, die farblose Eindeutigkeit eines wissenschaftlichen Diskurses, der bloß die Stimme der Natur nachäfft, übt gleichsam an sich selbst Kritik, denn unverkennbar reduziert es die symbolischen Polyphonien dieser Kreatur bei früheren Mythographen und Dichtern.[7] Die »Instauration« Eurydikes durch Orpheus (IV, 648) soll die Naturphilosophie vertreten, die nach der neuen Methode praktiziert wird (oder ihre antike Vorwegnahme); aber dieser Akt selbst gemahnt an den göttlichen oder göttlich inspirierten Schöpfer-Dichter der mythographi-

schen Tradition, der Mensch und Natur im figuralen Sinn von Instauration erlöst.[8] In *Of Principles and Origins according to the Fables of Cupid and
Coelum* reduziert die Baconsche Nacht die mystische Gegenwart Gottes
auf die interesselose Gegenwart des Wissenschaftlers, der einen zerbrochenen Kosmos erforscht, der des Gottes und der menschlichen Tradition, die seinen Namen hütet, beraubt ist. Der Gott des Mystikers, der
in der Finsternis wohnt, wird so zur Abwesenheit selbst. Das ist die
furchtbare Antwort auf die Frage nach dem verborgenen Gott, auf die
Pascal in der fremd gewordenen modernen Landschaft überall stieß: Er
ist nicht da. In diesem Kontext ist Bacons inhaltsleere Finsternis eine
kühne Reduktion, deren Beschränktheit im Vergleich zur ursprünglichen Lesart offenbar wird. Diese eigensinnige Unabhängigkeit isoliert
sich so sehr vom Kontext, daß der Kontext sie mindestens ebenso oft
unterhöhlt wie unterstützt; das veranschaulicht eine der Konsequenzen
des Drangs der Aufklärung nach Macht und Wissen. Denn gleich nach
der modernen Technik liefert Bacons opportunistisches Herangehen an
seine literarischen Quellen ein erklärendes Instrumentarium, das gelegentlich auf seinen Nutznießer zurückschlägt, d. h. den kontextuellen
Leitfaden der Interpretation zurückgewinnt. Der dekonstruktive Ausblick auf die Moderne zeigt, wie ein Textproblem, Bacons verwegene
Entstellung der Mythographie, in unseren technischen und ökologi-
schen Problemen ein Gegenstück hat.

Die Perspektive der Moderne hilft uns, das Wesen und die Bedeutung
Bacons als Wissenschaftler herauszuarbeiten. Diese Perspektive erinnert in mancher Hinsicht an Thomas Kuhns Analyse von Innovation in
den Wissenschaften.[9] Auch da ist die Innovation diskontinuierlich: Sie
umfaßt eine Reaktion gegen die anerkannten Rahmenbedingungen des
Zugangs zu wissenschaftlichen Problemen (d. h. gegen das dominante
»Paradigma«), und sie repräsentiert die Einführung eines neuen Para-
digmas. Die Innovation entfaltet sich nicht aus einem kumulativen und
kontinuierlichen Evolutionsprozeß. Die Perspektive der Moderne trifft
die Kuhnsche Diskontinuität, den Zusammenstoß alter und neuer Paradigmen, auch innerhalb der Innovation an, d. h. innerhalb des innova-
torischen Textes. Zur Zeit Bacons gab es keinen universellen Satz von
Paradigmen für die Naturerkenntnis (keine »Normalwissenschaft«,
wie Kuhn es formuliert). Die Bedeutung Bacons für die Geschichte der
Wissenschaft liegt jedoch in seiner revolutionären Haltung: in seiner
Konzeption des innovativen Prozesses als dem Ergebnis eines totalen
Bruchs mit der Vergangenheit. Die Einzelheiten seiner wissenschaft-

lichen Methode und seiner Konzeption der Naturphilosophie können zum großen Teil als Funktion seiner beherrschenden Forderung nach einem Neubeginn erklärt werden. Hinsichtlich der Haltungen gegenüber dem Wandel oder gegenüber Tradition und Innovation entdecken wir bei Bacon einen Zusammenstoß von alten (reformerischen) und neuen (revolutionären) Paradigmen. Blindheit und Einsicht bestätigen sich gegenseitig in ihrer Funktion.

Die Blindheit – ebenso sehr wie die Stärke – von Bacons Modernität manifestiert sich am offensichtlichsten in seinem Anspruch, daß seine völlig neuartige Praxis allein die richtige sein kann. Die enormen wissenschaftlichen Fortschritte, die um ihn herum stattfinden, setzt er entweder herab oder beachtet sie nicht. Wenn das einzige Kriterium für eine begründete wissenschaftliche Untersuchung die Treue zur Methode der eliminierenden Induktion ist, die im Kollektiv praktiziert wird, und diese darauf abzielt, umfassende Gesetze allmählich und sorgfältig auszuarbeiten, dann muß das Werk der heute berühmten Zeitgenossen Bacons, die ziemlich unkooperativ vorgehen und höchst spekulative, kaum überprüfte Theorien hervorbringen, nur sehr schwer von Aberglauben und Traditionalismus zu unterscheiden sein, aus denen sich ein Großteil der Naturphilosophie des Zeitalters zusammensetzt. Das betrifft Kopernikus, Paracelsus, Hariot, Gilbert, Harvey, Napier, Galilei und andere. Der revolutionäre Eifer, sich auf neuartige Ziele einzulassen, die ihre Parteigänger von allen vorangehenden Wissenschaftlern deutlich abheben würden, schlägt Bacon mit Blindheit. Aus demselben Grund verliert sich sein Verlangen nach dem Neuen, wie wir gesehen haben, in einer undurchführbaren wissenschaftlichen Methode, die auf ein unmögliches Ziel aus ist.

Bacon auf seine moderne Qualität hin zu lesen, heißt gewiß nicht, wie es Denis Donoghue formuliert, »das sprechende Subjekt als hoffnungslos zerfallen vorzustellen, als die bloßen Geräusche eines Kielwassers oder einer Bauchrednerpuppe«[10]. Die Perspektive der Moderne registriert die inneren Grenzen ebenso wie die erstaunlichen Möglichkeiten des Bewußtseins. Beide entspringen der Paradoxie, daß das Bewußtsein aufgrund der Begrenzungen durch Sprache und Zeit, die von der modernen Gesellschaft verstärkt werden, niemals seine eigene Identität oder die der Gegenstände, an denen es Anteil nimmt, zu durchdenken imstande ist. Die Identität der Modernen ist ein Konstruktionsvorhaben, und sie enthüllt sich bisweilen eher in einer Tragödie des Sinnes als des Geschehens. Das Katastrophale an Bacons modernem Text ist das

Versinken einer Vision der Gegenwärtigkeit im Gewebe des Textes; das tragische Erkennen gilt den spezifischen Werten, Stärken und Schwächen, die jener Gegenwärtigkeit innewohnen, und dies alles kann nur im Schwinden voll erkannt werden, gerade so wie die Größe des Protagonisten sich nur in seinem oder ihrem Schwinden enthüllt. Hätte sich Bacon eine weniger extreme Revolte und eine vitalere Verbindung von Vergangenheit und Gegenwart ausgedacht, so wäre seine Proklamation der Unabhängigkeit weniger machtvoll ausgefallen. Er hätte ein größerer oder geringerer Schriftsteller sein können, aber nicht ein so offenkundig moderner. Obgleich Bacon selbst nicht dazu imstande war, mag doch dem Leser eine gewisse Erkenntnis dieses modernen Schicksals und seiner Bedeutung zufallen – aber selbst der Leser, der schließlich auch ein Moderner ist, muß die unvermeidlichen Grenzen seines theoretischen Forschungsinstrumentariums anerkennen.

Im Anschluß an Werner Jaeger verweist Richard Lanham auf die rhetorischen und philosophischen Lebensideale als zwei komplementäre »Theorien des Stils, Konstruktionen der Wirklichkeit«[11]. Spielerisch und pragmatisch kennt die Rhetorik keine Wahrheit jenseits des Stils, kein Selbst jenseits der Maske, kein Wesen jenseits des Namens; Philosophie dagegen, immer ernsthaft, geht unablässig der Wahrheit nach, entkleidet sie der Illusionen und folgt dem Kern des Selbst jenseits seiner verfälschenden Rollen. Lanham behauptet, daß die Bevorzugung einer dieser Ansichten die Wirklichkeit verflache und daß die größten Werke der europäischen Literatur abwechselnd beide Ansichten verkörperten. Das philosophische Lebensideal selbst, darauf würde de Man beharren, kann nur durch die Rhetorik in Erscheinung treten.

In einer Hinsicht wenigstens ist die dekonstruktive Aufgabe einer Erkundung solcher Verschiebungen, wie sie Bacon vollzieht, ein wesentlicher Aspekt humanistischer Studien. Seit Lorenzo Valla haben die Humanisten auf die reichen, prägenden Grundlagen von Kultur und Tradition verwiesen und sie als Fakt wie als Impuls aufgefaßt, oder, wie der Dichter George Herbert sagt, als »die unausgegorenen Prinzipien in der Kelter«. Zwar kann die Idee der Moderne bei de Man ein wirkungsvolles Instrument für ein Verständnis der Ansprüche auf Originalität sein, aber sein Vertrauen auf Nietzsches Grundsatz, daß spezifisch menschliches Handeln unhistorisch ist, stellt eine wesentliche Begrenzung dar. Dieser Grundsatz kann dahingehend ausgelegt werden, daß die Geschichte bloß eine Story von Zwang, Verwirrung und Vergeblichkeit ist und jedes ernsthaften Lesers unwürdig.

Frank Lentricchia hat seine scharfe Kritik an de Man, die er in einem früheren Buch vortrug, neuerdings auf dessen Essay ›Literary History and Literary Modernity‹ konzentriert, dem er eine zentrale Stellung und eine Bedeutung einräumt, die dieser dunkle, bisweilen verdrießlich nostalgische und vor allem suggestive und fragend auslotende Essay kaum wirklich einzulösen vermag. Lentricchia entdeckt in diesem Essay, in de Mans anderen Schriften sowie in der dekonstruktionistischen Philosophie und Kritik genau das, was Bacon »Acatalepsia« nennt: einen unbeweglichen Fatalismus, der auf der bitteren Weisheit gründet, daß sowohl Wahrheit wie Handeln, im Text oder im Leben, naive Illusionen sind, die durch die unlenkbaren Institutionen von Literatur oder Gesellschaft aufgelöst, verdrängt oder mißbraucht werden. Lentricchia schließt, daß die

»Dekonstruktion [...] uns etwas darüber sagen mag, wie wir uns täuschen, aber sie besitzt keinen positiven Inhalt, sie weist den Intellektuellen keine alternative Textarbeit zu. Sie hat nichts zu sagen. Es mag sein, daß sie das deutlichste Symptom der Lage ist, in der sich der humanistische amerikanische Intellektuelle heute befindet: Er tastet mit seinen Gefühlen herum, wünscht Veränderung, aber ist ausgelaugt, erdrückt und entnervt durch die Furcht, daß robuste, aktive Willenskraft zu keinem Erfolg gelangt.«[12]

Lentricchia erkennt in gewisser Weise an, daß in der Literatur wie im Leben »wir nicht wissen und nicht wissen können, was wir soeben tun«, doch er fährt mit der Behauptung fort, daß

»der dekonstruierte Akt, während er die Kräfte enthüllt, die jenseits des Bewußtseins des tätigen Subjekts in ihm liegen, nicht der Akt ist, der ausgelöscht, widerrufen oder in die Fatalität der Geschichte eingereiht wird [...] Es bleibt in dem Akt ein ganz und gar drängendes Hiersein: eine Gegenwart und zugleich ein Vergegenwärtigen von Vergangenheit und Zukunft. Der literarische Akt bleibt ein Akt. Welche auch immer die unbekannten, unbezähmbaren Kräfte sind, die auf ihn und durch ihn wirken, so erzeugt der literarische Akt kraft seiner Manipulation der Form einen Einfluß und löst dadurch Wirkungen in der ›Gegenwart‹ aus [...] Im Akt des Schreibens wird uns daher ein dramatischer, linguistisch greifbarer Zugang zur Erschließung der Gegenwart gegeben.«[13]

Wie immer gewichtig de Mans Nostalgie auch sein mag: Bacon führt uns auf genau dieses Residuum des Handelns und der Bedeutung. Sein vielfältiges Streben nach Gegenwart und dessen reformerischer Kontext summiert sich nicht zu einer Verneinung von Vergangenheit und Zukunft, sondern führt zu einem energischen Insistieren auf der Geschichte. Es läßt uns danach fragen, ob die Moderne nicht eine paradoxe Situation ist, die nur eine besondere, paradoxe Phase der Geschichte charakterisiert. Von einem bestimmten Gesichtspunkt aus scheint Bacon den ungeheuer schöpferischen Energien des größten Zeitalters in der englischen Literatur eine asketische, sterile Ordnung aufzuerlegen – und das, als die Sprache am empfänglichsten für die widerhallenden Polysemie der Gleichnisse war. Es ist freilich eine Reaktion der Kritik gewesen, Bacon zu entschuldigen und eine Interpretation für ihn zu finden, die seinen fröhlich-rationalen Ruf nach »einfacher sinnlicher Wahrnehmung« (IV, 40) abschwächt und zu einer blassen Chiffre in dem überquellenden Englisch der Renaissance werden läßt. Aber wie sich das Bild in einem Vergrößerungsglas umkehrt, wenn es an das Objekt heranrückt, so sind viele der charakteristischen Merkmale, die zur Baconschen Suche nach einer »Gegenwart« jenseits des »Textes« (sowohl der Erfahrung wie der Bücher) gehören, untereinander austauschbar und können abwechselnd auf die Dualität von Bacons Werk angewendet werden: Es ist genauso zutreffend, daß Bacon aus der erdrückenden rhetorischen Kultur, die er aufgesogen hat, ausbricht und versucht – wenn auch mit nur partiellem Erfolg – sich und seine Leser von einem Diskurs zu befreien, in dem jede Bedeutung modifiziert, vermittelt und beinahe hieratisch ist; und daß er versucht, die unbekannten, jenseits davon sich erstreckenden Weiten zu erforschen.

Bacon verkörpert demnach einen Typus von moderner Literatur, der sich nicht mit einem literarischen Status zufriedengeben mag und der einen bequem in Texten, in der Sprache – und in Literaturfakultäten – zugänglichen Sonderbereich darstellt: Und der dann seelenruhig und weltfremd aus dieser Beschränkung herausgelöst wird, so daß er nicht nur jede Art von Geschriebenem, sondern auch jede Art von Erfahrung als den weltlichen, unseren Phantasien entsprungenen »Text« einschließt, den unsere Phantasie kennzeichnet und hervorbringt. Nur ein weiterer und äußerst widersprüchlicher Begriff von Einbildungskraft könnte den Dualismus dieser Modernität umfassen. Ganz gleich, ob sie als mimetisch, expressiv oder formal konzipiert wird, ist diese moderne Spezies literarischer Arbeit niemals das, was sie zu sein vorgibt. Sie stellt ihre eigene, bloß literarische Seinsweise in Frage und läßt uns an der Einbildungskraft und den sozialen Institutionen zweifeln, die diese Seinsweise hervorbringen und bedingen. Wenn auch die spontane, »autonome Bedeutung«, die »Wirklichkeit des gegenwärtigen Augenblicks« sich in den einengenden Artikulationen des Textes verkörpern

muß, kann sie letztlich nicht reduziert und vollständig darin einge-
schrieben werden: im Bild, im Symbol, im saumlosen Gewebe der
Typologie, im Archetyp oder in fortwährender Ironie; sie widersteht
noch immer einer gebieterischen Textualisierung ihrerselbst und der
Erfahrung.

Die Politik der Modernität

Die Gegenwärtigkeit, von der Lentricchia spricht und die Bacons widersprüchlicher Text hervorbringt, ist unentschieden, sie ist aber keineswegs unhistorisch. Sie richtet sich auf die Befreiung eines jeden von
der Komplizität, die Sprache und Rhetorik bei der Überwachung von
Vorstellungen, Werten und Institutionen eingehen. Wie die Kritik Lentricchias an de Man verdeutlicht, lenkt Bacon unsere Aufmerksamkeit
vor allem auf die ideologischen Aspekte der Moderne: auf die Bedeutungen, dank derer das gesellschaftliche Gewebe von Macht die kulturelle
Produktion bedingt und »adoptiert«. Das impliziert die Anerkennung
des ideologischen Status von Bacons revolutionärem »Ich« und der
ideologischen Begrenzungen der Moderne, so wie sie sich als Gegensatz
zwischen dem Text und der gegenwärtigen Erfahrung eines individuellen Bewußtseins zeigen. An diesem Punkt wird Bacons moderne Paradoxie, die sich derjenigen der Avantgarde des 20. Jahrhunderts und gewisser Spielarten der modernen Literatur annähert[14], zum Einsatz der
gegebenen Ideologie zu ihrer eigenen Überwindung. (Bacons Reform
der Wissenschaft macht sich etwa, wie wir gesehen haben, Jakobs impe-
riale und apokalyptische Ideologie zueigen.) In dieser Hinsicht meint
Bacons prometheisches Fackelrennen um wissenschaftliche Entdeckungen in *The Wisdom of the Ancients* auch den Fortschritt im organisierten
Kampf gegen die Ideologie; mit seiner Lehre von den Idolen des Geistes
ist der moderne Bacon auch ein Bacon der oppositionellen Kritik.[15]

In einem Buch, das den »essentialistischen Humanismus« gewisser
Literaturkritiker (z. B. die Positionen Eliots, Leavis', Fryes) angreift,
einen Humanismus, der als Ursache des Leidens und der Ungerechtigkeit eher die menschliche Natur in Betracht zieht als die veränderlichen,
historisch bestimmten Machtbeziehungen, entdeckt Jonathan Dollimore einen Bacon, der sich zu einem »materialistischen« Begriff von
Ideologie vortastet, der eben gerade die »Bedingungen und die Motive
des Bewußtseins« in einer gegebenen Gesellschaft bestimmt.[16] Bewußtsein und Identität können nicht völlig unabhängig von der komplizier-

ten Verteilung der Machtbeziehungen in einer Gesellschaft existieren. Die Form des Essays (Dollimore hält sich an Bacons Essay ›Über Gewohnheit und Erziehung‹) bietet beträchtlichen Spielraum für solche scharfe Kritik an den Konventionen. Bacons ungebrochenes Vertrauen in die traditionelle Ideologie und seine Begeisterung für eine neue Ideologie, die – wenn man so will – die bevorstehende Hegemonie eines nicht-ideologischen (wissenschaftlichen) Diskurses prophezeit, drängen allerdings auf eine Modifikation von Dollimores Einsichten. Bacon selber als der »neue Philosoph« muß derartige Spekulationen auf jeden Fall bekämpfen, um ein vollständig unabhängiges Selbst zu festigen. Dollimores Einsicht bleibt dennoch wesentlich, weil er Leser, wenn er die widersprüchlichen, von Bacon angebotenen Alternativen überdenkt, von selbst auf sie stößt. Gleich dem jakobitischen Drama, das Dollimore untersucht, erzielt Bacon seine wirkungsvollste Subversion auf einer indirekten Ebene: »Die jakobitische Tragödie [. . .] befragt die Ideologie von innen her, ergreift ihre Widersprüche und Inkonsequenzen, stellt sie zur Schau und weist alternative Wege zu einem Verständnis der sozialen und politischen Prozesse. Hier gibt es kein Bewußtsein von Transzendenz; das Drama kann die Widersprüche, die es erforscht, sich einverleiben«.[17]

Im Fall Bacons ist das Thema einer solchen inneren Befragung vor allem sein Streben nach Herrschaft (*imperium*: instaurare e amplificare imperii humani in universum), das sowohl durch den absoluten Monarchen wie durch Bacons wissenschaftlichen Blick repräsentiert wird. Die *Instauratio Magna* drückt die Paradoxie des Absolutismus[18] ebenso direkt aus wie die Königsdramen Shakespeares – und stellt sie auch ebensosehr bloß: Der Absolutismus beantwortet die Liberalisierung der feudalen Hierarchien mit dem Versuch, sich auf eine absolute Autorität zu berufen. In seiner Einleitung zu Bacon zitiert Anthony Quinton Friedrich Heers Analyse des Baconschen Charakters vor dem Hintergrund der Realpolitik: »›Bacon war von dem Ehrgeiz nach Macht, Besitz, Ehren und Einfluß besessen. Er wünschte sich, die Welt in der hohlen Hand zu halten. Sein Drang zur Macht beförderte ihn zum natürlichen Advokaten der induktiven Methode und einer repressiven Kolonial- und Wissenschaftspolitik. Der induktive Gedanke Bacons war Englands Antwort an Spanien.‹«[19] Quinton, der Heers These akzeptiert, verweist in seiner Antwort darauf, daß es Englands »historische Rolle« war, ein industriell starkes »Hindernis für kontinentaleuropäische Tyrannen zu sein, die zu weit gehen«[20], und er wertet das als Beleg dafür, wie sich die Baconschen Ambitionen auswirkten. Dies legt die Vermutung nahe, daß Bacons Streben nach Macht zwar die absolute Monarchie unterstützt, zugleich aber geschichtlich mit dem Aufgang der liberalen Demokratie und des industriellen Kapitalismus als bürgerlicher Ideologie verbunden ist. Bacons Fall belegt allerdings auch die Unstimmigkeiten dieser Ideologie.

Wir werden niemals wissen, ob Bacon von seiner kooperativen Wissenschaft »wirklich« annahm, daß eine expandierende Gruppe von Frühkapitalisten aus ihr Nutzen ziehen würde, eifrig bemüht, die von den damaligen erfinderischen Handwerkern entwickelten Produktionsgeheimnisse zu entdecken und auszubeuten.[21] Bacons Aufruf zu einer intellektuellen Revolution steht aber in einem deutlichen Zusammenhang mit der neuen Klasse aufsteigender, frühbürgerlicher Verwaltungsbeamter, zu deren führenden Mitgliedern er gehört. Der Niedergang der bindenden feudalen Verpflichtungen überläßt den elisabethanischen Menschen furchterregende Aussichten sowohl auf Befreiung wie auf Vereinzelung. Obgleich Georg Lukacs' berühmte Diagnose der modernistischen Strömungen sich an einem hochentwickelten Stadium der kapitalistischen Wirtschaft orientierte, trifft sie auch hier zu. Für Lukacs ist die modernistische Betonung »der ontologischen Einsamkeit des Individuums«, seiner oder ihrer »unhistorischen« Vereinzelung in getrennten Zeitmomenten eine Widerspiegelung der isolierten Situation des Individuums, sei es als Produzent oder Konsument, in der spätkapitalistischen Gesellschaft.[22] Bacons Zeitgenosse John Donne nimmt in sensibler Weise einige von Lukacs' Einsichten in seinen Anniversary-Gedichten vorweg. Die Jagd nach Unabhängigkeit und Originalität, so erklärt John Donne, kann aus einer Schutzreaktion vor einer allseits gegenwärtigen Atomisierung der Gesellschaft resultieren und kann sie zudem noch verstärken. Der Neuerer schafft nicht nur sein Neues in einem optimistischen Akt der Befreiung und Behauptung menschlicher Energien; jenes Neue widerfährt ihm auch selbst:

»Und man gibt's offen zu: erschöpft ist diese Welt,
Wenn in Planeten, Körpern auf dem Himmelszelt
Man neue schaut so viele; sieht man die unsere jetzt
In lauter Krümel, ja, doch wieder zersetzt.
Da liegen sie in Brocken, ohn' Zusammenhalt,
Was recht und billig Teil, es wird vergessen bald,
Und was Beziehung ist: Fürst, Diener, Vater, Sohn,
Denn jeder meint, es sei sein eigen Los und Lohn,

193

Phönix zu sein, für sich, und nicht gut möglich,
Daß es noch andre gibt der Art wie dieses Ich.«[23]

Bacon dramatisiert seine Individualität; sie ist in einem besonderen Zeitmoment zugleich befreit und gefangen.[24] Bacon und Donne zelebrieren beide das neue Bewußtsein eines »jeder für sich«, und beide stellen dessen Zerbrechlichkeit und Zufälligkeit anschaulich heraus.

Wenn Marx von Bacon und der (tatsächlichen) Zerbrechlichkeit und Zufälligkeit des Industriearbeiters spricht, der von der Feudalgesellschaft befreit und neuen Arten der Ausbeutung ausgeliefert ist, zeigt er noch eine andere Seite dieses Paradoxes. Während er Bacon als einen Vorläufer des Materialismus anerkennt, verweist Marx in seinen Frühschriften auf die Grenzen jener »reinen Luft« interessenloser Erkenntnis beim ehrgeizigen, unabhängigen Räsoneur Baconscher Observanz, »wo die Natur sich dem Auge in ihrer ganzen Schönheit darbietet und von wo man, vermittelst eines bequem gesenkten Pfades, zu den letzten Details der Praxis herabsteigen kann«. Sein Abscheu vor den ausbeuterischen Bedingungen dessen, was er, wie Quinton, als ein Erbe dieser Baconschen Ideologie der rationalistischen Beherrschung im industriellen England ansieht, gewinnt die Oberhand. Wissenschaftliche Macht ist in ökonomische Unterdrückung überführt worden: »Gute *reine Luft* die Pestatmosphäre der englischen Kellerwohnungen! *Große Naturschönheit* [...] Kinder, die auf dem Mist liegen; die Mißgeburten, welche die Überarbeitung in der einförmigen Mechanik der Fabriken erzeugte! Allerliebste *letzte Details der Praxis*: die Prostitution, der Mord und der Galgen!«[25]

Man muß die Handelswege über die europäischen Demokratien hinaus verfolgen, um heute auf solche Verhältnisse zu stoßen, oder sich der Unterschicht zuwenden, die in den Vereinigten Staaten fortbesteht. Massenmedien und Erziehung (oder deren Fehlen) lenken einen Großteil der US-Bevölkerung zu der immer mehr entschwindenden Warenutopie mit ihrer Losung von Brot-und-Spielen – einer Utopie, die für »autonome« Individuen geplant ist, deren Identität Konsummuster prägen.

Wenn Bacon auch eine herausragende Rolle in der Entwicklung der bürgerlichen Ideologie spielt, so steht sein Streben nach menschlicher Befreiung dennoch in einem dauerhaften Konflikt mit all jenen Ideologien, die engbegrenzten Interessen dienen. Vor allem ein Kernpunkt seines Programms untermauert diesen umfassenden Widerspruch: Bacon beharrt darauf, daß die materiellen Bedingungen menschlichen

Lebens nicht durch die bestechenden Theorien großer Geister verändert werden, sondern durch die kooperative Arbeit jener Forscher von ganz gewöhnlichem intellektuellem Zuschnitt. Dieses Beharren erscheint aus der späteren Sicht der Wissenschaftsgeschichte als peinlich, einer Geschichte großer Männer mit großen Ideen, die in unserer aufgeklärten Gegenwart durch große Geldmittel begünstigt werden. Wie eine künftige Geschichte der Wissenschaft auch immer aussehen mag, Bacon kündigt hier einen radikalen Egalitarismus an, der die Würde und die unverwirklichten Fähigkeiten des durchschnittlichen Intellekts anerkennt. In Kapitel 3 haben wir bereits gesehen, daß Bacon seine Ansprüche auf Originalität und Unabhängigkeit aus einer kompromißlosen Bescheidenheit und antielitären Einstellung heraus begründet: Wie immer zur Paradoxie neigend, schafft Bacon vielleicht einer revolutionären Moderne Raum: nicht als Opposition von zukünftiger individueller Präsenz und Text, sondern von zukünftiger Gemeinschaft und Text.[26] Obgleich Bacons Vision ideologisch motiviert und begrenzt ist, obgleich seine Sprache kompromittierend und seine Motive zweideutig sind, geben die Kraft und die Tiefe seiner Vision in jedem Fall ein Beispiel, Ermutigung und Richtung für andere, die sich mühen, aus dem rhetorischen Treibsand herauszukriechen, in dem sie sich hin und her bewegen; er befähigt sie, die Macht der offiziellen Rhetorik und Denkmuster zu erobern und neu zu orientieren.

Vor allem ein Schriftsteller lieferte Bacon ein kontrastierendes Vorbild für den Zugang zum Problem der Ideologie: Vergil, dessen schwieriges Amt es war, den Ruhm des Imperiums in einem Meisterwerk zu verklären. Vergil hatte seine Stärke in einer Vieldeutigkeit, die Bacon scheut und gleichwohl an den Tag legt. Der falsche Klang von Bacons Talismann-Titel *The Great Instauration*, der in der Feier der Welt-»Instauration« widerhallt, die Statius dem vergöttlichten Kaiser Domitian widmete (siehe Kapitel 1), gehört letztlich zur Diktion der *Aeneis*. Als er von dem Augenblick erzählt, in dem er und seine kleine Schar von Überlebenden beobachten, wie das Haus des Priamos von den Griechen angegriffen wird, sagt Aeneas:

»Instaurati animi regis succurrere tectis
auxilioque levare viros vimque addere victis.«

»Mit erquickten Lebensgeistern verteidigen wir des Königs Haus,
stärken unseren Männern den Rücken und geben den Besiegten Kraft.«
(*Aeneis* II, 451 f.)

Da im Mittelpunkt der *Aeneis* der Fortbestand oder die Wiedergeburt des trojanischen Geistes steht, ist die erwähnte Instauration des aeneischen Geistes ein Sinnbild des gesamten Gedichts. Die aeneische Vision der alten zerstörten Welt, hier durch das gestürzte Königshaus, das Haus des Priamos repräsentiert, verwandelt sich daher in den Vorsatz, jene Ordnung in erweitertem Maßstab in Italien wiederzuerrichten. Die Assoziation von *instauro* mit religiösem Ritual (sowie Vergils häufiger Gebrauch des Wortes in diesem Kontext) führten möglicherweise zu der Wahl der Worte in der obigen Passage, denn die aeneische Bewahrung des trojanischen Geistes impliziert, daß die Statuen der Hausgötter, vor denen geopfert wird, gerettet werden. Zumindest, wenn man es durch das Lobgedicht des Statius hindurch liest, berührt das »Instaurati animi« das grundlegende, beunruhigende Thema der *Aeneis*, mit der wir eines der hauptsächlichen Gründungsdokumente Europas vor uns haben: Rettung, Wiederaufbau und Bewahrung eines Reiches durch Macht und Frömmigkeit führt unabwendbar zu überwältigendem Leiden und schließlich zum Kompromiß. Das Ergebnis kann wohl der Mühe wert sein, aber es ist nicht, so deutet es die *Aeneis* an, mit der Herrschaft von Vergils Patron zu vergleichen.[27]

In seinen Dreißigern und Vierzigern las der aufstrebende Jurist und Politiker Bacon zwar pflichtgemäß, aber auch anerkennend Vergil. Er verfaßte für sein Buch der Gemeinplätze drei Absätze von Anmerkungen über den Dichter, und geht man nach dem Index seiner philosophischen Schriften, so zitiert er Vergil – den er für den größten Dichter hielt – mehr als jeden anderen Schriftsteller auf irgend einem Gebiet, sei er nun alt oder modern (allerdings rückt Cicero als Zweiter dicht auf). Bacon beschäftigt weniger die Auffassung Vergils von historischem Geschick und imperialer Macht als vielmehr dessen moralische Aphoristik und seine anschaulich beschreibende Kraft; dennoch zitiert er den Jupiter Vergils, dessen Prophezeiung einer »Vermischung der Trojaner und Italiener« ihm als Präzedenzfall seiner eigenen Befürwortung der Vereinigung von Schottland und England gilt (*Letters and Life* III, 95). Geht man davon aus, welch ungeheure Bedeutung Vergil in Bacons Epoche hatte, und zwar in seiner Eigenschaft als Prophet sowohl der nationalstaatlichen Bestrebungen in Europa wie des Kampfes der christlichen Seele und der Gemeinschaft um ihre Erlösung, so ist kaum vorstellbar, daß Bacon niemals Kraft aus der Römischen Großen Instauration gewann, zumal er selbst wie Aeneas versuchte, seine Leser auf neuen Boden zu führen. In der *Aeneis* muß er auch ein Bündel von

Strategien gefunden haben, das ihm erlaubte, mit einem absoluten Herrscher umzugehen. Bei seinem Interesse an der Staatskunst und seiner offenen Bewunderung für Augustus (der vermutlich die *Aeneis* als eine Bestätigung seiner eigenen imperialen Vision auffaßte) hätte Bacon, darin Statius ähnlich, eher einen verherrlichten als einen vorgewarnten Machthaber Augustus in der *Aeneis* entdeckt. Howard B. White hat darauf hingewiesen, daß Augustus als die Hauptfigur von *The Wisdom of the Ancients* erscheint, denn er stellt den imperialen Schutzherrn dar, durch dessen Staatskunst die Wohlfahrt des Menschenstandes sowohl befördert wie zugrundegerichtet werden kann.[28] Eine wissenschaftliche Herrschaft zu errichten, heißt bei Bacon, sich vorwärtszutasten zwischen der befreienden Macht des Wissens einerseits und dessen destruktiver Macht andererseits, die alle Menschen und die Natur zu ihren Werkzeugen erniedrigt.

Wenn wir Bacons Epos einstweilen als eine (sei es vergilische, sei es jakobitische) Tragödie lesen, so hindert uns nichts daran, die offensichtlichen Stärken der positiven Haltung Bacons zu würdigen. Sein ikonoklastisches Streben nach Befreiung nimmt die kompromißloseren Formen von Ideologiekritik vorweg und bestärkt sie – sowohl jene, die später tatsächlich auftraten, als auch diejenigen Formen, die noch folgen werden. Und obgleich sich Bacon von den ideologischen Beschränkungen des humanistischen Geistes (der »köstlichen Gelehrsamkeit«) zu befreien suchte, mag es für die Geisteswissenschaften von heute angemessen sein, solche Formen der Kritik hervorzubringen. »Wir gewahren unsere Ideen oder unsere Freiheit niemals von Angesicht zu Angesicht«[29], schließt ein Kritiker, der einen anderen großen Neuerer untersucht. Man stößt in der Kombination der Kräfte, aus denen sich Bacons Werk aufbaut, auf eine andere Freiheit und andere Grenzen als die, die er selbst erkannte.

Bacon-Lektüre:
Das Pathos des Neuen

Der Aphorismus

Die Aphorismen des *Novum Organum* berichten von Bacons Einsichten in die Kunst des Forschens; und sie weihen den Leser in diese Kunst ein. Um beides erfolgreich leisten zu können, muß der Geist »gereinigt, gekehrt und geglättet« werden (IV, 103); und, wie Bacon bei der Diskussion von Aphorismen in *Der Fortschritt der Wissenschaften* mitteilt, es muß »eine ansehnliche Menge von Beobachtungen« (III, 405) dem Verstand unmittelbar gegenwärtig sein. Aphorismen, die »eine bruchstückhafte Erkenntnis darstellen, laden die Menschen dazu ein, weiterzuforschen« (III, 405), und sie eignen sich zu diesem Zweck vollkommen. Als wissenschaftliches Instrument verspricht der Baconsche Aphorismus, aus hermeneutischen Problemen zu entkommen, aus einem Verständigungsprozeß, der eine Pendelbewegung zwischen dem individuellen Zeichen und dessen komplexem Milieu beschreibt. So wird das *Novum Organum* nicht eingeführt als »eine regelrechte Abhandlung, sondern nur als ein in Aphorismen aufgelöster Abriß« (IV, 35). Das Verhältnis zwischen der Entdeckung der neuen Methode und ihrer Veröffentlichung im *Novum Organum* scheint demnach folgendes zu sein: zunächst Entdeckung und Entwicklung; gleichzeitig und unmittelbar darauf eine nicht verwirklichte, ideale aphoristische Version, die für die Söhne der Wissenschaft »mit derselben Methode, mit der es erfunden ward« (III, 404) zu schreiben wäre; darauf ein traktatartiges *Novum Organum*, das der traditionellen »autoritativen« Methode entspricht und vor dem Leser alles so ausbreitet, als wäre es vollendet; und schließlich das aktuelle, in Aphorismen aufgelöste *Novum Organum*, eine Imitation dritten Grades. Doch ist der offensichtliche Zweck, das Werk in eine aphoristische Form zu gießen, der, die Spontaneität der aktuellen Entdeckung mit kräftigen Linien wiederzuerschaffen. Aufgrund dieses Merkmals der Wieder-Vergegenwärtigung schließt die weitere Untersuchungsweise, wie sie die bruchstückhafte Erkenntnis hervorbringt, ein großes Maß an Gedankenarbeit ein, um herauszufinden, was die Aphorismen bedeuten oder bedeuten könnten. Damit ist eine ausgeprägt literarische Untersuchung ihrer Bedeutung als Texte angesprochen, die einer Interpretation bedürfen. Es ist unmöglich, diese beiden Bedeutungsaspekte von »weitere Untersuchung« im *Novum Organum* auseinanderzuhalten.

Mit ihrem ersten Atemzug verkünden diese geisterhaften Orakel ihre Vieldeutigkeit. »Der Mensch, der ein Diener und Deuter der Natur ist, kann ebenso viel vollbringen wie begreifen, und zwar nur gedanklich so viel, wie er tatsächlich oder gedanklich den Lauf der Natur beachtet hat: über dies hinaus weiß er weder etwas noch kann er etwas vollbringen.« (IV, 47) »Homo, naturae minister et interpres« beruft sich auf eine Tradition von Aphorismen, Maximen oder *sententia* und spielt auf das Corpus Hippocraticum an, das Galen kompilierte und das sich in der Renaissance einer großen Popularität erfreute. Die Redewendung zeigt an, daß die hippokratische Sammlung von Aphorismen zur Heilkunde, die sich auf Beobachtung und Experiment gründet, ein Muster für den Baconschen Aphorismus liefert.[1] Aber gerade dadurch legt sie einen textuellen und literarischen Zusammenhang nahe, der ebenso die Interpretation von Bacons Text wie Bacons eigene Interpretation von Natur und Methode leitet. Der wissenschaftliche Aphorismus Bacons richtet sich ja ausdrücklich gegen die Autonomie und Legitimität einer derartigen Textinterpretation überhaupt: Die schlichte Wahrheit ist für jeden da, der sehen kann. Und der Aphorismus 1 impliziert, daß die philosophische Wahrheit niemals aus ihrer Abhängigkeit von der Natur herausgelöst werden kann, und damit ist gemeint, daß die Textinterpretation eine zufällige und sekundäre Tätigkeit ist. Indem Bacon dies jedoch zu Beginn des *Novum Organum* behauptet, appelliert er zunächst an die Welt der Texte und nicht an die der Tatsachen. Wie hören vom Menschen als dem *minister* oder Diener; ebenso erkennen wir im Schriftsteller den Menschen als *minister*, d. h. in dem sekundären Sinn des Wortes als den »Interpreten« eines Grundstocks von kanonischen, also heiligen Texten – einen »wahren Priester der Sinne«, wie Bacon im ›Entwurf des Werkes‹ sagt, aber auch einen Priester der Tradition. Einen Aphorismus zu interpretieren heißt, eine vielschichtige literarische Welt zu betreten, die sich mehr und mehr um sich selbst dreht und ihren grundlegenden Status als nicht reduzierbare Einsicht aufgibt.

Die Diskussion von Sprichwörtern in *Der Fortschritt der Wissenschaften* deckt den Unterschied zwischen wissenschaftlichem und literarischem Aphorismus auf. Bacon gibt dort eine gehaltvolle Deutung der Sprüche Salomos, wie z. B. diesem: »Ein weiser Sohn ist seines Vaters Freude;

aber ein törichter Sohn ist seiner Mutter Grämen«, oder: »Wer sein eigen Haus betrübt, der wird Wind zum Erbteil haben« (III, 451). In *De Dignitate* erweitert Bacon seine Interpretation – weiteres Nachdenken bringt ja ergiebigere Lektüre –, und im Fall des zitierten ersten Spruches verändert sich seine Deutung und läßt sie weniger gegen die Frauen gerichtet erscheinen. In seinen Interpretationen zitiert Bacon gelegentlich passende Maximen anderer Autoren und verwebt sie zu einem Sinngeflecht, das wiederum neues Nachdenken provoziert. In der Tat sind die Sprüche Salomos ebenso wie Senecas sententiae der hieratischen Ausdrucksweise von Orakeln verwandt; sie zu ergründen verlangt oft besondere Einsichten. Der Aphorismus – so viel ist klar – ist lediglich die über dem Wasser liegende Spitze des Eisbergs.

Im *Novum Organum* bedient sich Bacon eines gnomischen [lehrhaften], pointierten Stils, der auf Parallelismen basiert und in dem, ohne viel Worte zu verschwenden, Rhythmus, Klang und Syntax den Sinn mittragen. Thematische Koinzidenz und Opposition werden sowohl hinsichtlich der Bedeutung wie der Struktur knapp formuliert:

»Scientia et potentia humana in idem coincidunt, quia ignoratio causae destituit effectum. Natura enim non nisi parendo vincitur: et quod in contemplatione instar causae est, id in operatione instar regulae est.« (I, 157)

»Menschliches Wissen und menschliche Macht treffen sich in einem Punkt; denn, wo die Ursache nicht bekannt ist, kann die Ursache nicht hervorgerufen werden. Um der Natur befehlen zu können, muß ihr gehorcht werden; und was in der Kontemplation als Ursache existiert, gibt es im Wirken als die Regel.« (IV, 47)

Das ist Poesie für das »trockene Licht« des Verstandes (wie Heraklit sagt), und es wird mit dem ersten Glied des zweiten Satzes, wie Spedding in einer Notiz bemerkt, dem »Casta ad virum matrona parendo imperat« des Publius Syrus (Indem sie ihm gehorcht, regiert die tugendhafte Frau ihren Mann) eine interessante literarische Wendung verliehen. Der Einklang und die Feinheit der Natur teilen sich hier den Sinnen und der Intelligenz mit: »Subtilitas naturae subtilitatem sensus et intellectus multis partibus superat.« (»Die Feinheit der Natur ist um viele Male größer als die Feinheit der Sinne und des Verstandes.« I, 158; IV, 48) Man höre, wie die Monotonie eines sterilen Geistes geschickt nachgeahmt wird: »Non, si omnia omnium aetatum in genia coierint, et labores contulerint et transmiserint, progressus magnus fieri poterit in scientiis per anticipationes.« [I, 161]; (»Wenn auch alle großen Geister aller Zeiten zusammenträfen und sich verbänden und ihre Bemühungen weitervermittelten, so würde doch niemals in den Wissenschaften ein großer Fortschritt durch Antizipationen vollbracht.« [I, 161; IV, 52]) Hier besteht das Gebäude der Philosophie aus nichts als dem Gesumm von Ms und Ns.

Diese Aphorismen lassen den Leser sowohl über ihren Sinn wie ihre Struktur nachdenken. Sie drängen uns letztlich nicht die Notwendigkeit auf, die Wahrheit vom Text zu befreien, sondern vielmehr die Unmöglichkeit einer bestimmten Unterscheidung: nämlich der zwischen dem Prozeß der wissenschaftlichen Untersuchung im Stil eines Bacon, in dem Tabellen von Tatsachen auf Induktionen verweisen oder zu weiteren Experimenten überleiten, und dem Prozeß der Lektüre von Literatur, Moralphilosophie oder Geschichte als Ansporn zu reflektierter Einsicht und zum Handeln.

Die Vieldeutigkeit von Bacons Zugang zur Aphoristik mag teilweise die Vieldeutigkeit spiegeln, die sich in der aphoristischen Tradition selbst verbirgt; eine Vieldeutigkeit, die den Bedingungen der Moderne vollauf angemessen ist. J. P. Stern konzentriert sich in einer Studie über Lichtenbergs Aphoristik auf ähnliche Verhältnisse: In jenen Aphorismen »ersetzt das Interesse der sprachlichen Gestaltung nach und nach das der wissenschaftlichen Forschung«[2]. Der Aphorismus erschafft also »eine eigene sprachliche Realität«[3]. Lichtenbergs »aphoristische Experimente«, wie Bacons Aphorismen, führen den Leser zu eigenen Einsichten, indem sie auf die Vieldeutigkeit eines Problems deuten, ohne schon eine Antwort bereitzuhalten; Stern glaubt allerdings, daß derartige Experimente dazu ermutigen, die Implikationen der Aphorismen in gedanklicher Hinsicht und weniger als aktive Erforschung der Natur aufzudecken – und zwar entgegen Lichtenbergs eigenen Intentionen.[4] Ein Teil ihrer provokativen und betäubenden Energie entstammt demnach, wie auch bei Bacon, der textuellen Hemmung und Domestizierung des Entdeckungsdrangs.

In Buch I des *Novum Organum* entfaltet der Aphorismus eine negative Kraft, die eine (als Kanon organisierte) Symphonie von Gedanken und Gefühlen über Naturerkenntnis, deren Verwendung und Begrenzung in zersplitterte Einsichten und Bestrebungen auflöst. Ähnlich Lichtenberg durch das *Novum Organum* beeinflußt, präsentiert Leibniz in seiner *Monadologie* einen Versuch, das Problem des Aphorismus in moderner Weise zu lösen. In seinem aphoristischem Werk spekuliert Leibniz über eine isolierte, vollkommen einfache Entität, die Monade, die dennoch die harmonische Vielfalt des Universums spiegelt und daher keinerlei Zersplitterung jenes Universums zuläßt. So verhält es sich womöglich mit den Aphorismen der Monadologie selber. Das *Novum Organum* leistet eine tiefer reichende Subversion wie auch eine schwieriger ins Werk zu setzende Rekonstruktion.

Aufgrund dieser Modernität gewinnt der Baconsche Aphorismus an Kraft, denn die Reflexionen des Lesers über die vielschichtigen Implikationen des Aphorismus erzeugen einen tieferen und subtileren Realitätssinn. Bacons grimmiger Realismus, sein beharrlicher Drang zur Wahrheit als einer einfachen Beziehung, bringen nicht etwas hervor, das von der Wirklichkeit geschieden ist, sondern etwas, das in seiner Entschiedenheit und seiner Fülle auf tiefere Weise realistisch ist.

Novum Organum I, 109 ist ein außergewöhnlicher Essay, der diese Modernität demonstriert. Obgleich der Aphorismus das Verfahren verurteilt, »das Neue mittels einer Einbildungskraft wahrzusagen, die vom Alten ergriffen und gefärbt ist«, haben wir gesehen, daß seine Wirksamkeit auf der Substitution des Alten durch das Neue beruht. Der Schlußsatz des Aphorismus gemahnt zudem an die wohlbekannte Passage in Senecas *Naturales Quaestiones* über die Geheimnisse der Natur, die noch zu entdecken sind[5]: Während er eindringlich auf dem Thema der ursprünglichen Entdeckung insistiert, nimmt Bacon zur Vision eines anderen orakelhaften Naturphilosophen seine Zuflucht. Die wunderbare Möglichkeit, daß es unbekannte Entdeckungen jenseits des Gewebes menschlicher Erfahrung gibt, ist selbst ein Faden in jenem Gewebe.

Anders als Bacon blickte Seneca dem Neuen mit bösen Ahnungen und in Resignation entgegen: Der Vergleich macht deutlich, daß Bacon klassische Texte als ein Depot von Bruchstücken behandelt, die vom freien und unabhängigen Denker je nach Gelegenheit und ohne Rücksicht auf ihre ursprüngliche Bedeutung herangezogen werden können. Und wenn der Leser jene Bedeutungen ergänzt, so führt das dazu, daß die Angemessenheit von Bacons Argumenten wie auch sein Entwurf von Originalität untergraben sind.[6] Aber ähnlich dem Kanonenschuß, »einem feurigen Stoß, der sich plötzlich und heftig ausdehnt und explodiert«, wie es in Aphorismus 109 heißt, bleibt Bacons Passion für das Neue die treibende Kraft hinter seinem Werk. Ähnlich den buchstäblich falschen apokalyptischen Prophezeiungen eines Jesaja, Christus oder Johannes, daß »die Zeit nahe bevorsteht«, zielt der Aphorismus 109 darauf ab, das noch Unbekannte gegenwärtig zu machen, indem er einen Sinn der Erwartung und der Entschlossenheit weckt. Er trägt zu

Bacons Prophezeiung einer neuen Gemeinschaft von Forschern bei, die die alte planlose und verhärtete Tradition der Erfindung ablöst. Eine reflektierte Lektüre zeigt, daß die Horizonte der neuen Gemeinschaft die der alten einschließen müssen; und diese Reflexion muß die Begeisterung wirklich nicht dämpfen.

Wie die Aphorismen des *Novum Organum* unterhalten auch die Naturhistorien eine komplexe Beziehung zu der von ihnen dargestellten Wirklichkeit; jedoch scheinen sie auf die Wiedergabe der unkomplizierten Begegnungen zwischen Geist und Natur ausgerichtet zu sein. Namentlich die *Historia Vitae et Mortis* weist eine Spannung auf zwischen dem Ziel, eine der Methode entsprechende Naturhistorie zu schreiben, und dem obersten Interesse ihres Autors, Einsicht aus Daten zu gewinnen. Seine Quellen und seine Eloquenz sind derart miteinander verwoben, daß letztlich eher literarische als wissenschaftliche Einsichten herausspringen. Natürlich ist man aber niemals sicher, ob sich nicht eine von Bacons Behauptungen oder Schlußfolgerungen über Leben und Tod als substantiell wahr erweist; oder, ob sich nicht eine Behauptung in einer von unendlich vielen Möglichkeiten auf jene Wahrheiten über Leben und Tod bezieht, die noch zu entdecken sind. Bacon vermittelt uns in der Tat das fiktive Bild einer Gerontologie, die wir erst noch ins Leben rufen müßten. Das Bild gleicht ein wenig der imaginären Geschichte des Landes Tlön von Jorge Luis Borges. Aus den im Geheimen fabrizierten Berichten über dieses unbekannte Land stückelt der Sprecher in Borges' Erzählung eine Ethnographie zusammen, drückt seine Befürchtung aus, daß sich die Gebräuche Tlöns geräuschlos über die Welt ausgebreitet haben und verkündet seinen Rückzug ins Private, um Sir Thomas Brownes *Urn-Burial* zu übersetzen, eine Meditation über Zeitlichkeit und Sterblichkeit, die Bestattungsbräuche durchmustert. Die Tradition des Romans geht dem Wachstum der Wissenschaften parallel, ihre Wurzeln reichen bis ins 17. Jahrhundert zurück. *Tlön*, *Uqbar*, *Orbis Tertius*, eine von Borges' Fortsetzungen dieser Tradition, erinnert an die Vorgeschichte des realistischen Romans, in der Browne und Bacon ebenso wie Borges Texte hervorbringen, deren Beziehung zur Wirklichkeit unbestimmt ist. Brownes geistreicher Einfall von der Welt-als-Urne ist ausgeklügelt und paradox und führt uns zu dem Schluß, daß das Buchstäbliche und das Figurale, Leben und Tod, unentwirrbar zusammenhängen; Bacon und Borges verwehren es uns, das Buchstäbliche und das Figurale, unsere Welt und Tlön, unser eloquentes Wissen und das reinere Wissen des erneuerten Lebens voneinander abzugrenzen.

Zu Borges' Anspielungsreichtum gibt es Parallelen auch in der *Historia Vitae et Mortis*, obgleich in dieser die ganze Beziehung von Text und Kontexten lästig ist und teilweise unterschlagen wird. Die Komplexität von literarischen und Gedächtnisbestandteilen in Bacons *Historia Vitae et Mortis* werden durch eine Beobachtung veranschaulicht:

»Es ist merkwürdig, wie die Menschen, gleich den Eulen, in die Dunkelheit ihrer eigenen Begriffe scharf hineinblicken, aber im Tageslicht der Erfahrung blinzeln und geblendet werden. Sie sprechen über die elementaren Qualitäten der Trockenheit, der austrocknenden Mittel und über die natürlichen Perioden der Körper, während derer sie verderben und zerstört werden; aber in der Zwischenzeit beobachten sie von all dem nichts, weder von den Anfängen, noch von den Zwischenstadien und den letzten Akten des Vertrocknens und der Zerstörung.« (V, 231)

In der rhetorischen Struktur dieser Beobachtung hallen zahlreiche religiöse Meditationen des 17. Jahrhunderts über die Sterblichkeit nach. So heißt es bei John Donne in der »First Devotion« (Erste Andacht): »Wir untersuchen die *Gesundheit* und beratschlagen über unsere *Mahlzeiten* und *Getränke*, über die *Luft* und die *Übungen*, wir behauen und glätten jeden Stein, der sich in jenes Gebäude einfügt; und so ist unsere *Gesundheit* ein langwieriges und geregeltes Werk. Aber in einem Augenblick schmettert eine Kanone alles nieder, wirft alles um; eine *Krankheit* [...] ruft uns auf, packt uns, hält uns in der Gewalt, zerstört uns in einem Nu.«[7] Die Pointe Donnes liegt im Moralischen, nicht im Medizinischen: Die Erfahrung der Krankheit läßt uns unsere Gebrechlichkeit und unsere Abhängigkeit von Gott gewahren. Die Baconsche Verschiebung des moralischen Gefühls zur Naturgeschichte wird durch die Eulenmetapher angezeigt. Sie ist anscheinend einer Passage in Aristoteles' *Metaphysik* entnommen, die, obgleich sie nicht direkt den Tod berührt, mit der Beziehung des Philosophen zu seinen Vorgängern zu tun hat. Wie wir in *Der Fortschritt der Wissenschaften* gelesen haben, hält Bacon Aristoteles für den Musterfall einer verkehrten Haltung gegenüber seinen Vorgängern: »ein glücklicher Räuber, der Gelehrsamkeit erbeutete« (III, 353). Aristoteles ist nicht deshalb ein Räuber, weil er andere plagiierte, sondern weil er daranging, aus dem Wissen so etwas wie eine Ware zu machen, die er besaß und an andere auslieh. Tatsächlich jedoch soll die aristotelische Eulenmetapher in der *Metaphysik* die Tatsache betonen, daß, während jeder Denker in seine eigene verzerrte Vision verstrickt ist, ihre Gedanken zusammengenommen sich zu etwas Großem fügen können.

»Die Betrachtung der Wahrheit ist in einer Hinsicht schwer, in einer andern leicht. Dies zeigt sich daran, daß niemand sie in genügender Weise erreichen, aber auch nicht ganz verfehlen kann, sondern ein jeder etwas Richtiges über die Natur sagt, und wenn sie einzeln genommen nichts oder nur wenig zu derselben beitragen, so ergibt sich doch aus der Zusammenfassung aller eine gewisse Größe [...] Vielleicht ist nun aber die Ursache der Schwierigkeit, die ja von zweifacher Art sein kann, nicht in den Dingen, sondern in uns selbst; wie sich nämlich die Augen der Eulen gegen das Tageslicht verhalten, so verhält sich die Vernunft unserer Seele zu dem, was seiner Natur nach unter allem am offenbarsten ist.«[8]

Bacons Gebrauch der Eulenmetapher unterstreicht sein eigenes Problem der Modernität, wie es in den Naturhistorien zum Ausdruck kommt: Zuerst, weil sie mehr von einer Sammlung eulenäugiger Perspektiven an sich haben als diejenigen des Aristoteles; und zweitens, weil der aristotelische Zugang zu den Vorgängern, wie die obige Passage belegt, reformerischer und großzügiger ist als der Bacons.

Wahrheit und Tradition in den Essays

Der Mangel an einer Kontrolle der Bedeutung, den der Aphorismus 109 aufweist, findet seine Entsprechung in den Bemerkungen aus *Der Fortschritt der Wissenschaften* über die »extreme Vorliebe« für das Alte oder das Neue und über die Angemessenheit antiker Bezeichnungen für neue Ideen. Wir haben oben in Kapitel 4 diskutiert, wie sich Bacon in einen Widerspruch verwickelt, als er ohne Rücksicht auf die Vergangenheit urteilt, daß eben die Vergangenheit die Grundlage für die Urteilsbildung sein müsse. Er verfälscht Jeremia, um ihn auf eine liberale Haltung gegenüber Innovationen zurechtzustutzen; er zieht eine denkwürdige Redewendung des Tacitus heran, die nur den gönnerhaften und unaufrichtigen Gebrauch traditioneller Bezeichnungen rechtfertigt, und er gebärdet sich Aristoteles gegenüber herablassend, da er keinen triftigen Grund für die weitere Verwendung der aristotelischen Terminologie angibt, nachdem er dessen Ideen und Urteile bloßgestellt hat. Die revolutionäre Haltung, die in diesen Passagen hinter Bacons Verbeugungen vor der Tradition steckt, wird auch noch überboten durch die substantielle Abhängigkeit der Baconschen Vorschläge von religiösen, philosophischen und rhetorischen Vorbildern. Die Mehrdeutigkeit der Passagen in *Der Fortschritt* erinnert vor allem an die Mehrdeutigkeit, die Stanley Fish in den Baconschen *Essays* erkundet hat. Fish analysiert, neben anderen, eingehend den Essay ›Über die Liebe‹; er argumentiert, daß Bacon untergründig, wenngleich konsequent, den von ihm vorgebrachten sentenzenhaften Aussagen entgegenarbeitet. Er zieht den Schluß, daß der tatsächliche Brennpunkt der Untersuchung

»von dem nominellen Gegenstand des Essays, der Liebe, zu dem verschoben [werden muß], was meiner Ansicht nach sein wirkliches Thema ist: die Unangemessenheit der allgemein anerkannten Meinungen über die Liebe. Das heißt, wenn hier irgend etwas ›geklärt‹ wird, so ist es das Ausmaß, in dem die zuversichtlich vorgebrachte Äußerung des ersten Satzes [›Die Liebe verdankt der Bühne mehr als dem wirklichen Leben.‹] sich bei näherer Untersuchung noch aufrechterhalten läßt; und darüber hinaus ist die Erfahrung des Lesers mit jener Erklärung irgendwie ernüchternd, denn sie bedeutet die Entlarvung einer Sache, die er fraglos angenommen hatte.«[9]

In den Passagen von *Der Fortschritt* würde die »vorgebrachte Äußerung« lauten, daß die Tradition die Grundlage der Urteilsbildung bleiben müsse; bei näherer Betrachtung offenbart sich jedoch etwas ganz anderes: Während es zweckmäßig sein kann, sich dem Alten gegenüber gönnerhaft zu verhalten, muß die Wahrheit ohne die Zwänge der Autorität erforscht werden. Dieser tiefere Sinn verkörpert die Absicht Bacons, wie er bei Fish erscheint, nämlich »die Unangemessenheit der allgemein anerkannten Meinungen« aufzuweisen. Man kann sich vorstellen, daß Bacon absichtlich einige traditionalistische Leser irreführte, während er einen tieferen Sinn für jene einsenkte, die eine größere Unabhängigkeit des Geistes bewahren oder die beweglicher im Umgang mit den lateinischen Klassikern sind.

Indessen dürfen wir nicht unterstellen, daß Bacon in den Passagen von *Der Fortschritt* eine verborgene Tagesordnung von der Art besitzt, wie sie Fish in den *Essays* findet. Für Fish scheint Bacon zunächst ein entschiedener und weitgehend erfolgreicher »Revolutionär« zu sein, der sich selbst von der Autorität befreit hat und seine Leser mit auf diesen Weg nehmen möchte. Doch wir haben wiederholt erkannt, daß die revolutionäre Haltung Bacons sich in dem Augenblick modifiziert, wo er sie im einzelnen ausbildet. Zweitens geht es für Fish nicht um den Gegenstand oder den Inhalt der *Essays* an sich, sondern um die Erfahrung ihrer Lektüre, die unaufhörlich den feststehenden Glauben der Leser erschüttert und sie daher klüger werden läßt. Die Absicht von *Der Fortschritt* – die verschiedenen Wissensgebiete sorgfältig zu prüfen und

König Jakob für Bacons Programm zu gewinnen – würde freilich in einem derartig sich selbst aufzehrenden Diskurs zunichte werden. Eher verhält es sich so, daß Bacons Bemerkungen in *Der Fortschritt* seine Modernität erweisen: die Unsicherheit in seiner revolutionären Haltung, die einerseits übervoll von dem Verlangen ist, der Vergangenheit gegenüber respektvoll zu erscheinen, und die andererseits belastet ist von enormen uneingestandenen Schulden gegenüber der Vergangenheit. *Der Fortschritt* kann in der Tat ein interessantes Gegenbeispiel dafür sein, daß die *Essays*, trotz all ihrer Mehrdeutigkeit, keineswegs nach einer verborgenen Tagesordnung operieren.

Ich glaube nicht, daß irgend einer von den *Essays* derart mehrdeutig ist, wie Fish annimmt; viele unter ihnen scheinen überhaupt nicht mehrdeutig zu sein.[10] Von dem Essay ›Über Weissagungen‹ – soviel ist freilich richtig – kann man sagen, daß er sich selbst »aufzehrt«. Bacon bringt es hier fertig, den Leser für eine Anzahl unterhaltsamer Geschichten über Prophezeiungen und ihre Erfüllung zu interessieren – um dann plötzlich zu bemerken: »Meine Meinung geht dahin, daß man sie allesamt nicht ernst nehmen und nur als Wintermärchen am Kamin benutzen sollte.« (VI, 465) Da hier Bacons Erörterung keine biblischen Prophezeiungen mit einschließt, wird dem unüberprüften Aberglauben, mit dem er spielt, ohnehin von seinen Lesern nicht viel Glaubwürdigkeit zugebilligt. Dort allerdings, wo die traditionellen Glaubensansichten substantieller sind, scheint es mir so zu sein, daß viele von den Widersprüchen, die nach Fish den Kern der *Essays* berühren, tatsächlich eher die Dilemmata der Moderne reflektieren, als daß sie vorsätzlich ausgelegte Fallen eines kühlen, neunmalklugen Aufwieglers gegen die Spruchweisheit wären. Jedenfalls können wir auch in den *Essays* gelegentlich entdecken, wie sich moderne und traditionelle Elemente gegenseitig ins Wanken bringen und so das unbestimmte und paradoxe Wesen moderner Texte widerspiegeln – ein Wesenszug, der bestenfalls zum Teil von Bacon wahrgenommen werden konnte. Die Wirkung der *Essays* hängt davon ab, ob der Leser den skeptischen Tonfall Bacons billigt; das kann er jedoch häufig nicht.

Bacon hat natürlich doch ein erhebliches Interesse an der Wahrheit über seine Gegenstände. R. S. Crane meint, daß die *Essays* teilweise Bacons Forderung nach dem »Regiment oder der Kultur des Geistes« einlösen, indem sie »Regeln vorschreiben, wie der Wille des Menschen [dem Guten] zu unterwerfen, zu beschäftigen und anzupassen ist« (*Fortschritt* III, 419). Fish hat sorgfältig belegt, wie die *Essays* diesen Bestandteil der Großen Instauration in dem Sinne reflektieren, als sie wissenschaftliche Denkgewohnheiten fördern; er geht jedoch weiter, wenn er bestreitet, daß der Inhalt der *Essays* irgendwie zur wissenschaftlichen Erforschung eines solchen Regiments beitragen könnte. Crane freilich hat viel darüber mitzuteilen, was den Inhalt der *Essays* angeht. Er verweist z. B. darauf, daß Bacon in *Der Fortschritt* die brauchbarsten Fakten für eine strenge Untersuchung »bürgerlicher und moralischer« Gegenstände der Dichtung und der Historie entnimmt[11], gerade diese Quellen – die Bibel, Seneca, Vergil und Montaigne – ergeben einen bedeutsamen Hintergrund für die *Essays or Counsels Civill and Morall*, wie ihr vollständiger Titel lautet. Man kann natürlich gegen eine Verbindung der *Essays* zu der geplanten Rekonstruktion der Wissenschaften einwenden, daß sie sich auf eben den Kanon humanistischer Bildung beruft, den Bacon zugunsten des Forschungsprogramms weitgehend diskreditiert; wissenschaftliche Daten und wissenschaftlicher Diskurs sollten von solchen gefährlichen Fremdeinflüssen frei bleiben.[12] Alle Naturhistorien Bacons müssen freilich – wir haben es gesehen – improvisierte Angelegenheiten bleiben, da er derart strenge Anforderungen an sie stellt. Sie können als flüchtige Entwürfe dessen angesehen werden, was Naturhistorien sein würden, wären Forschungen methodisch ausgeführt worden: Eine authentische wissenschaftliche Untersuchung über die Gegenstände der *Essays* müßte sich auf eigenständigere und genauere Forschungen stützen, als sie die Literatur bieten kann. Aber zunächst scheint Bacon zu glauben, literarische und historische Einblicke seien reichlich vorhanden. Gerade so, wie er seine Naturhistorien kompilierte und die *Instauratio Magna* schrieb, glaubte er allzu leichtsinnig daran, daß das Alte erfolgreich eingesetzt werden könne, um das Neue ahnen zu lassen; und so scheint er voller Zuversicht zu sein, daß die Wahrheiten, die im Kanon der großen Sprichwörter und der Literatur verborgen sind, für den gegenwärtigen Gebrauch und für weitere Untersuchungen ausgesondert werden könnten, obgleich dieser Kanon voller Aberglauben ist. Ein *Essay* wie der ›Über Eltern und Kinder‹ mag zwar für eine solche Auslese kaum ergiebig sein. Es gibt jedoch keinen Anhaltspunkt für Fishs Annahme, daß Bacon den Inhalt dieses Essays, der kaum mehr als eine Girlande von Maximen und Sprüchen ist, in dieser Weise darbietet, um uns dem Gespött über logische Inkonsequenz Nahrung zu liefern. Wieso sollten wir z. B. bestreiten, daß häufig oder meistens, normale Gefühle vorausgesetzt, »Kinder des Lebens Mühsal süß, aber das Unglück um so bitterer machen«?

Ganz gleich, ob nun Bacon irgend etwas im Sinn hat, was zu einer strengen wissenschaftlichen Untersuchung führen könnte: die *Essays* mit ihren geschliffenen Sentenzen und Beobachtungen zeigen einen Impuls zu mehr Bestimmtheit, zur definitiven Wahrheit über ihre Gegenstände, der typisch für Bacons wissenschaftliche Bestrebungen ist. Er versuchte nicht, innerhalb des einzelnen Essays (oder »Versuchs«) die ganze Wahrheit zu erobern und zu definieren; eher wollte er eine Untersuchung in Gang setzen im Hinblick auf die volle menschenmögliche Wahrheit, die dann in dem jeweiligen Essay teilweise enthüllt wird. R. W. Emerson bemerkte die Einheit in Bacons Werken, die auf ihrer Voraussicht, auf ihrem Status als Anfänge einer noch ausstehenden Entwicklung gründet:

»Bacons Methode liegt nicht innerhalb, sondern außerhalb des Werkes selbst. Das hätte man vielleicht in seiner Naturhistorie erwartet, nicht jedoch in seinen ausgearbeiteten Schriften. Doch in seinen *Essays* verhält es sich genauso. Sein gesamtes Werk liegt verstreut herum, eine weite unvollendete Stadt. Er sammelte unaufhörlich Fakten, ohne sie zu ordnen. Sein eigener Verstand wirkt wenig auf das ein, was er sammelt. Vieles bleibt so stehen, wie er es findet – bloße Aufzählungen von Tatsachen, materiellen wie geistigen. Das Feuer ist kaum darüber hinweggegangen, um es in sich zu einen und ihm eine neue Ordnung aus eigener Kraft zu verleihen. Es ist Sand ohne bindenden Kalk [...] Werke dieser Art, die sich aus unverbundenen Beobachtungen zusammensetzen und denen der Geist kein eigenes System mitgeteilt hat, werden nie beendet. Jedes von Shakespeares Dramen ist vollendet, ist ein unsterbliches Ganzes. Um Bacons Werke zu vervollständigen, müßte einer bis ans Ende der Welt leben.«[13]

Das aktive, kreative Lesen, das viele der *Essays* erfordern, liefert etwas von diesem bindenden Kalk; sie ergeben demnach ausgezeichnete Beispiele für die »aphoristischen Experimente«, die J. P. Stern in Lichtenbergs Aphorismen entdeckt. Wie das *Novum Organum* offenbaren die *Essays* die moderne Paradoxie des Aphorismus; daß die literarische Anstrengung, die nackte Wahrheit mit dem ganzen Schwung eines aufblitzenden Moments der Entdeckung darzubringen, alles andere als die nackte Wahrheit zu enthüllen vermag, sie nur verschließt, verschleiert. Wie so vielen Lesern aufgefallen ist, werden in den *Essays* Sentenzen, Anspielungen und alltägliche Beobachtungen in einen Topf geworfen; sie vermischen sich oder harmonieren nicht; sie suggerieren zahlreiche logische Resultate; und als aphoristische »Daten« hallen sie wider und beeinflussen sich gegenseitig[14] im Rahmen einer Untersuchung, die eher die Komplexität und Verwickeltheit des Gegenstandes in kräftigen Linien skizziert als daß sie seine Reduktion auf Grundprinzipien leistet. In dieser Hinsicht offenbart Fishs gründliche Lektüre in erregender Weise die Komplikationen und Modifikationen, die die »ehrwürdigen« Redensarten erleiden, von denen Bacon zunächst ausgeht. Doch selbst innerhalb dieses Gefäßes von Unbestimmtheiten drängt der Gegenstand zur umfassenden Harmonie: ›Über die Wahrheit‹ proklamiert die Existenz, die Erkennbarkeit und die Bedeutung der Wahrheit, obgleich die Macht der Unwahrheit anerkannt wird, Liebe ist vor allem unbeherrschbar und destruktiv; die Not macht den Charakter; Innovation ist gut und notwendig, weil die »Zeit der größte Neuerer ist«. Und doch wird eines der wichtigsten Themen der *Essays* in ›Über die Wahrheit‹ und ›Über Kolonien‹ präsentiert: nämlich die Wahrheit, die die *Essays* selbst niemals erreichen können und die ihr gewidmete Kolonie der Forschung, die von den *Essays* zuversichtlich entworfen wird.

Bacons fortdauernder Glaube an die partielle und noch undefinierte Richtigkeit der überlieferten Weisheit, aus der sich mögliche Anhaltspunkte für die Gegenstände der *Essays* ergeben, flößt jedoch seinerseits den *Essays* eine Mehrdeutigkeit ein. Das abgehobene und offene Forschungsprojekt, das Emersons »Sand« aus den zermahlenen Steinen produziert, die aus dem Gebäude der Tradition errettet wurden, war ein paradoxes und unerwartetes Ergebnis: die Steine sprechen noch immer vom Makrokosmos; die Vergangenheit wirft noch immer ein unheimliches Echo zurück. Denn die *Essays* verweisen auf zwei verschiedene referentielle Universen, zwei Urteilsinstanzen: den individuellen Geist und die Tradition. Einerseits ist die Bedeutung der Liebe, der Not und alles übrige durchaus zukünftig, ist noch zu erkunden und durch den individuellen Leser oder im Feuer einer höheren, wissenschaftlichen Untersuchungsweise zu erobern; der Kanon freilich, von dem Bacon seinen Stoff leiht und den er schließlich mit seinem eigenen sentiösen Material bereichert, hat schon im voraus diese Topoi mit einem referentiellen Universum, einem Grundstock an Wahrheiten ausgestattet, auf dieser Basis sollte Bacons Verfahrensweise vom zeitgenössischen Publikum und allen Lesern, die mit der Tradition vertraut waren, der sein Material entstammte, verstanden und beurteilt werden.

Welches Bedürfnis nach »Versuchen« konnte es geben, Aspekte der menschlichen Natur und des Verhaltens zu definieren, die schon viele Male in großen Werken definiert worden sind? Der »Essay« deutet bescheiden auf seine eigenen Unzulänglichkeiten – stillschweigend jedoch zieht er alle Mühe in Zweifel, die zuvor auf das fragliche Thema verausgabt wurde, denn er untersucht nicht das, was die Menschen tun sollten, sondern das, was sie tun. »Das Wort [essay] ist jung, doch die Sache ist alt«, sagt Bacon (*Letters and Life* IV, 340). Übersetzt heißt das: »Montaigne, der sogenannte erste Essayist, ist nicht so originell wie jedermann denkt; *meine* Essays repräsentieren tatsächlich die authentische Kontinuität einer langen Tradition von skeptischen, eindringlich prüfenden Untersuchungen.« Der Ikonoklasmus, der sowohl Senecas Briefen (die Bacon in der ursprünglichen Widmung zur Ausgabe seiner *Essays* von 1612 als ein Vorbild zitierte) als auch Montaignes *Essais* innewohnt, verwandelt sich bei Bacon in einen trockenen, kühlen, lebhaften Ton; einen Ton, der alle Gesundbeter jener Zeit sich erst einmal in denselben kahlen Raum setzen läßt, um auf ihre Prüfung durch ein Mitglied der AMA [American Medical Association] zu warten – und wenn nötig müssen auch Seneca, Montaigne und andere Vorbilder daran teilnehmen. Doch es stellt sich heraus, daß jeder dieser Großen noch einen Überrest an mantischen Kräften besitzt, mit denen die Instrumente unseres modernen Arztes nicht mithalten können.

In dem Essay ›Über das Unglück‹ wird dieser Ton in schöner Weise kultiviert. Wir beginnen mit Senecas »großartigem« Ausspruch, »daß das Gute, welches das Glück bringt, wünschenswert, aber das Gute, welches dem Unglück anhängt, bewundernswert ist« (VI, 386): Fish verweist auf die ernüchternden Effekte, wie etwa in dem leicht ironischen Ausdruck *großartig* (»Großartig klingt das Wort des Seneca…«), und er hebt hervor, daß der Ton auch anderswo den Inhalt durchkreuzt, wie das an dem ersten und letzten hier zitierten Satz auffällt:

»Die Dichter haben sich in der Tat damit befaßt [have been busy with it]. Ist es doch im wesentlichen dasselbe, was in der seltsamen Sage der alten Dichter dargestellt wird, die einen doppelten, tieferen Sinn zu haben scheint, ja sogar der geistigen Haltung eines Christen ähnlich sieht: Als *Herkules* es unternahm, den Prometheus zu entfesseln (in dem die menschliche Natur versinnbildlicht ist), segelte er quer durch den ganzen weiten Ozean in einem irdenen Topf oder Krug, ein lebendiges Bild christlicher Entschlossenheit, die in dem gebrechlichen Fahrzeug des Fleisches durch die Wellen der Welt steuert. Aber sprechen wir in schlichteren Worten.« (VI, 386)

Der Ton ist respektlos (obschon er vielleicht nicht so sehr den Sinn untergräbt, wie es sich Fish vorstellt); Bacon übt Kritik an dem hochtrabenden und gekünstelten Lob der Not, das so falsch klingt. Fish behauptet weiterhin, Bacons Kommentar »in schlichteren Worten« verrate eine rhetorische Einfärbung, die geradewegs ebenso »großartig« sei wie die zuvor kritisierten Bemerkungen Senecas; der Kommentar enthalte überdies kein Argument und biete daher keine Belehrungen über das Wesen der Not, sondern lehre eher den Leser kritisch zu lesen.

Gewiß trägt Bacon überraschende Bilder und durchgeformte Perioden in seinen Anmerkungen »in schlichten Worten« vor. Es existiert jedoch in diesem Essay ein ganz bestimmtes und offensichtlich traditionelles Argument. Es gründet auf der Prämisse, daß der Sinn des Leidens nur im Zusammenhang mit der Beziehung Gottes zum Menschen verstanden werden kann, und daß der Leser fähig ist, eine implizite christliche Position herauszuhören. Die heidnischen Mythen zu allegorisieren (hier die Geschichte des Herkules), ist eine wunderliche Methode, den christlichen Sinn des Unglücks zu begreifen; der Essayist wünscht Prägnanz, eine sachliche Haltung und die Rückkehr vom Heidnischen zum Christlichen. Senecas Bemerkungen sind für einen Heiden viel zu »großartig« – d. h. sie geben mehr Einsicht in das Unglück vor als einem Heiden überhaupt möglich ist. Bacons Anmerkungen »in schlichteren Worten« gehen tiefer, konzentrieren sich auf das Unglück als ein Anzeichen göttlichen Wohlgefallens im künftigen Leben und auf das Elend, mit dem Gott die heimsucht, um die er sich sorgt (David, Hiob). Eine dieser Anmerkungen bietet eine ausgesprochen biblische Kadenz: »Schließen wir also vor dem Vergnügen des Auges auf das Vergnügen des Herzens«; und mit dem (in einem Kontext wie diesem) unverhofften Bild des Weihrauchs verweist er auf den gläubig leidenden Menschen, der Trost und Stärke in der Kirche findet.

Die Christlichkeit des Essays ›Über das Unglück‹ wird durch Bacons Bemerkungen in *Der Fortschritt* bekräftigt; sie betreffen jene heidnischen »Disputationen« über »das höchste Gut«, deren sich »der christliche Glaube entschieden entledigt hat« (III, 419). Wenn Fish dazu behauptet, daß sich Bacon in seinen *Essays* weder religiösen noch anderen Schlußfolgerungen zu seinen Gegenständen überläßt, so wird ihm gerade auf der Seite widersprochen, die ihm den Titel seines Essays (›Georgics of the Mind‹) geliefert hat – und zwar merkwürdigerweise durch eine der Bemerkungen Senecas, die in ›Über das Unglück‹ diskutiert werden:

»Befreit und gelöst von dieser Doktrin des Philosophenhimmels, mittels derer sie [d. h. die heidnischen Philosophen] eine größere Souveränität der menschlichen Natur vortäuschten, als sie tatsächlich gegeben war (denn wir sehen, in was für einem erhabenen Stil Seneca schreibt, *Vere magnum, habere fragilitatem hominis, securitatem Dei* [Es ist wahrhaft groß, die Gebrechlichkeit eines Menschen und zugleich die Unerschütterlichkeit eines Gottes zu besitzen]), können wir mit größerer Nüchternheit und Wahrheit das übrige ihrer Untersuchungen und Bemühungen aufnehmen.«(III, 419f.)

Es war diese von Senecas Bemerkungen, die »viel zu großartig für einen Heiden« war.

Wenn man die Relevanz von Bacons wohlbekannter Kritik am Auftreten der Religion in der Wissenschaft (worauf sich Fish beruft) abwägt, sollte man sich einer von Bacon getroffenen Unterscheidung erinnern: der zwischen dem »Muster oder der Grundlage des Guten« und jenen pragmatischen, belehrenden Lektionen im Haushalten mit dem Guten, d. h. den Lehren darüber, wie man die Menschen gut werden läßt. ›Über das Unglück‹ scheint sich mit der Verbindung zwischen diesen beiden großen Abteilungen der Ethik zu beschäftigen. Wie es Bacon in seinen Anmerkungen über die spezifischen Begrenzungen der Religion innerhalb der Wissenschaft zu Beginn von *Der Fortschritt* angedeutet hat, ist die erste Art von Untersuchung genau auf dem Gebiet einer »moralischen Erkenntnis« angesiedelt, das von der Religion abgedeckt wird. Dieses Gebiet ist in der Tat von antiken und modernen Autoren ausgiebig erkundet worden. Die zweite, bisher vernachlässigte Art von Untersuchung würde herausfinden, wie etwa ein ungünstiges Geschick die Menschen verbessern kann. ›Über das Unglück‹ ist zweifellos einzuordnen als Vorwort zu einer jener belehrenden Studien über die natürlichen Einflüsse, die sich dem Geist durch [...] äußeres Geschick aufdrängen, wie etwa *höchste Gewalt*, *Adel*, *geheimnisvolle Geburten*, *Reichtum*, *Not*, *öffentliche Ämter*, *private Zurückgezogenheit*, *Wohlstand*, *Unglück* [...] und ähnliches mehr« (III, 436). Wenn Bacon eine derartige Untersuchung an religiösen Geboten orientiert, so ist das kein Widerspruch. Er stellt in diesem Essay eine wichtige Behauptung über das Wesen des Unglücks auf, eine, die ganz traditionell ist, obgleich sie in eine neue Art von Untersuchungen eingegliedert worden ist.

Bacons Anmerkungen besitzen eine biographische Bedeutung, die vielen seiner Leser von 1625 aufgefallen wäre: Vor ihnen stand eine bemerkenswerte öffentliche Persönlichkeit, der vier Jahre zuvor das erschütternde Unglück widerfahren war, durch die Anklage der Bestechlichkeit ruiniert zu werden, die dann nach Skandal und Ungnade eine reuige Annahme ihres Schicksals und eine ungeheure literarische Virtuosität bewies. Mehr als viele andere wußte er von dem, was er am Schluß von ›Über das Unglück‹ schrieb: »Im Glück offenbart sich näm-lich am stärksten das Laster, aber im Unglück die Tugend.«

Eher als jenes Sich-selbst-Verzehren, das Fish diagnostiziert, führt der Essay ›Über das Unglück‹ die Diskontinuität der Moderne vor Au-gen – und zwar deshalb, weil der Sinn nach beiden Seiten unterminiert wird. Ebenso wie der unabhängige Richter leidenschaftslos Spruch-weisheiten sammelt und auswertet, so fügt sich andererseits dieses Ma-terial zusammen, um jenen »unabhängigen« Richter an einen Platz zu versetzen, an dem er die Funktion einer rein willkürlichen Autonomie und Urteilskraft ausübt. Die Anspielung auf Herkules liefert den Schlüssel, um Senecas stoische und Bacons christliche Anschauungen zu vereinen, die gleichermaßen »großartig« im Sinne von »künstlich« sind. Sie deutet eine Synthese an, der entsprechend Bacons Kommentar »in schlichteren Worten« zu einer Bestätigung und einer Anwendung der Herkules-Geschichte wird – nur daß eben die Vorteile des Unglücks kunstvoller ausgeführt werden. So geht ein Wertmaßstab aus der kohä-renten, klassisch-christlichen Tradition hervor, der sich der Baconschen Haltung der Unabhängigkeit entgegenstellt. Im Licht derartiger traditi-oneller Perspektiven wird Bacons Ton auf eine kraftvolle und unheim-liche Weise dissonant. Die Verbindung heidnischer und christlicher Mythologie, wie sie die Anspielung auf Herkules repräsentiert, hatte bereits ausreichenden Eindruck bei Bacon hinterlassen, um einen Platz in seiner Interpretation des Mythos von Prometheus zu finden, einer Figur, die im Mittelpunkt seiner Vision von menschlicher Verwirkli-chung steht. Die Befreiung des Prometheus ist dort das Unterpfand für den Mut und die Beständigkeit, die sich nur der Weisheit eröffnen. Aber was auch immer die Bedeutung solcher Topoi für Bacon sein mag, sie bewahren eine unabhängige Kraft, die von vielen seiner Leser wahr-genommen worden wäre. Die Überzeugungskraft solcher Anspielun-gen in den *Essays*, die »den Menschen in seinen Geschäften und in sei-nem Innersten ergreifen«, arbeitet dem Tenor der *Essays* entgegen, da sie voraussetzen, es gebe einen unabhängigen Punkt des Ausstiegs aus der Tradition. Ebenso ergeht es mit dem mythograpischen Hinter-grund, der oft Bacons reduzierte Lesart des antiken Mythos in *The Wis-dom of the Ancients* durchkreuzt, und ebenso auch mit der *instauratio*, die als Reform den Sinn von *instauratio* als Revolution auflöst.

Die *Adagia* des Erasmus repräsentieren die Form, in der Bacon viele der traditionellen Topoi in den *Essays* entdeckte: unauffällige, reflektierte Darlegungen, die in die Tiefen eines Kanons eingesenkt sind, dessen Einheit und Bedeutung für Erasmus selbstverständlich war. Der gelehrte, respektvolle, gleichwohl gelegentlich wehmütige Ton der *Adagia* samt ihrer reformerischen Absicht kontrastiert scharf mit dem der *Essays*. Im Verlauf seiner Bemerkungen über die sprichwörtlichen »Taten des Herkules« spricht Erasmus von einem Wissen, das in das unendliche Labyrinth der Texte von Autoritäten gebannt ist, und er beklagt sich schließlich:

»Der wird sicher viel weniger unbillig sein, der erwägt, welch unsagbare Mühen und welch unendliche Schwierigkeiten mir dieser Urwald von Adagien verursacht hat. [...] Man muß also erraten, was das Adagium meint, muß sich einen delischen Schwimmer beschaffen oder die Erklärung bei alten Autoren ausfindig machen. Bei welchen Autoren wird man sie nun suchen? Nicht beim einen oder anderen oder bei bestimmten, wie das bei anderen Nachweisen üblich ist. [...] Ein Menschenleben reicht kaum aus, so viele Dichter in beiden Sprachen, so viele Grammatiker, Redner, Dialektiker, Sophisten, Historiker, Mathematiker, Philosophen, Theologen, deren Buchtitel aufzuzählen schon ermüden würde, auszuschöpfen und immer wieder zu durchstöbern, und das nicht einmal, sondern vor und zurück, wie es die Sache gerade fordert, den Stein des Sisyphus zu wälzen.«[15]

Bacon fehlt allerdings die Geduld des Erasmus, denn für ihn setzt der Anfang – jedoch zwar nur der Anfang – der Wahrheit über bürgerliche und moralische Gegenstände bei dem akkumulierten Ganzen des Wissens an. Anstatt aber kräftig widerhallende Saiten in der universellen Harmonie der Texte anzuschlagen, wie die pietas litterata des Erasmus, wecken Bacons aufgehäufte Sentenzen in den *Essays* ferne und unvereinbare Klänge, deren Harmonie nicht klar gedeutet werden kann: Sie werden bruchstückhaft in einem leidenschaftslosen, pragmatischen Ton vorgetragen, der untergründig ihre Autorität und Kohärenz in Frage stellt. Die daraus resultierende Dissonanz übersteigt vermutlich die Kontrolle und das Bewußtsein des Autors, dessen Glaube voraus- und dessen Begabung zurückblickt. In dieser recht surrealen Dissonanz schwingt jedoch die wahre Tiefe der *Essays*, die die gegenwärtige Ordnung kritisch befragen und sie zugleich verlängern. Die *Essays* führen die Tragödie zweier Gegenspieler auf, die jeweils das Recht des anderen, eine bestimmte Bedeutung festzuhalten, in Zweifel ziehen.

Die Kraft der Baconschen Aphorismen, Naturhistorien und Essays beruht großenteils auf ihrer vorausschauenden Qualität, die sie als Anfänge oder als Repräsentationen von Anfängen besitzen. Aber auch Bacons philosophisches Werk und viele der übrigen Schriften scheinen immer gerade im Aufbruch zu sein. Sein revolutionärer Charakter wird greifbar, hauptsächlich in Ansprüchen, Absichtserklärungen und Ermahnungen. Man muß annehmen, daß Bacon gerne mehr zu Ende gebracht hätte, als ihm tatsächlich gelang. Diejenigen Werke aber, die den ihnen zugrundeliegenden Plan völlig unzulänglich umsetzen, sind in einer solchen Überzahl, daß man sie als Erfüllung eines unausgesprochenen (und womöglich unbewußten) Motivs ansehen muß – eines Motivs, das die Modernität dieses Projekts unter Beweis stellt.

Bacons schriftliche Beiträge zur Instauration der Wissenschaften sind Synthesen früherer, unvollständiger Werke, und noch die Instauration selbst ist in entscheidender Weise unvollständig. Den Teil der Instauration, der 1620 veröffentlicht wurde, könnte man als Umgestaltung früherer, größtenteils nicht abgeschlossener Werke bezeichnen, insofern er jene Schriften nach gelungenen Redewendungen durchforstet und ihre gedanklichen Ansätze benutzt und ausarbeitet. Der *Valerius Terminus* (1603) ist Bacons früheste Skizze des bestehenden Wissens und seiner Mängel, und er enthält weitreichende Verbesserungsvorschläge. Er bleibt Fragment; ein Teil davon gelangt jedoch in erweiterter Fassung in *Der Fortschritt der Wissenschaften* und wird wiederum in der fragmentarischen *Descriptio Globus Intellectualis* von 1612 aufgegriffen. *De Dignitate et Augmentis Scientiarum*, die lateinische Umarbeitung von *Der Fortschritt*, sollte einen Teil der sechsteiligen *Instauration* verwirklichen, doch es ist der einzige ausgeführte Teil geblieben. Teil 2 – das *Novum Organum* – hat seinen Ursprung im *Valerius Terminus*, und einige Passagen des früheren Werkes hallen darin wider. Abschnitte vieler früherer Werke sind in das Gewebe des *Novum Organum* und in die Vorworte der *Instauratio Magna* eingefügt worden. Teil 3 der Instauration, die Naturhistorien, ist in dem Band von 1620 in Gestalt einer Einleitung (der *Parasceve*) repräsentiert, die selbst wieder aus vergangenen Werken herausdestilliert worden ist, sowie in Gestalt einer Liste von Themen für diese Historien. Um Daten für diesen Teil zu sammeln, gab Bacon sowohl seine Studien zur Methode als auch, falls wir seinem Kaplan und Biographen William Rawley glauben dürfen, die nicht abgeschlossene

Neu-Atlantis auf. Teil 4, 5 und 6 werden in dem Band von 1620 nur erwähnt: die Teile 4 und 5 werden anderswo durch kurze einführende Fragmente wie die *Scala Intellectualis* und die *Prodromi sive Anticipationes Philosophiae Secundae* vorgestellt, und auch von ihnen findet sich ein schwacher Widerhall in der Ausgabe von 1620.

In Bacons Gesamtwerk wird Teil 3 durch Bruchstücke, Skizzen oder Anfänge von Faktensammlungen über Bewegung, Wärme und Kälte, Minerale, Vermischung von Metallen, Licht, Gewicht, Schall und magnetische Anziehung repräsentiert; und es gibt beachtliche, aber noch immer unvollständige Beschreibungen der Dichte und des Windes, wobei die letztere zusammen mit Vorworten zu fünf anderen, niemals ausgeführten Naturhistorien veröffentlicht wird. Das fragmentarische *Abecedarium Naturae* unternimmt den Versuch, die »einfachen Wesen« zu definieren, ein grundlegendes Problem bei der Aufgabe, wissenschaftliche Beobachtungen zu konzeptualisieren oder zu überliefern. Robert Ellis erklärt die *Historia Vitae et Mortis* für »mehr oder weniger vollständig«; damit kann er natürlich nicht meinen, daß Bacon glaubte, das letzte Wort über dieses Thema gesprochen zu haben: Jene Schrift hält sich weit weniger an die Erfahrung als andere der Baconschen Naturhistorien. Die posthume, populäre *Sylva Sylvarum* gilt als vollständig. Da sie aber ihre Struktur nicht aus der Natur, sondern aus einem vorgefaßten Plan erhält, der zehn allgemeine Unterteilungen mit jeweils hundert Beobachtungen vorsieht, entspricht sie am wenigsten von allen Baconschen Historien dem Ideal eines wissenschaftlichen Textes. Die *Essays*, die sich an Teil 3 zwar nur anlehnen, gleichwohl aber eine wichtige Beziehung zu ihm unterhalten, sind ihrem eigenen Wesen gemäß unvollständig und sind zweimal revidiert und erweitert worden.

Andere Werke können keiner bestimmten Phase der Instauration zugeteilt werden, und überdies waren die meisten anderen Baconschen Werke auch nicht als Beiträge intendiert. Das sechsteilige Schema schließt aber jegliches Wissen ein, und viele der anderen Werke beziehen sich in irgend einer Weise darauf; und auch unter ihnen sind viele unabgeschlossen. Bacon plante eine umfangreiche ›Geschichte Englands vom Bund der Rosen zum Bund der Kronen‹. Das erste Buch, die *History of Henry VII* (1622), liegt abgeschlossen vor; das zweite Buch über Heinrich VIII blieb einleitendes Fragment; die anderen Bücher sind nicht vorhanden. Eine ›Geschichte Groß-Britanniens‹ gibt es als einleitendes Fragment. Die *Maxims of the Law*, Bacons wichtigstes juristisches Werk, ist zwar abgeschlossen, aber nur als Überrest der allgemeinen Revision und der neuen Kompilation des englischen Gesetzes, die er vorschlug. Nur einer der beiden Mythen, die die Naturphilosophie betreffen und die in *De Principiis atque Originibus* diskutiert werden sollten, wurde untersucht, und zwar unvollständig; der *Temporis Partus Masculus* ist das einzige Kapitel eines geplanten Werkes von drei Büchern; nicht beendet wurde auch ›Letter and Discourse to Henry Savill touching Helps for the Intellectual Powers‹.

Was auch diese Unvollständigkeit über Bacons Temperament sagen mag – sie ist ein Hinweis darauf, daß das vorhandene Wissen und die Formen des Diskurses Bacons revolutionären Zielen nicht zu genügen scheinen. Und sie verweist darauf, daß sein Zugang zu einem Problem keinen endgültigen Abschluß intendiert: Auf das, was er nicht festlegen kann, kommt er später zurück oder überläßt es anderen, denn Forschung gilt ihm als kollektives Unternehmen. Brian Vickers meint, daß »Bacons beständiger Drang zu revidieren und zu verbessern kein aufgeregter Ausdruck von Unentschlossenheit war, sondern eher das Zeichen eines intellektuellen Horizontes, der sich unablässig ausdehnte, einer Spannweite, die ständig die Auffassungsgabe übertraf und keine ausgefeilten Bücher, sondern unvollendete zurückließ«.[16] Bacon ist impulsiv, aber nicht unentschieden. Ich vermute aber, daß seine charakteristische Unvollständigkeit eine schützende Abwehr verbirgt, eine bewußte oder unbewußte Anerkennung der Tatsache, daß die Ausarbeitung des Plans seine Unverbrauchtheit und Originalität gefährden und ihn als eine Funktion des bereits institutionalisierten Wissens bloßstellen wird. Jene Unvollständigkeit macht beides sichtbar: die Verwundbarkeit ebenso wie die Unverwüstlichkeit der Modernität Bacons.

Viele von Bacons Schriften sind nichts als Anfänge, ein Vorwort hier, ein paar Kapitel dort. Es gibt Passagen, die in diesen Fragmenten häufig wiederkehren. Die *Instauratio Magna* von 1620 destilliert einige dieser Materialien, obgleich das Werk nach der Aussage von Rawley (I, 11) »wenigstens zwölf« eigene Revisionen erlebte. Diese idiosynkratische Gattung von bloßen Anfängen umfaßt die folgenden Titel:

Phaenomena Universi
›Filum Labyrinthi sive Formula Inquisitionis‹
Prodromi sive Anticipationes Philosophiae Secundae
Partes Instauratio Secundae Delineatio et Argumentum
Temporis Partus Masculus
›De Interpretatione Naturae Proemium‹

Scala Intellectualis sive Filum Labyrinthi
De Interpretatione Naturae Sententiae XII
Aphorismi et Consilia, de Auxiliis Mentis, et Accensione Luminis Naturalis
›Letter and Discourse to Henry Savill Touching Helps for the Intellectual Powers‹

In gewisser Hinsicht können diese Werke als ein und dasselbe Werk gelten. Sie zeigen die Geste des Anfangs, einen bewußten Augenblick der Selbstbehauptung, der das zentrale Thema in Bacons Werk markiert. Man könnte noch andere Werke hinzufügen, die nicht notwendig unvollständig, aber doch in Gedanke und Form wesentlich fragmentarisch sind:

Valerius Terminus
Redargutio Philosophiarum
Cogitationes de Natura Rerum
Cogitationes de Scientia Humana

Sie konzentrieren sich allesamt auf eine beeindruckende, radikale Unabhängigkeitserklärung. Nur ein Beispiel: »Francis Bacon dachte so: Das Wissen, das die Welt jetzt besitzt, besonders das über die Natur, erreicht nicht die Größe und die Gewißheit wirklicher Werke« (›Filum Labyrinthi‹, III, 497).

Mit dieser herausfordernden Haltung geht die Hoffnung auf einen Fortschritt einher, der durch Emanzipation von der Vergangenheit in Bewegung gerät. Diese Werke insgesamt erforschen das Wesen eines unverbrauchten Anfangens und wiederholen doch fortwährend die vergeblichen Mühen, einen wahrhaften Neubeginn zu entdecken. Der Wille, der hinter der Wahl dieses Betätigungsfeldes steht, kommt in einem der beispielhaftesten Texte, den drei Seiten von ›De Interpretatione Naturae‹, mehrfach zum Ausdruck: »Da ich glaube, daß ich zum Dienst an der Menschheit geboren ward und da ich die Sorge um das Gemeinwohl als eine Art von gemeinsamem Eigentum betrachte, das wie die Lust und das Wasser jedermann gehört, begann ich darüber nachzudenken, in welcher Weise der Menschheit am besten gedient werden könnte und welchen Dienst auszuführen ich von Natur aus am besten geeignet wäre.« (*Letters and Life* III, 84)

Von diesem Blickpunkt aus bezeugt die Tatsache, daß Bacon das *Novum Organum* liegenläßt, mehr als bloße Offenheit für Entwicklungen. Buch I beginnt mit einigen der glänzendsten Beispiele von Aphorismen, die je geschrieben wurden. Gegen Ende dieses Buches sind die Abschnitte länger geworden und gleichen eher kurzen Artikeln. Buch II beginnt mit kürzeren Absätzen, die zum großen Teil aus aphoristischen Sentenzen zusammengefügt sind. An der Stelle, an der Buch II aufgegeben wird, haben die gliedernen Abschnitte die Länge eines kurzen Kapitels von mehreren Seiten. Buch II gibt ein Beispiel für Induktion und scheint dann zu einem langen und detaillierten Bericht über die Methoden anzusetzen, mit denen der Beobachter signifikantere Tatsachen (d. h. die Privilegierten Fälle) aus dem unbegrenzten Strom von natürlichen Wahrnehmungen unterscheiden kann. Dann läßt Bacon das Schreiben sein, begibt sich an ein Programm für Experimente und Beobachtungen und läßt sich, neben den Privilegierten Fällen, nie wieder auf die acht weiteren »Hilfestellungen für den Verstand« ein. Eine zweifache Ironie kommt hier zur Geltung: Die Privilegierten Fälle, ganz zu schweigen von den anderen »Hilfen«, scheinen zu komplex und zu wenig kontrollierbar zu werden, und sie verfälschen außerdem das Ideal einer reinen Induktion. Die öffnende Vision muß durch Unvollständigkeit gerettet werden.

Patriarchalische Riten, asketischer Heroismus

Im allgemeinen scheint es in Bacons philosophischen Werken einen geregelten Zyklus zu geben, der eine Art von kontroversem Gleichgewicht zwischen Altem und Neuem produziert. Vielleicht ermöglichte gerade die unbewußte Wahrnehmung einer nahezu völligen Abhängigkeit von Tradition und Rhetorik, das kultivierte Wissen so radikal abzulehnen. Besonders im Hinblick auf Harveys Seitenhieb, die Philosophie Bacons sei die eines Lordkanzlers, ist es doch bemerkenswert, daß ausgerechnet der Versuch, »Rede und Beweisführung« abzuschaffen, die Grundlage dieser Philosophie eines Lordkanzlers bilden sollte. Doch die widerstreitenden Impulse vereinen sich; denn die Abhängigkeit von der Rhetorik als einem zweckdienlichen Schmuck und als einem manipulativen Instrument, dessen der Jurist, der Politiker und der Diplomat bedarf, kann, wie der Wissenschaftler Bacon beweist, beides nach sich ziehen, sowohl eine meisterhafte Beherrschung wie eine Abwertung von Rhetorik und gelehrter Tradition. Bacon verkündet: »Ich habe die ganze Erkenntnis zu meiner Domäne erklärt« (*Letters and Life* I, 109); und das zu einer Zeit, da einem derartigen Ziel substantielle Bedeutung zukam. Seine gelehrte Bildung hätte nicht eine Schreibweise hervorbringen können, die mehr als bloßer Kommentar war, wenn es nicht die ungeheure Anstrengung gegeben hätte, die Bedeutung jener gelehrten Bildung von einem unabhängigen Blickpunkt in der Gegenwart zu kontrollieren und zu definieren. Vielleicht ist sein eifersüchtig gehüteter, unabhängiger Ausgangspunkt zugleich eine kühne Behauptung und ein Rückzug, ein defensiver Versuch, sich nicht vereinnahmen zu lassen. Auf der andern Seite erfordert gerade die Strenge der Baconschen Bestimmung von Wahrheit eine paradoxe Vermehrung der Kunstgriffe. Die Eloquenz, die das Alte für das Neue plädieren läßt, wird um so nachdrücklicher gefordert, je eindringlicher die Forderung nach dem Neuen wird, das jenseits der Eloquenz liegt.

Die Psychoanalyse Freuds und die Ästhetik der Tragödie, die sich geradezu ergötzen an derartigen Teufelskreisen, bieten prompte »Erklärungen« für Bacons Lage; wir täten allerdings besser daran, solche Deutungen bloß als erhellende Analogien zu behandeln. Unter dem Einfluß dessen, was Freud als »Wiederholungszwang« diagnostiziert, vollführt etwa eine Person Handlungen, die spontan und ursprünglich erscheinen, die aber, wenn man sie im Licht vergangener Handlungen und Erfahrungen untersucht, in ein unbewußt determiniertes Verhaltensmuster gehören, das unter verschiedenen Formen ein überwältigendes Trauma der Vergangenheit durchspielt. Unablässiger Mißerfolg, der in jedem einzelnen Fall Umständen zuzuschreiben ist, die außerhalb der Kontrolle des Individuums zu liegen scheinen, kann sich schließlich zu einem Verhaltensmuster summieren, das dem unbewußten Willen zuzuschreiben ist, eine überwältigende Enttäuschung zu wiederholen. Die Wiederholung vollzieht sich, um das Nervensystem gegen den Schock der traumatischen Erfahrung und ihre mögliche Wiederkehr abzustumpfen.[17] Das Verständnis der Kräfte, die hinter solchen Wiederholungen wirken, ist – wenn es überhaupt möglich ist – offensichtlich der erste Schritt, um die Kette zu unterbrechen. Es ist jedoch gerade dieses Verständnis, das der Revolutionär Bacon sich selbst verweigert oder nicht erreichen kann. Seine Schlagworte und wiederholten Anfänge zielen eher auf eine absolute Schärfe der Absage an die Tradition. Sein Anspruch auf Originalität schützt seine zerbrechliche Unabhängigkeit vor dem tiefen und schwindelerregenden literarischen Universum der Gleichnisse, in dem er erzogen wurde. Diese *paideia* bürdete seinem Willen wie seiner Einbildungskraft ein repressives Bündel von Machtbeziehungen auf. Seine selbstbewußte, revolutionäre Position isoliert ihn freilich noch mehr und macht ihn verwundbarer. Während das »Ziel« des Wiederholungszwanges darin besteht, die Psyche vor der möglichen Wiederkehr irgend einer traumatischen Erfahrung zu bewahren, wirkt er auch den Wünschen und Bedürfnissen des Individuums entgegen. Durch die Wiederholung kommt kein Fortschritt im Verstehen zustande, ebensowenig durch die wiederholten Anfänge Bacons.

Freuds Mythos von der Revolte gegen den »Urvater« erklärt auch eine Art von zwanghaftem Verhalten, das rituelle Wiederholung wie auch eine bestimmte Haltung gegenüber Tradition und Autorität einschließt; diesem Verhalten entsprechen in plausibler Weise die in Bacons Werk auftretenden widersprüchlichen Kräfte. Freuds Fabel von der Urhorde ist in der Tat eine kraftvolle symbolische Darstellung der typischen Grenzen, mit denen so ausdrücklich Moderne wie Bacon konfrontiert werden. Nach Freuds Hypothese ist der Opferritus eine symbolische Wiederholung der Tötung des Urvaters, in dessen Gewalt sich alle Frauen des Stammes befanden und der den Söhnen jeden sexuellen Verkehr mit ihnen verweigerte. Die Haltung der Söhne nach dem Mord und dem Inzest ist ambivalent: Sie sind froh, von der Unterdrückung durch den Vater befreit zu sein, angesichts ihrer Tat fühlen sie sich aber schuldig; sie verehren den Vater, weil sie glauben, er übe Macht vom Jenseits her aus, und sie erkennen die praktische Notwendigkeit des Inzestverbots an. Das rituelle Opfer eines Tieres, als Wiederholung des Mordes, bestärkt die Unabhängigkeit der Söhne und ihre Macht zu handeln, aber es ist auch ein Weg, den väterlichen Ahnen zu versöhnen und zugleich von ihm als Gegenleistung für das Fleisch des Opfers, eine Wohltat zu empfangen. Im Opfer wird die Revolte bestätigt – aber auch die Abhängigkeit. So wird bei jedem Opfer der Vater aufs neue getötet, dann jedoch respektvoll beigesetzt.[18]

Ebenso beerdigt Bacon die Figuren der Vergangenheit nicht im Zuge eines Angriffs, sondern durch den Versuch, die Grenzen ihrer Macht zu bestimmen und so zugleich seine Ehrfurcht vor ihnen zu erhalten. Wie der Tod im Opfer symbolisch gemeint ist, so gelangen die unaufhörlichen Anfänge Bacons selten über Allgemeinheiten und Absichtserklärungen hinaus und überwinden niemals die Gegenwart der »Väter« in den Texten. Die Beisetzungen der Väter in den Baconschen Grundsatzerklärungen sind wirklich ritualisierte Gedenkfeiern, die das Andenken an die Tradition lebendig erhalten, während sie auf einen Gegner deuten, der noch keineswegs abgesetzt ist.

Es ist nicht nur der Autor Bacon, der die produktiven Agonien der Moderne zur Schau stellt: diese Situation verkörpert sich ebenso in seinem Bildnis des heroischen Wissenschaftlers. John Steadman, der die Auffassung Bacons vom Wissenschaftler als einem Helden diskutiert, zieht den Schluß, daß Bacons Anschauung vom Heroismus traditionell ist.[19] Anders als die meisten »kontemplativen« Helden unter den Philosophen und Dichtern, wie etwa der Epikur des Lukrez, gehört Bacons Held in die »gemischte« Kategorie. Er ähnelt dem Moses, mit dem Bacon von Cowley in seiner ›Hymn to the Royal Society‹ verglichen wird: In ihm sind Handeln und Kontemplation vereint. Bacons wissenschaftliche Methode reflektiert jedoch eine radikale Haltung von Originalität, die durch Demut erlangt ist. Als Wissenschaftler will er seiner eigenen Haltung entsprechen und öffnet sich der Offenbarung der natürlichen Wahrheit. Wenn man diese Spiegelung der Haltung in der Methode bedenkt, wird klar, daß das Baconsche Bild des Wissenschaftlers ebenso paradox ist wie sein Anspruch auf Originalität.

Der Held kämpft gegen Fortuna und Fatum als Repräsentant menschlichen Willens und Gelingens. Die Gegenstellung der heroischen *virtus* zum Geschick, zur Unbeständigkeit oder zum Verhängnis ist dem Denken wie der Kunst der Renaissance, als auch dem klassischen Epos und der Tragödie gemeinsam. Mit seiner spezifischen Proklamation von Modernität liefert Bacon jedoch eine Lösung für die Entgegensetzung von virtus und Unbeständigkeit, die extrem, wenn nicht einzigartig ist. Da er seine Ideen eher zu Produkten der Zeit als der Intelligenz stempelt und da er vorgibt, keine andere Naturphilosophie anzufechten, gewinnt der Sprecher selbst in der *Instauratio Magna* eine heroische Statur, indem er in eigentümlicher Weise die heroische Leidenschaft mit der Unbeständigkeit versöhnt: er läßt jene in dieser untergehen. Bacon schränkt die virtus des Wissenschaftler-Helden (die als intellektueller und emotionaler Reichtum verstanden wird) radikal ein und ersetzt sie durch den mechanischen Prozeß der eliminierenden Induktion. Er stellt sich selbst als einen in paradoxer Weise asketischen Helden dar und empfiehlt seinen Lesern Askese: Für Bacon verwirklicht sich die Menschheit durch disziplinierte Selbstverneinung des Wissenschaftlers.

Jene psychoanalytischen Prozesse haben Bezug auch zu Bacons *Neu-Atlantis*, in der das moderne Bewußtsein durch die Insel Bensalem, »ein unbekanntes Land«, symbolisiert wird. *Neu-Atlantis* ist jedoch etwas anderes. Gerade weil es sich um eine Fabel handelt, ist die Beziehung dieser Utopie zur Wirklichkeit überraschenderweise leichter zu begreifen als die irgend eines der nicht-fiktionalen Werke Bacons, die wir in diesem Kapitel besprochen haben. Da das Verhältnis von textgebundener zu textfreier Wahrheit das besondere Problem Bacons ist, bietet eine ausdrücklich fiktive Geschichte Ausweichmöglichkeiten an. Die Fiktionalität von *Neu-Atlantis* und ihre repräsentationale Einfachheit basieren auf der Voraussetzung, daß *eine* Zivilisation in dieser Welt niemals einer kulturellen und sozialen Instauration bedurfte, da sie das Geheimnis wissenschaftlicher Instauration schon vor langer Zeit entdeckt hatte. Diese Zivilisation kommt nicht dadurch zu ihrer wahren Identität, daß sie eine Reihe von Figurationen und Vermutungen ins Spiel bringt, die unwägbar ungenau sind; vielmehr wird sie selber für die Leser zu einer solchen Vermutung. Die Insel Bensalem ist von der übrigen Welt abgeschnitten, aber in überraschendem Kontrast zu Mores *Utopia* hat Bensalem eine Geschichte, die sie zu der übrigen Welt in Beziehung setzt, sie in der Tat zur Blüte und Verwirklichung der menschlichen Geschichte erhebt. Während freilich die Welt verhängnisvolle Kriege und Naturkatastrophen erlebte, die das hohe, vor drei Jahrtausenden herrschende Zivilisationsniveau zerstörten, (mit dem sogar die europäische Renaissance erst noch gleichziehen muß), entkam Bensalem mit Hilfe von Glück, Weisheit und Erbarmen gegenüber Feinden. Der weise König Solamona begründete ein Programm für wissenschaftliche Forschungen – basierend auf dem gleichsam als Laboratorium arbeitenden Orden ›Salomos Haus‹ – und schließlich kontrollierte und beschränkte er den Kontakt zwischen Bensalem und dem Rest der Welt (die in ihrem geschwächten Zustand doch nur irgendwie korrumpierend wirken konnte).

Neu-Atlantis repräsentiert einen Endzustand, der um die originären Utopien der politischen Philosophie Europas kreist, um Platos *Staat* und *Kritias*; sie wendet sich zurück zu einer größeren Epoche, von der Plato und die Leser von *Neu-Atlantis* bloße Überbleibsel sind. Das Problem, das so viele politische Theoretiker von Plato bis Machiavelli und Bodin völlig in Anspruch nahm – wie man die Gezeiten des historischen

Wandels überwindet und Stabilität erlangt, oder wie man eine Weiterentwicklung angesichts historischen Niedergangs erreicht – wird in dem fiktiven Porträt einer Gesellschaft beantwortet. Diese bezieht ihre Stärke teilweise daraus, daß sie vom Zeitalter bürgerlicher Moralphilosophie keine Notiz nimmt; stattdessen unterhält sie eine Kontinuität zu jenen Zeitaltern davor, in denen die Naturphilosophie herrschte.

Ungeachtet ihres Konservatismus bedeutet der Erfolg Bensalems alles andere als die Erfüllung und Verwirklichung der langen Geschichte Europas. Ihre Ziele der Bewahrung, Absonderung und Forschung entstammen einem (in dem hier definierten Sinne)»revolutionären« Drang, sich von der kompromittierenden Spannung zwischen Tradition und Innovation zu befreien – und zwar durch die zeitlose Gegenwart eines sich wiederholenden Augenblicks der Entdeckung. Eine zentrale Planung dämpft den Schock des Neuen für das friedliche Bensalem, eines Neuen, das unablässig in den Forschungskomplexen hervorgebracht werden muß; und sie setzt die Neuerungen in einen konstruktiven und zugleich konservativen Gebrauch um. Die kontinuierliche Hervorbringung neuen Wissens, so behauptet Bacon in *Neu-Atlantis* ebenso wie in seiner Interpretation des Orpheusmythos[20], kann die Geschichte neutralisieren und dadurch ihre naturhaften Zyklen des Aufblühens und des Verfalls überwinden. Erfolgreicher Widerstand gegen historische Prozesse durch eine kontinuierliche Forschungsarbeit ist daher der faktische Triumph über die Notwendigkeit, ein historisches Bewußtsein zu haben – ein Bewußtsein, dem es zwangsläufig zum Problem wird, daß sich die gegenwärtigen Verhältnisse von den vergangenen unterscheiden und doch in einer lebendigen Beziehung zu ihnen stehen.

Dieses moderne Ziel der Einengung und Intensivierung des Bewußtseins kehrt auch in den merkwürdigen internationalen Beziehungen Bensalems wieder. Ebenso wie Bacon versucht, das Überlieferte und Vertraute aus einem autonomen Blickpunkt in der Gegenwart zu manipulieren und die Begegnung des Wissenschaftlers mit der Natur in höchstem Grade objektiv werden zu lassen, genauso senden die Forscher von Bensalem ihre Spione in die übrige Welt aus, um Informationen für ihre wissenschaftlichen Programme einzuholen. »Uns entgeht nichts, wir selbst aber bleiben unerkannt«, so könnte ihr Wahlspruch lauten, denn die Bewohner Bensalems sind zu intellektuellen Imperialisten der Welt geworden. Genauso wie Bacon darauf aus ist, die Vergangenheit zum Nutzen der Gegenwart zu beherrschen und zu kontrollieren, so hat die ökonomische und politische Ausbeutung der Welt durch

Europa ihren Präzedenzfall an den Beziehungen Bensalems zu seinen intellektuellen »Kolonien« – dem Rest der Welt. Die Gefahren einer solchen Beziehung für das Mutterland werden dadurch deutlich, daß der Satz »Uns entgeht nichts, wir selbst aber bleiben unerkannt« ein unheilvolles Echo in dem antiken Wahrspruch des delphischen Orakels findet: »Erkenne dich selbst.« Derartige Erkenntnis verlangt eine Selbstbeobachtung, die intensiviert wird durch ein Gespür dafür, wie wir in den Augen der anderen erscheinen. Bacons Haltung verhindert aber solche Einsichten.

Ein Maßstab für Klassiker ist es, daß sie zeitgemäß bleiben: so liefert Bensalems Modernität, sein Widerstand gegen historische Prozesse mit Hilfe eines Einbahn-Verkehrs der Ideen, eine Parallele, wenn nicht sogar einen Präzedenzfall für die neokoloniale Entwicklung von heute. Ich meine damit gewisse »Modernisierungs«programme, die einem winzigen Bruchteil der Bevölkerung in der Dritten Welt zugute kommen und die sowohl den Abfluß der Profite in einer Richtung wie die Souveränität transnationalen Kapitals über die Nationen sicherstellen. Und so wie wir uns den Schrecken vorstellen können, mit dem die guten Untertanen Bensalems an einen ausgewogeneren Handel mit Machtwissen denken, so erleben wir die Feindseligkeit vieler guter Bürger der Vereinigten Staaten gegenüber den antikolonialen Befreiungskämpfen in der Dritten Welt. Womöglich werden sich unsere weltklugen Kolonisatoren jener Art von Introspektion noch erfreuen müssen, die Bacons Bensalem sich selbst auch vorenthält.

Auf der persönlichen Ebene gestattet sich Bacon, den ein Historiker »die eine einsame Gestalt der jakobitischen Welt« genannt hat[21], eine besondere Blindheit: »Meine Seele ist mir im Verlauf meiner Pilgerschaft ein Fremder gewesen.« (*Letters and Life* VII, 101). Das ist bitter, und doch kommt Bacon diese Zeile aus den Psalmen über Jahre hinweg immer wieder gelegen. Eine solche Selbstinszenierung setzt ihn der Typisierung Walter Savage Landors aus, wie sie in einer imaginären Unterhaltung zwischen Bacon und Richard Hooker zum Ausdruck kommt:

»*Bacon*: Wir aber, die auf Geplärr und Kadenz nichts geben und keine Zeit haben, nach Beifall zu haschen, stürmen vorwärts über Steine und Sand stracks auf unsere Objekte. Ich habe Menschen davon überzeugt – und werde ein Zeitalter nach dem andern davon überzeugen – daß ich ein weites Reich von Gedanken besitze, so wahr von andern unerforscht, als von mir zum ersten Male aufgezwungen [...] wenig ist, das mir vorgekommen wäre, ohne daß es, von mir

aufgegriffen und durchschaut, weiterbestände; eines dennoch ist mir entwischt und war gewiß der Mühe wert.
Hooker: Ich bitte Euch, Mylord, was – wenn es nicht unbescheiden ist – was könnte es sein?
Bacon: Francis Bacon.«[22]

Neu-Atlantis ist weniger ein Bericht über Ereignisse als einer über Verfahrensweisen; seinen Höhepunkt findet er in den wissenschaftlichen Prozeduren von Salomos Haus. Diesem Höhepunkt geht die ausführliche Beschreibung eines Ritus voran, der ›das Familienfest‹ genannt wird, ein Ritus, der die Gesellschaft Bensalems bündig resümiert und selbst von Symbolen wimmelt, die die Natur und die wissenschaftliche Entdeckung feiern. Schlimmstenfalls ist die Baconsche Suche nach der Wahrheit ein wildes, zwanghaftes und asketisches »Ritual« (wie Karl Popper die eliminierende Induktion genannt hat)[23] der Lebensverneinung. Die Baconsche Utopie und Gemeinschaft der wahrheitshungrigen Intellektuellen repräsentiert daher in ihrem Kern den blinden oder geheimen Willen zu Herrschaft und Kontrolle, den die Ideologien der Reform wie der Revolution in sich bergen können. Bestenfalls repräsentiert Bacons Utopie einen affirmativen und heilsamen Lebensritus, der sowohl die reformerischen wie die revolutionären Möglichkeiten für eine Verwirklichung des Humanen zu umgreifen versucht.

Wenn eine von der Vernunft regierte Utopie einer Familie von mehreren Generationen gleicht, die sich liebevoll zusammentut, um ihren Überfluß zu teilen und ihren Ahnen in einer prächtigen und gleichzeitig intimen feierlichen Zeremonie Ehre zu erweisen, so gleicht das Erringen eines als Macht begriffenen Wissens, wie es in der *Instauratio Magna* heißt, dem Lied der Braut oder dem Epithalamion, das zur Hochzeit des Geistes und des Universums gesungen wird.

»Die Erklärung [...] der wahren Beziehung zwischen dem Wesen der Dinge und dem Wesen des Geistes ist wie das Bestreuen und Schmücken des Brautgemachs für den Geist und das Universum und die göttliche Güte hilft dabei. So laßt uns hoffen (und dies soll die Bitte des Brautliedes [epithalamium] sein), daß aus dieser Hochzeit dem Menschen Beistand entspringen möge und ein Stamm und ein Geschlecht von Erfindungen, die bis zu einem gewissen Grad die Bedürftigkeit und das Leiden der Menschheit bändigen und überwinden mögen.« (engl.: IV, 27; lat.: I, 140)

Die Metapher der Hochzeit wird von Bacon auch anderswo verwendet, um das Ziel der Wissenschaft zu umschreiben: er möchte »eine lieblose und unglückliche Scheidung« (IV, 19) wieder einrenken; er hofft, daß die »Erkenntnis nicht wie bei einem Höfling nur um des Vergnügens und der Eitelkeit willen dasei, oder wie bei einer Magd um der Gunst ihres Herrn willen, sondern wie bei einer Braut um der Zeugung, der Nachkommenschaft und des Trostes willen« (III, 295). Der Geist als Bräutigam, das Universum als Braut: die Vergegenständlichung des Weiblichen, die diesen Metaphern innewohnt, setzt aber nicht zwangsläufig den Hochzeitsritus im Sinne einer Metapher für die Entdeckung oder das Versprechen der Erfüllung außer Kraft. Mit der Allegorie einer Heirat des (männlichen) Gottes mit der Gemeinde der Gläubigen liefert das biblische Epithalamion, das Hohelied Salomos, den reformerischen Hintergrund für Bacons Ideal einer erlösenden geistigen Hochzeit. Das Gedicht *Epithalamion* von Spenser assimiliert diesen biblischen Hintergrund und entfaltet eine komplexe Ordnung, die der von Bacon erhofften Art von systematischer Erkenntnis gleichkommt. Die dreiundzwanzig Strophen zuzüglich der Zueignungsstrophe und die 366 Langzeilen verweisen darauf, das das *Epithalamion* ein Mikrokosmos aller Zeiten ist, ein metaphorischer Versuch, die Zeit in einem menschlichen Ritus einzukapseln, der vierundzwanzig Stunden dauert[24] und einen harmonischen Kosmos verkörpert.

Northrop Frye sagt über das rituelle Element der Dichtung:

»Dichtung ist Nachahmung menschlicher Handlungen als eines totalen Rituals, und in dieser Eigenschaft imitiert sie die Handlungen einer omnipotenten menschlichen Gesellschaft, die alle Kräfte der Natur in sich birgt. [...] Aber das magische Element im Ritus ist deutlich auf ein Universum hin gerichtet, in dem eine beschränkte und gleichgültige Natur nicht mehr der Behälter der menschlichen Gesellschaft ist, sondern von dieser Gesellschaft sich unterworfen wurde, und ihr zum Vergnügen nun regnen oder die Sonne scheinen lassen muß.«[25]

Bacons (und vielleicht auch Fryes) Riten sind eher wohlgeordnet als karnevalistisch ausgelassen. *Neu-Atlantis* feiert ernst ein Wissen, das in jedermanns Macht fallen könnte, aber diese populäre Macht findet in der Erzählung leider keine angemessenen Korrelate. Denn die allgemeine Bevölkerung Bensalems hat keinen Anteil an der Ökonomie der Produktion von Wissen, noch belegen die ethnographischen Bruchstücke in *Neu-Atlantis*, wie die Verbreitung und Anwendung des Wissens jene Utopie getragen hat. Da der irdische Zweck der Menschheit Mühe und Arbeit ist, damit das Wissen, welches Macht ist, hervorgebracht und dann genossen werden kann, muß die Mehrheit der Bevölkerung von

Bensalem in einem unterschiedlich entfremdeten Zustand arbeiten und leben. Und sie repräsentieren die wissenschaftliche Ideologie ihrer Herrscher in einem allegorischen Festmahl. Die Frau des Patriarchen z. B. muß abseits sitzen, auf einer speziellen Empore verborgen. Sie repräsentiert vermutlich die Natur, das weibliche Objekt wissenschaftlicher Untersuchung (dessen »summarisches Gesetz« niemals enthüllt werden kann), und heiter bestätigt sie das wohltätige System, das sie entfremdet. Bacon begreift offensichtlich, wie Brauch und Glauben der Autorität den Anschein von Legitimität verleihen; wie seine antiken griechischen Mythenschöpfer erfaßt er intuitiv und aus Erfahrung, was Gramsci und Althusser dann systematisch untersucht haben.

Neuerdings hat man vorgeschlagen, die feiernde Familie als ein Modell für die »eingetragenen Familien«, die königlich privilegierten Familienunternehmen anzusehen, die im englischen Frühkapitalismus eine wichtige Funktion hatten.[26] In dieser Lesart würde die Familie sehr wohl eine aktive Rolle im technischen Innovationsprozeß spielen (*Neu-Atlantis* blieb ja unvollendet). In diesem Falle mag Bacon an die Darstellung einer engeren Beziehung zwischen den Söhnen der Wissenschaft und den gewöhnlichen Bürgern gedacht haben, ganz gleich, ob er sich die Großfamilien frei von den Ausbeutungsformen vorstellte, an denen die »eingetragenen Familien« faktisch partizipierten.

Wenngleich die Wissenschaftler in dieser Utopie deutlich privilegiert sind, ist die wissenschaftliche Sprache im utopischen Diskurs Bacons doch nicht notwendig privilegiert. Wir haben gesehen, wie Bacon die Rhetorik zugunsten der induktiven Logik zurückdrängt, wie er sie von der neuen Wissenschaft ausschließt und sie eher einem allgemeinen als einem wissenschaftlichen Publikum zuteilt. Wenn aber die Isolierung des wissenschaftlichen Diskurses von den übrigen Diskursen eine neue Schicht elitärer Sprecher und Autoren erzeugt, dann kann diese Isolierung (überall außer in Utopia) dazu führen, daß die Produzenten von Wissen gegenüber den institutionellen Prozessen, die für sie aufkommen, separiert und sogar degradiert werden. Da sie das Management nicht kontrollieren, können diese Produzenten nicht wirklich eine Elite repräsentieren. Wissenschaftler brauchen z. B. nicht unbedingt die theologischen Nuancen der *instauratio* begreifen, aber wenn sie der Unterstützung vonseiten eines theologisch gebildeten Königs bedürfen, können sie gewiß einen Vermittler gebrauchen, der sich in diesen Angelegenheiten auskennt. Das Familienfest bietet eine allegorische Version wissenschaftlicher Forschung, die der buchstäblichen Version – der

Beschreibung von Salomos Haus – vorangeht; es würde so einen aristokratischen, allegorischen Sprachgebrauch repräsentieren, der mit der bürgerlichen Klarheit der wissenschaftlichen Sprache kontrastiert: die figurative Rede erlangte einen Status, der der schlichten Ausdrucksweise ermangelte. Ist das Anderssein der Naturgeheimnisse am besten durch ein gesellschaftliches Anderes bewahrt, eine technokratische Gruppe, die wegen ihres redlichen Fleißes bewundert wird? Diese Frage zeigt, in welchem Maße die Paradoxien der Moderne (hier die von traditioneller und innovativer Sprache) den sozialen Konflikt repräsentieren können. Bei Bacon liegen der Ideologe und der Wissenschaftler im Streit.

In *Neu-Atlantis* holt Bacon die biblische Sanktionierung für sein ambivalentes Herrschaftsideal ein: die (für eine Zeitspanne) weise und fromme Herrschaft des biblischen Königs Salomo. Intellektuelle und technische Beherrschung erscheinen in *Neu-Atlantis* unter biblischem Segen: aus Salomos Tempel der Anbetung wird Salomos Haus der Wahrheit, das ein geistiges Modell des Universums erbaut (siehe *NO* I, 124). Salomo selber hoffte, daß die Herrschaft Israels und die Herrschaft der Hebräer über sich selbst durch den Glauben an die allumfassende Herrschaft und die Allwissenheit Gottes erlangt werden könnte. Daher sollte das reuevolle Eingeständnis der eigenen Sünden durch sein Volk den inständigen Bitten an Salomos Tempel zur Wirkung verhelfen:

»Wenn eine Teuerung oder Pestilenz oder Dürre oder Brand oder Heuschrecken oder Raupen im Lande sein werden, oder sein Feind im Lande seine Tore belagert, oder irgend eine Plage oder Krankheit da ist; wer dann bittet und fleht, es seien sonst Menschen oder dein ganzes Volk Israel, die da gewahr werden ihrer Plage ein jeglicher in seinem Herzen, und breitet seine Hände aus zu diesem Hause: so wollest du hören im Himmel, in dem Sitz, da du wohnst, und gnädig sein und schaffen, daß du gebest einem jeglichen, wie er gewandelt hat, wie du sein Herz erkennst – denn du allein kennst das Herz aller Kinder der Menschen.« (1. Könige 8:37–39)

Ähnlich der Magie von Salomos Tempel kann die Magie von Salomos Haus nur wirken, wenn die »Bittsteller«, d. h. die Wissenschaftler, Einblick und Kontrolle über Selbstsucht und Stolz erlangen, sowie über die Konkurrenz und die Ungerechtigkeit, die der Stolz nach sich zieht.

Es ist aber nicht so sehr die Selbsterkenntnis der Gerechten, die Bacons neuer Tempel wiederaufgreift, als vielmehr die Allwissenheit und

Allmacht Gottes, die Salomo in dem oben zitierten Gebet so sehr verehrt und denen er als Gottes gesalbter Herrscher nacheifert, bis er schließlich inmitten fremder Götter untergeht. Der Höhepunkt von *Neu-Atlantis* ist die Beschreibung der wunderbaren Errungenschaften von Salomos Haus, in dem hieratische Gewänder und Riten seine priesterlichen Mitglieder schmücken, die insgeheim zum Wohl der Menschen arbeiten; diese Passage weist zurück auf ihren literarischen Ursprung, auf die Beschreibung von Salomos Tempel (1. Könige 7). Dort ist der Tempel verschwenderisch mit den Symbolen göttlicher Macht und Herrlichkeit ausgeschmückt, mit Symbolen der wunderbaren Ordnung des Universums, das ausschließlich und vollständig von Gott erdacht, hervorgebracht, verstanden und besessen wird. Bei Bacon aber droht der Text eher den Kontext auszuhöhlen, als umgekehrt: Er wirft auf seinen Vorgänger einen Schatten, indem er andeutet, daß die biblische Vision von Macht und Ordnung ihrem eigenen Wesen gegenüber zwangsläufig blind bleibt. Wir wissen z. B., was Bacon nicht wußte: daß die Verherrlichung Gottes in der Bibel die Tatsache unterschlägt, daß sie bei früheren Glaubensformen, Praktiken und Offenbarungen tief in der Schuld steht. Paul Ricoeur nennt diese Unterschlagung eine Art von Demythologisierung, ein umfassendes und notwendigerweise verdecktes und unautorisiertes Projekt von Demythologisierung, das die Bibel in ihrer Imagination eines einzigen Gottes vollzieht.[27] Ähnlich wie die klassische griechische Philosophie zielt diese große jüdische Demythologisierung darauf, die menschliche Begegnung mit der Transzendenz von den prunkenden Masken des Polytheismus und der Riten zu befreien. Das Vertrauen Bacons in Salomos Tempel repräsentiert demnach nicht einfach eine brillante und irgendwie opportunistische Verwendung eines sakralen Symbols, sondern gleichsam eine Bestätigung und Fortsetzung der vielfältigen Machtbeziehungen zwischen dem Text und seinem Vorgänger. In der Bibel wie bei Bacon fungieren solche Beziehungen innerhalb erhellender, komplexer ideologischer Rollen.

Schlußfolgerungen

Die obige heterogene Lektüreauswahl erforscht die Bedeutungsvielfalt, die die einander widerstreitenden Kräfte in Bacons Werk in sich bergen. Einerseits wird das Baconsche Thema der Befreiung dadurch verfolgt, daß traditionelle, kompromittierende Autoritäten und Interpretationsmaßstäbe ins Spiel gelangen; andererseits wird dieses Thema in eine neue bürgerliche Ideologie aufgenommen. Bacons Darstellung der Art und Weise, wie Tradition und Entdeckung in einer Utopie zusammenwirken, deckt die Probleme von Autorität und Herrschaft auf, die in seiner eigenen kulturellen und sozialen Welt – wie in der unseren – existieren. *Neu-Atlantis* und die anderen Themen, über die oben nachgedacht wurde – die Durchkreuzung von aphoristischen Behauptungen durch aphoristische Implikationen oder Anspielungen, der unbestimmte Naturalismus der Naturhistorien, der »Surrealismus« der *Essays* und die Unabgeschlossenheit – deuten allesamt auf einen Kampf zwischen Rhetorik und Vernunft, Repräsentation und Wahrheit, Tradition und Innovation. Durch diese Topoi hindurch gelangt man jedoch zu Fragen über Autorität und Legitimation, zu einem Bewußtsein davon, wie Bedeutungs-Konflikte zwischen Text und Kontext die Wirkungsweise gesellschaftlicher Macht erhellen.

Der Artikel ›Baconianism‹ von Paolo Rossi im *Dictionary of the History of Ideas* [hrsg. v. Ph. Wiener] ist einer der hervorragendsten Texte, die je über Bacon geschrieben wurden, wobei das institutionalisierte Format des Lexikons gewiß von Einfluß war. Rossi bestimmt und verteidigt die Stellung Bacons in einem Kanon neuzeitlicher Denker. Er betrachtet die Moderne als ein Projekt und folgert daraus: »Die Befreiung des Menschen – und auch in dieser Hinsicht ist Bacon modern – kann nur mühselig (und zwar auf Wegen, die sehr viel komplizierter sind, als er es sich vorstellen konnte) durch die Arbeit, die Werke und die Wohlfahrt der gesamten Menschheit errungen werden.«[28] Die notwendigerweise abstrakte Form dieser Schlußfolgerung läßt sie für eine Übernahme durch Neokonservative, Liberale und Radikale gleichermaßen geeignet erscheinen. Sie ist Teil der Antwort Rossis an Horkheimer und Adorno, die Bacon in der *Dialektik der Aufklärung* wegen seiner Instrumentalisierung von Natur und Sprache und aufgrund seines vielgestaltigen Willens zur Macht kritisieren. Trotz der Einseitigkeit eines großen Teils dieser Rezeption kann man ihre Stärken anerkennen und von ihr lernen; und dann wird die Fortsetzung der Lektüre in einem entschieden kritischen Geist die Bedeutsamkeit der Folgerungen Rossis bekräftigen. Meine Lektüre Bacons als eines modernen Autors hat versucht, diese Aufgabe zu erfüllen.[29] Die beiden sich gegenseitig modifizierenden Diskurse Bacons über den Wandel formieren einen sich wesentlich in Widersprüchen bewegenden neuzeitlichen Diskurs. In Verbindung mit Bacons eigener kritischer Tendenz und seinem Interesse an Lernprozessen in der Gesellschaft übt diese Moderne eine Kritik von innen her und weist über ihre konstitutiven Ideologien hinaus – die in mancher Hinsicht noch immer die sind, die unser Leben erfüllen.

Anhang

Anmerkung des Übersetzers

Herangezogene oder benutzte Ausgaben der Werke Francis Bacons in deutscher
    Sprache:

Über die Würde und den Fortgang der Wissenschaften, übers. u. hrsg. von J. H. Pfing-
    sten. Darmstadt 1966 (Reprint)

Neues Organ der Wissenschaften, übers. u. hrsg. von A. Th. Brück. Darmstadt 1962
    (Reprint)

Valerius Terminus. Von der Interpretation der Natur, hrsg. von F. Träger. Würzburg
    1984

Essays, hrsg. von L. L. Schücking. Stuttgart 1970

Neu-Atlantis, hrsg. von J. Klein. Stuttgart 1982

Texte aus dem Alten und Neuen Testament wurden zitiert nach:

Die Bibel oder die ganze Heilige Schrift des Alten und Neuen Testaments, nach
    der deutschen Übersetzung Martin Luthers. Stuttgart 1963

Anmerkungen

Einleitung

1 *Die Legitimität der Neuzeit*, Frankfurt am Main 1966. Von diesem Werk erschien eine erweiterte und überarbeitete Neuausgabe in drei Teilen als Taschenbuch: *Der Prozeß der theoretischen Neugierde* 1973; *Säkularisierung und Selbstbehauptung*, 1974; *Aspekte der Epochenschwelle: Cusaner und Nolaner*, 1976. Von nun an wird zitiert nach Blumenberg plus Erscheinungsdatum.

2 Richard Rorty, ›Against Belatedness‹ *London Review of Books*, 16. Juni, 1983; es handelt sich um eine Blumenberg sehr wohlgesonnene Rezension. Ich möchte Richard A. Cohen dafür danken, daß er meine Aufmerksamkeit auf diese Rezension gelenkt hat.

3 Stanley Fish, »›Georgics of The Mind«: The Experience of Bacon's *Essays*‹, in: *Self-Consuming Artifacts: The Experience of Seventeenth-Century Literature*, Berkeley, Cal. 1972. Der Essay von Fish wird weiter unten in Kapitel 7 diskutiert.

4 Ich komprimiere hier flüchtig eine Anzahl komplexer Argumente aus der fortdauernden Diskussion über Moderne und Postmoderne, zu der Blumenbergs Werk gehört. *New German Critique* 22 (1981) und 33 (1984) z. B. befassen sich mit dieser Diskussion. Im ersteren siehe besonders Jürgen Habermas, ›Modernity versus Postmodernity‹, S. 3–14, und im letzteren Frederic Jameson, ›The Politics of Theory: Ideological Positions in the Postmodernism Debate‹, S. 53–65. Siehe auch Jean-François Lyotard, *Das postmoderne Wissen. Ein Bericht*, Graz–Wien 1986 (*La condition postmoderne*, Paris 1979), und die Artikel aus *Praxis International* von Habermas, Martin Jay, Richard Rorty und anderen, die gesammelt wiedererschienen in Richard Bernstein (Hrsg.), *Habermas on Modernity*, Cambridge, Mass. 1985. Relevant ist auch Louis Kampfs früheres Buch *On Modernism: The Prospects for Literature and Freedom*, Cambridge, Mass. 1967.

5 Blumenberg (1974), S. 132

6 Frederic Jameson, *The Political Unconscious: Narrative as a Socially Symbolic Act*. Ithaca, N. Y. 1981, S. 285.

7 Paolo Rossi gibt einen aufschlußreichen Überblick über diese Frage und präsentiert eine energische Stellungnahme, vor allem im Hinblick auf Bacon. Siehe ›Hermeticism, Rationality, and the Scientific Revolution‹, in: *Reason, Experiment, and Mysticism*, hrsg. v. M. L. Righini Bonelli u. W. R. Shea, New

York 1975. Selbstverständlich verteidigt Blumenberg nicht die Unbefleckt-
heit der wissenschaftlichen Rationalität.

8 Siehe z. B. *English Literature: On Opening Up the Canon*, hrsg. v. Leslie Fiedler
u. Houston Baker, Baltimore 1981.

9 Matei Calinescu, *Faces of Modernity: Avant-Garde, Decadence, and Kitsch*. Bloo-
mington, Ind. 1977, S. 125–48 bietet einen knappen Überblick über die
Trends, die von solchen Autoren wie Guglielmi und Deleuze sowie von
Theoretikern der Postmoderne wie Toynbee, Fiedler, Howe, Levin und
Hassan repräsentiert werden. Siehe u. a. auch Lyotard, *Das postmoderne Wis-
sen* und Frederic Jameson, ›Postmodernism, or the Cultural Logic of Late
Capitalism‹, *New Left Review* 146 (1984):53–92.

10 Siehe Calinescu, *Faces of Modernity*, S. 13–22.

11 Blumenberg (1974), S. 135. Die »Pluralisierung divergierender Universen
des Diskurses gehört zur spezifisch modernen Erfahrung; die Erschütterung
des naiven Konsensus ist der Anstoß für das, was Hegel ›die Erfahrung der
Reflexion‹ nennt«: so definiert Habermas, ähnlich Max Weber, die Moderne
in den Begriffen einer Aufspaltung zwischen Wissenschaft, Ethik und Ästhetik (Jürgen Habermas, ›Habermas: Questions and Counterquestions‹, *Praxis
International* 4:3 [1984], S. 229). Vergleiche damit Federic Chabod, ›The
Concept of the Renaissance‹, in: *Machiavelli and the Renaissance*. New York
1959. Die Ansprüche auf priviligierte Einsicht, die jede gesonderte Sphäre
modernen Denkens im Gefolge dieser Aufspaltung natürlicherweise erhebt,
kann, wie ich vorschlagen möchte, aus der Perspektive der Tradition, von
einem Zeitpunkt vor der Aufspaltung aus, kontextualisiert werden.

12 Paolo Rossi, *Francis Bacon: From Magic to Science*, Chicago 1968, S. 9 (*Francesco
Bacone. Dalla magia alla scienza*, Bari 1957.

13 Gerhart Ladner, *The Idea of Reform: Its Impact on Christian Thought and Action in
the Age of the Fathers*, 2. Aufl., New York 1967.

14 Timothy J. Reiss, *The Discourse of Modernism*, Ithaca, N. Y. 1982, bietet eine
stimulierende Interpretation des »analytisch-referentiellen Diskurses«, wie
er bei Bacon in Erscheinung tritt, und er verknüpft diesen Diskurs mit den
liberalen politischen Institutionen, die ein Teil der modernen Episteme à la
Foucault sind (S. 180–90, 201–27). Auf diese Weise überbetont Reiss freilich die Homogenität Bacons, und wie Blumenberg übersieht er den fundamentalen Gegensatz zwischen diesem modernen Diskurs und den Ausdrucksweisen, die er zu begünstigen scheint.

15 ›Literary History and Literary Modernity‹, in: *Blindness and Insight: Studies in
the Rhetoric of Contemporary Criticism*, New York 1971, S. 152.

16 Calinescus »evolutionäre« Verwendung von de Mans Idee der Moderne hi-
storisiert diese in gewisser Weise (siehe *Faces of Modernity*, S. 52, 263 ff.). Ab-
weichend von mir betont Calinescu weniger die zentrale Stellung dieser Art
von Moderne in den Werken vor dem 19. Jahrhundert.

17 Zit. nach F. H. Anderson, *The Philosophy of Francis Bacon*, Chicago 1948, S. 28.

18 Zum Beispiel Frank Lentricchia, *After the New Criticism*, Chicago 1980, S. 282–317. Für eine Diskussion der jüngsten Kritik Lentricchias an de Man in *Criticism and Social Change*, Chicago 1983, siehe weiter unten Kapitel 6.

19 ›Warum ich so klug bin‹, *Ecce Homo*, in F. Nietzsche, *Werke in drei Bänden*, Bd. 2, hrsg. v. Karl Schlechta, München 1955, S. 1089.

20 Ibid.

1. *Säkularisierung oder der Tempel des Geistes*

1 Schaphan, der »Schriftgelehrte«, in der König Jakob-Version und in der Vulgata. Wahrscheinlich war Bacon durch seine kalvinistische Mutter mit der weit verbreiteten puritanischen Genfer Bibel vertraut, in der »Kanzler« geschrieben steht.

2 Augustinus, z. B. *De civitate Dei* 18:48; Calvin, *Institutio Christianae Religionis* 2.6.3; Rebelais, *Gargantua et Pantagrue* II, 8. Kap.; Travers, *Disciplina synodica ex ecclesiarum (quae eam ex Dei verbo instaurarunt) usu*..., Teil 2 der ›Disciplin Ecclesiae Dei Verbo Descripta‹ (1587, ungedruckt). Zu Budé siehe Anmerkung 61, zu Rabelais siehe S. 331, Anmerkung 8.

3 Barbara Lewalski, ›Typological Symbolism and the »Progress of the Soul« in Seventeenth-Century Literature‹, in *Literary Use of Typology*, hrsg. v. Earl Miner, Princeton, N. J. 1977.

4 Ladner, *The Idea of Reform*, S. 35.

5 Ibid., S. 436.

6 Ibid., S. 172.

7 Karl Morrison, *The Mimetic Tradition of Reform in the West*, Princeton, N. J. 1982.

8 Zur Interpretation dieser Unterscheidung durch die Wissenschaftler der Renaissance siehe Benjamin Nelson, ›The Quest for Certitude and the Books of Scripture, Nature, and Conscience‹, in *The Nature of Scientific Discovery*, hrsg. v. Owen Gingerich, Washington, D. C. 1975, S. 355–72.

9 Zur Verwendung der Doktrin der Vorsehung im 16. und 17. Jahrhundert siehe F. S. Fussner, *The Historical Revolution: English Historical Thought, 1580–1640*, London 1962, sowie Herschel Baker, *The Wars of Truth*, Cambridge, Mass. 1952, S. 12–25.

10 Robert Hoopes, *Right Reason in the English Renaissance*, Cambridge, Mass. 1962, S. 162. Hoopes gründet seine Meinung auf Howard Schultz, *Milton and Forbidden Knowledge*, New York 1955.

11 Robert Mandrou, *Des humanistes aux hommes de science, XVIe et XVIIe siècles*. Paris 1973, S. 169 (From Humanism to Science, 1480–1700. New York 1978).

12 Blumenberg (1974), S. 123; (1973), S. 191.

13 Northrop Frye, *Analyse der Literaturkritik*, Stuttgart 1964, S. 139 (*An Anatomy of Criticism: Four Essays*, Princeton, N. J. 1957) [Im Unterschied zur deutschen Ausgabe dieses Buches wurde *displacement* hier nicht mit Umsetzung, sondern mit Verschiebung wiedergegeben. Anm. d. Übers.]

14 Erwin Panofsky, *Die Renaissance der europäischen Kunst*, Frankfurt am Main 1979, S. 50f. (*Renaissance and Renascences in Western Art*, 2. Aufl., Stockholm 1965). Siehe auch Charles Trinkaus, *In Our Image and Likeness: Humanity and Divinity in the Italian Renaissance*, 2 Bde., Chicago 1970.

15 Brian Vickers, *Francis Bacon and Renaissance Prose*, Cambridge 1968, S. 178, 184.

16 Vickers, S. 184.

17 Vickers verweist auf andere Stellen, an denen Bacon sich in der Rolle eines Architekten begreift und seine Naturhistorien als die dafür geeignete Grundlage auffaßt (*Bacon and Renaissance Prose*, S. 179). Besonders interessiert ist die mittels einer biblischen Anspielung vorgebrachte Klage Bacons, durch die er sein gelegentlich auftauchendes Gefühl andeutet, nicht einen Tempel des Wissens zu instaurieren, sondern seine Mühe an eine Art von Sklavenarbeit zu wenden. Dazu berichtet Bacons Kaplan Rawley in dem Vorwort zur *Sylva Sylvarum*: »Ich hörte Seine Lordschaft darüber Klage führen, daß Seine Lordschaft, die dächte, daß sie Architekt an diesem Gebäude zu sein verdiente, gezwungenermaßen ein Arbeiter und Gehilfe werden sollte, um Erde auszuheben und Ziegel zu brennen; ja mehr noch (der harten Lebensnot der Israeliten gegen Ende entsprechend), auf den Feldern Stroh und Stoppeln zusammenzukehren und mit alldem Ziegeln zu brennen« (II, 335f.).

18 Zur Erbauung in der *Instauratio Magna* und anderen Werken siehe C. A. Chaudier, ›Literary and Spiritual Architecture in the Seventeenth Century‹ (Diss., Universität von Wisconsin, 1977). Bacon beweist ein deutliches Bewußtsein der figuralen Bedeutung tempelartiger Wieder-Erbauung oder Instauration in ›Certain Considerations Touching the Better Pacification of the Church of England‹ (1603; *Letters and Life* III, 105).

19 Siehe Elizabeth McCutcheon, ›Bacon and the Cherubim: An Iconographical Reading of the *New Atlantis*‹, *English Literary Renaissance* 2 (1972):334–55. Atlas stützte die Himmel mit »hohen Säulen« (Odyssee I, 52); Hiob 26:11 bezieht sich auf die »Säulen des Himmels«.

20 Siehe die Diskussion und die Zitate in Mircea Eliade, *Kosmos und Geschichte. Der Mythos der ewigen Wiederkehr*, Reinbek 1966, S. 12f., S. 16ff. (*Le mythe de l'éternel retour*, Paris 1949).

21 Siehe Hieronymus Pradus u. Ioannes Babtista Villalpanda, *In Ezechielem Explanationes et Apparatus Urbis ac Templi Hierosolymitani*, 3 Bde., Rom 1596–1604, 3:465–66; siehe auch 3, Teil 1, 2.19 und Teil 1, 3.

22 Frances Yates, *The Art of Memory*, Chicago 1966, S. 144ff.

23 Elizabeth McCutcheon, ›Bacon and the Cherubim‹, S. 346f.

24 Rossi, *Francis Bacon*, S. 49. Die pragmatischen und ethischen Interessen Ba-

cons sind oft als geistesverwandt mit dem Protestantismus, Puritanismus oder religiösen Empfindungsweisen im allgemeinen erkannt worden. Siehe z. B. R. F. Jones, *Ancients and Moderns: A Study of the Rise of the Scientific Movement in Seventeenth-Century England*, Gloucester, Mass. 1975 (Reprint); Moody Prior, ›Bacon's Man of Science‹, in *Essential Articles for the Study of Francis Bacon*, hrsg. v. Brian Vickers, Hamden, Conn. 1968, S. 140–66. Bacons Glaube an die göttliche Vorsehung, die universelle Ordnung sowie der religiöse Symbolismus der *Neu-Atlantis* und anderen Werken sind von verschiedenen Autoren mit seiner Anschauung von Wissenschaft und Fortschritt in Beziehung gesetzt worden, z. B. Sidney Wahrhaft, ›The Providential Order in Bacon's New Philosophy‹, *Studies in the Literary Imagination* 4 (1971): 49–64; Benjamin Farrington, *The Philosophy of Francis Bacon*, Liverpool 1964; Harold Fisch, *Jerusalem and Albion: The Hebraic Factor in English Literature*, London 1964. J. S. Preus hat in Bacon eine »begeisterte religiöse Legitimation der wissenschaftlichen Aufgabe« entdeckt (›Religion and Bacon's New Learning: From Legitimation to Object‹, in: *Continuity and Discontinuity in Church History*, hrsg. v. F. F. Church u. Timothy George, Leiden 1979, S. 283.

25 *Novum Organum*, hrsg. v. Thomas Fowler, Oxford 1889, S. 204 (Anm.); R. L. Ellis, Vorwort zum *Novum Organum*, *Works* I, S. 89. Paolo Rossi, *Francis Bacon*, S. 162 f. hegt anscheinend eine großzügigere Ansicht vom religiösen Kontext der Baconschen Idole.

26 *Temporis Partus Masculus*, übers. v. Benjamin Farrington, *The Philosophy of Bacon*, S. 64 (Deutsch in *Valerius Terminus: Von der Interpretation der Natur*, Würzburg 1984, S. 109).

27 Reinhardt Brandt, ›über die vielfältige Bedeutung der Baconschen Idole‹, *Philosophisches Jahrbuch der Görres-Gesellschaft* 83 (1976); S. 52.

28 Essays on the Principle of Method in *The Friend* in *The Collected Works of Samuel Coleridge*, hrsg. v. B. E. Rooke, Princeton, N. J. 1969, IV/1, S. 491. In einer Anmerkung hält es der Herausgeber leider für nötig, Coleridges Ansicht über die Idole »richtigzustellen«.

29 Zu Bacons Einfluß auf die philosophes und auf De Tracys »idéologie« durch die Vermittlung Condillacs siehe Hans Barth, *Wahrheit und Ideologie*, Zürich 1945, S. 17–24; S. 55 ff.

30 Kenneth Burke, *The Rhetoric of Religion: Studies in Logology*, 2. Aufl., Berkeley, Cal. 1970, S. 8.

31 Siehe Charles Whitney, ›Cupid Hatched by Night: »The Mysteries of Faith« and Bacon's Art of Discovery‹, in: *Ineffability: Naming the Unnameable from Dante to Beckett*, hrsg. v. Anne Schotte u. Peter Hawkins, New York 1984, S. 51–64. In *Der Fortschritt der Wissenschaften* (III, 296) bezieht sich Bacon auf Pseudo-Dionysios.

32 Zitiert in Michael Hattaway, ›Bacon and »Knowledge Broken«: Limits for Scientific Method‹, in: *Journal of the History of Ideas* 39 (1978):183–97.

33 Die davon weit abweichenden Schlußfolgerungen Hattaways über die Bedeutung des zweisinnigen Gebrauchs der Wendung »zerbrochenes Wissen« durch Bacon (er denkt, daß diese Wendung auf die Funktion von Hypothesen in Bacons Methode hinweist) wird weiter unten in Teil 2 diskutiert.

34 Hans-Georg Gadamer, *Wahrheit und Methode*, 3. Aufl., Tübingen 1972, S. 338f.

35 Blumenberg (1974), S. 123f.

36 Siehe Erich Auerbach, *Dante als Dichter der irdischen Welt*, Berlin 1929; Ernst Kantorowicz, *The King's Two Bodies: A Study in Medieval Political Theology*, Princeton, N. J. 1957, S. 484f.

37 Blumenberg (1974), S. 15f. trägt eine ähnliche Kritik vor. Melvin Lasky, *Utopia and Revolution*, Chicago 1976, betont die sozialen Implikationen des Messianismus. Über die aktuellen Verhältnisse siehe Harvey Cox, *Religion in the Secular City*, New York 1984.

38 Irenaeus, *Fünf Bücher gegen die Häresien*, (Bibliothek der Kirchenväter, 3/4) Kempten–München 1912, Bd. 2, S. 235f. Es handelt sich um die Abschnitte 5:32–36 in *Contra Haeresios*.

39 Ibid., Bd. 2, S. 235f. Über Irenaeus und das millenarische Denken siehe E. L. Tuveson, *Millenium and Utopia: A Study in the Background of the Idea of Progress*, Gloucester, Mass. 1972 (Reprint), S. 10f.

40 Siehe Charles Webster, *The Great Instauration: Science, Medicine, and Reform, 1626–1660*, New York 1976; M. C. Jacob, *The Newtonians and the English Revolution, 1689–1720*, Ithaca, N. Y. 1976.

41 Siehe Tuveson, *Millenium and Utopia*; Carl Becker, *Der Gottesstaat der Philosophen des 18. Jahrhunderts*, Würzburg 1946 (*The Heavenly City of the Eighteenth-Century Philosophers*, New Haven 1932).

42 Galileo Galilei, *Sidereus Nuncius. Nachricht von neuen Sternen* hrsg. u. eingel. v. H. Blumenberg, Frankfurt 1965, S. 84. Siehe Charles Whitney, »Bacon's Antithetical Prophecy«, MOSAIC 15:2 (1982), 63–78.

43 Siehe Angus Fletcher, *The Prophetic Moment: An Essay on Spenser*. Chicago 1971; Joseph Wittreich, *Visionary Poetics: Milton's Tradition and Its Legacy*. San Marino, Cal. 1979; *Image of That Horror: History, Prophecy, and Apocalypse in King Lear*. San Marino, Cal. 1984; J. Wittreich u. C. A. Patrides (Hrsg.), *The Apocalypse in English Renaissance Thought and Literature: Patterns, Antecedents, Repercussions*. Ithaca, N. Y. 1984.

44 Frye, *Analyse der Literaturkritik*, S. 316, 60. Siehe Charles Whitney, ›Some Allegorical Contexts for Bacon's Science‹, *Studia Neophilologica* 52 (1980):69–78. bezüglich der »zusammengesetzten Ordnung« der Gattungen in der Prophetie siehe Wittreich, *Visionary Poetics*, S. 9f.

45 Siehe Richard Popkin, *The History of Scepticism: From Erasmus to Descartes*, New York 1964, S. 129f.

46 Siehe André Neher, *The Prophetic Existence*, New York 1969, S. 58f. (*L'essence du prophétisme*, Paris 1955).

47 Fletcher, *The Prophetic Moment*, S. 5.

48 Robert Nisbet, *History of the Idea of Progress*, New York 1980, S. 110 ff. Zum Problem des zyklischen Denkens bei Bacon siehe Achsah Guibbory, ›Francis Bacon's View of History: The Cycles of Error and the Progress of Truth‹, *Journal of English and Germanic Philology* 74 (1975):336–50; A. B. Ferguson, *Clio Unbound: Perception of the Social and Cultural Past in Renaissance England*, Durham 1979, S. 409f. Außerdem *NO* I, 75, 88, 92. Schließlich dürfte *instauratio* von den Geschichtsphilosophen der Renaissance weniger dazu gebraucht worden sein, um zyklische Veränderungen zu bezeichnen. Siehe z. B. Machiavelli, *Discorsi*; Jean Bodin, *Methodus, Ad Facilem Historiarum Cognitionem*; *De Republica Libri Sex* und *Les Six Livres de la république*; Louis Le Roy, *De la vicissitude ou variété des choses en l'universe*.

49 Paul Ricœur, »Vorwort zur französischen Ausgabe von Rudolf Bultmanns ›Jesus‹ (1926) und ›Jesus Christus und die Mythologie‹ (1951)«, in: *Der Konflikt der Interpretationen I: Hermeneutik und Strukturalismus*, München 1973, S. 175–98; Benjamin Nelson, ›The Early Modern Revolution in Science and Philosph Fictionalism, Probabilism, Fideism, and Catholic ›Prothetism‹ in: *Boston Studies in the Philosophy of Science*, hrsg. v. R. S. Cohen u. Marx Wartofsky, Dordrecht 1968, S. 30ff. Herbert Schneidau, *Sacred Discontent: The Bible in Western Tradition*, Baton Rouge, Louis. 1976, stellt die wissenschaftliche Entwicklung gleichfalls in Parallele mit der demythologisierenden Kraft der biblischen Prophetie (S. 12, 27).

50 Zu Harold Blooms Kritik der figuralen Erfüllung siehe *A Map of Misreading*, New York 1975, S. 79. Blooms Auffassung der autoritären und dämonischen Rolle der Tradition innerhalb des prophetischen Diskurses wird in Frage gestellt von Donald Pease, ›Blake, Crane, Whitman, and Modernism: A Poetics of Pure Possibility‹, *PMLA* 96 (1981):64–85.

51 Außer dem Werk von Lynn White siehe John Passmore, *Man's Respect for Nature: Ecological Problems and Western Traditions*, New York 1974; Robin Attfield, »Christian Attitudes toward Nature«, *Journal of the History of Ideas* 44 (1983):369–86. Vgl. auch Clarence Glacken, *Traces on the Rhodian Shore: Nature and Culture in Western Thought from Ancient Times to the End of the Eighteenth Century*. Berkeley–Los Angeles, Cal. 1967.

52 Siehe K. R. Firth, *The Apocalyptic Tradition in Reformation Britain, 1530–1645*, New York 1979; Paul Christianson, *Reformers and Babylon: English Apocalyptic Visions from the Reformation to the Eve of the Civil War*, Toronto 1978.

53 John Napier, *A Plaine Discovery of the Whole Revelation of Saint John*. Edinburgh 1593.

54 ›Ane Fruitfull Meditatioun [...] of ye 7. 8. 9. and 10. Versus of the 20 Chapter of the Revelatioun [...]‹ Edinburgh 1588, A₃.

55 Frances Yates, *Astraea: The Imperial Theme in the Sixteenth Century*, London–Boston 1975, S. 54f.

56 Ibid.; hinsichtlich der interpretatorischen Verschiebung der tausendjährigen

Herrschaft Christi von der Vergangenheit in die Zukunft siehe Tuveson, *Millenium and Utopia*; Firth, *Apocalyptic Tradition*; und Webster, *The Great Instauration*. Über die Universalmonarchie im Mittelalter und in der Renaissance siehe Yates, *Astraea*; Marjorie Reeves, *Joachim of Fiore and the Prophetic Future*, New York 1976.

57 J. C. E. Dreyer, *Tycho Brahe: A Picture of Scientific Work in the Sixteenth Century*, Edinburgh 1890, S. 202 ff. Brahe verwendet *instauratio* auch in anderen Titeln.

58 J. Kepler, *Epitome Astronomia copernicanae*, in: *Gesammelte Werke* Bd. VII, München 1953, S. 255.

59 Statius, *Works*, 2 Bde., übers. v. J. H. Mozley, Cambridge, Mass. 1928, 1:207 f.

60 Siehe Edmond Huguet, *Dictionnaire de la langue française du seizième siècle* (1934).

61 Guillaume Budé, *De Transitu Hellenismi ad Christianorum* (1535), Sherbrooke 1973 (Reprint), S. 19, 94, 189, 244 verknüpft die Instauration der Wissenschaften mit der Instauration Christi; Rabelais, *Gargantua et Pantagruel*, II, Kap. 8; Erasmus, *Opus Epistolarum*, 3 Bde., hrsg. v. P. S. Allen, Oxford 1910, z. B. 2:185 f. (Nr. 384); 2:487 (Nr. 541).

62 Michael Murrin, *The Veil of Allegory: Some Notes toward a Theory of Allegorical Rhetoric in the English Renaissance*, Chicago 1969, S. 16.

63 A. Wigfall Green, *Frances Bacon*, New York 1966, S. 18.

64 *The Poetry and prose of William Blake*, hrsg. v. D. V. Erdman, Garden City, N. Y. 1965, S. 629, 632.

65 Yates, *Astraea*, S. 5.

2. Reformierte Beredsamkeit

1 Siehe Morrison, *Mimetic Tradition of Reform*.

2 Geoffrey Bullough, »Bacon and the Defense of Learning«, in: Vickers, *Essential Articles*, S. 93–113.

3 *Musophilus*, Zeile 836.

4 *Areopagitica*, in: *Complete Poetry and Selected Prose*, New York 1957, S. 720.

5 Edward Said, *Beginnings: Intention and Method*, New York 1975. S. 10.

6 J. F. Danby, *Shakespeare's Doctrine of Nature: A Study of King Lear*, London 1968, S. 21.

7 W. R. Sessions, ›Mutations of »Pietas Litterata«‹, *Renaissance Papers* (1976), S. 9 f.

8 Siehe A. C. Howell, ›Res et Verba: Words and Things‹, in: *Seventeenth-Century Prose: Modern Essays in Criticism*, hrsg. v. Stanley Fish, New York 1971.

9 Karl Morrison, ›Thinking Mimetically about History: Some Bibliographical Orientations‹, in: *Mimetic Tradition of reform*, S. 399–426.

10 W. K. Wimsatt, Jr., ›Poetry and Christianity‹, in: *The Verbal Icon: Studies in the Meaning of Poetry*, 2. Aufl., New York 1958, S. 268 f.

11 R. S. Crane, *The Idea of the Humanities*, 2 Bde., 2. Aufl., Chicago 1967, 1:64 f.: »Bacon macht [beständig] von der Analogie der humanistischen Disziplin der Rhetorik Gebrauch, um den Gegenstand und die Funktion der verschiedenen Einzelwissenschaften anzuzeigen. Die Teile dessen, was er rationale Philosophie nennt, sind selbst wieder traditionelle Bestandteile der Rhetorik (Invention, Disposition, Gedächtnis, Sprechweise) [...] Die neue Methode wissenschaftlicher Forschung, auf die er so große Stücke hält, ist in ihren wesentlichen Merkmalen (zum Beispiel in ihrem Gebrauch der Gemeinplätze der Identität, der Differenz, des Grades usw. [...]) eine Angleichung der alten rhetorischen Technik der topischen Invention an die Untersuchung von Sachverhalten, eine Technik, die [...] von Quintilian, Vives und Elyot vorgeschlagen wurde«. Siehe außer den schon zitierten und den in diesem Abschnitt noch zu zitierenden Werken Morris Croll, *Attic and Baroque Prose Style: The Anti-Ciceronian Movement*, hrsg. v. J. Max Patrick, R. O. Evans u. J. M. Wallace, Princeton, N. J. 1964, bes. S. 197; George Williamson, *The Senecan Amble: A Study in Prose Form from Bacon to Collier*, 2. Aufl., Chicago 1951; Maurice McNamee, ›Bacon's Inductive Method and Humanistic Grammar‹, *Studies in the Literary Imagination* 4:1 (1971), 81–106; Margaret Wiley, ›Induction and/or Rhetoric‹, ibid., 65–80 vertritt eine extreme Position, die Bacons Wissenschaft auf Rhetorik reduziert.

12 Cicero, *De oratore*, übers. v. R. Kühner, Berlin o. J., Buch 3, 16.60–61; Buch 3, 6.21; Buch 3, 5.20.

13 Lisa Jardine, *Francis Bacon: Discovery and the Art of Discours* Cambridge 1974, S. 33, 38.

14 Siehe ›Inclusionism: Uncanonical Forms, Mixed Kinds, and Nova Reperta‹, in: Rosalie Colie, *The Resources of Kind: Genre Theory in the Renaissance*, hrsg. v. B. K. Lewalski, Berkeley, Cal. 1973, S. 76–102.

15 Über Bacons Verwendung der Naturhistorien (Enzyklopädien) siehe Virgil Whitaker, ›Bacon's Intellectual Milieu‹, in: Vickers, *Essential Articles*, S. 28–50.

16 Rossi, *Francis Bacon*, S. 218 f.

17 Siehe Phillippe Lacoue-Labanthe u. Jean-Luc Nancy, ›Genre‹, *Glyph: Textual Studies* 7 (1980):1–16, und Michel Beaujour, »Genus Universarum«, ibid., 28 f.

18 Anderson, *Philosophy of Bacon*; Farrington, *The Philosophy of Bacon*; und Rossi, *Francis Bacon*.

19 Die außerordentlich hilfreiche Untersuchung von Karl Wallace, *Francis Bacon on Communication and Rhetorik*, Chapel Hill, N. Car. 1943, überbetont, nach meiner Ansicht, die Bedeutung von Rhetorik und Einbildungskraft in der Wissenschaft Bacons. In dieser Hinsicht folgen ihm W. S. Howell, *Logic and Rhetorik in England, 1500–1700*, New York 1961 (Reprint); James Stephens,

Francis Bacon and the Style of Science, Chicago 1977. In Kapitel 5 folgt eine ausführlichere Diskussion dieses Themas.

20 Rossi, *Francis Bacon*, S. 146: »Die Philosophen des 16. Jahrhunderts wurden häufig durch ihre empiristischen Tendenzen dazu gebracht, ihre Sprache nach dem Vorbild der blühenden rhetorischen Eloquenz zu bilden.«

21 *Logic and Rhetoric in England*, z. B. S. 374.

22 Rossi, *Francis Bacon*, S. 205 f. Über die Beziehung zwischen der Gedächtniskunst und den frühmodernen philosophischen und wissenschaftlichen Methoden siehe Frances Yates, *The Art of Memory*, Chicago 1966, Kap. 10, 17.

23 Rossi, *Francis Bacon*, S. 213; über Bacons Vorkenntnis und Plato siehe Anderson, *Philosophy of Bacon*, S. 128 f. Über Bacons Topik der Invention und die Rhetorik siehe Rossi, *Francis Bacon*, z. B., S. 157, 195. Beachte auch N. W. Gilbert, *Renaissance Concepts of Method*, Cambridge, Mass. 1962, S. 223; und Jardine, *Francis Bacon*, Kap. 1 hinsichtlich der logischen Tradition hinter Bacons Verwendung der Topik.

24 Vickers, *Bacon and Renaissance Prose*; bezüglich Quintilians *divisio* siehe S. 35 f.

25 Ibid., S. 51.

26 Anderson, *Philosophy of Bacon*, S. 129; siehe auch Jardine, *Francis Bacon*, S. 66–75.

27 Bacons triftige, wenn auch simplifizierende Einschätzung des Vertrauens seiner Zeit in die Analogie ähnelt der Einschätzung Michel Foucaults, vor allem dann, wenn er als nachdenklicher, aber durchaus konventioneller ›Herr Episteme‹ aus dem 16. Jahrhundert spricht. Siehe *Die Ordnung der Dinge: Eine Archäologie der Humanwissenschaften*. Frankfurt am Main 1971, S. 46 ff. (bzw. S. 61 ff.) (*Les mots et les choses*. Paris 1966).

28 Siehe Jardine, *Francis Bacon*, S. 143 ff.

29 J. M. Keynes, *A Treatise on Probability*, in: *The Collected Works of J. M. Keynes*, 2. Aufl., Cambridge 1973, 8 : 242 f.

30 Mary Hesse, *Models and Analogies in Science*, Notre Dame 1966, S. 153.

31 Mary Hesse, ›Francis Bacon's Philosophy of Science‹, in: Vickers, Essential Articles, S. 132.

32 Siehe Elizabeth Sewell, *The Orphic Voice: Poetry and Natural History*, New Haven 1960.

33 »Eine Verteidigung der Dichtung«, in H.-H. Rudnick (Hrg.), *Englische Literaturhistorie des 19. Jahrhunderts*. Stuttgart 1979, S. 208, 212 f. (*A Defence of Poetry* in *Selected Poems, Essays, and Letters*. New York 1944, S. 532, 536).

34 Ibid., S. 212.

35 Hesse, ›Bacon's Philosophy of Science‹, S. 131.

36 Siehe Hesse, *Models and Analogies in Science*; Max Black, *Models and Metaphors: Studies in Language and Philosophy*, Ithaca, N. Y. 1962; G. J. Holton, *Thematic Origins of Scientific Thought*, Cambridge, Mass. 1973.

3. »Ein Neubeginn von den tiefsten
Grundlagen aus«

1 Zu Bacons scheinbarem Mangel an überheblicher Selbstbehauptung siehe etwa die Bemerkungen von James Spedding in *Letters and Life* VII, 568.

2 *Francis Bacon*, S. 34 f.

3 Coleridge, der sich ausführlich mit Bacons »kalter und gehässiger Behandlung« von Zeitgenossen und Vorgängern beschäftigt, ist eine bemerkenswerte Ausnahme unter Bacons Bewunderern. Siehe *The Friend* (1818), III, 2, 8 in den *Collected Works*, 4:1, S. 482 ff.

4 Richard Lanham, *A Handlist of Rhetorical Terms*, Berkeley–Los Angeles 1969, S. 62; Quintilian, *Institutio oratoria* 3.6.42 und 60–62 diskutiert die metaleptische oder translative Haltung des Hermagoras. [In der deutschen Ausgabe (Darmstadt 1972) S. 325, 331 wird *translatio* mit »Zuständigkeit« übersetzt. Anm. d. Übers]

5 Harold Bloom, *Wallace Stevens: The Poems of Our Climate*, Ithaca, N. Y. 1976, S. 395 f.

6 Quintilian, *Institutio oratoria*, 3.6.68–77; gebraucht wird der Ausdruck *translatio*.

7 Edward Said, *Beginnings*, S. 10.

8 Übers. [ins Englische] v. Benjamin Farrington in *The Philosophy of Bacon*, S. 108.

9 Ibid., S. 119.

10 Ibid., S. 70, 63.

11 Ibid., S. 132 f. Vgl. Paulus' Verteidigung gegenüber Felix, Apostelgeschichte 24:16: »Dabei übe ich mich, zu haben ein unverletzt Gewissen allenthalben, gegen Gott und die Menschen«.

12 James Tillman, ›Bacon's *Ethos*: The Modest Philosopher‹, in: *Renaissance Papers* (1976):11–19, zeigt die grundlegende Verbindung zwischen Bacons Gebrauch von rhetorischen »Bescheidenheitsformeln« (so nennt sie E. R. Curtius in *Europäische Literatur und lateinisches Mittelalter*, Bern 1948, S. 91 ff.) in seiner Selbstcharakteristik und der zentralen Rolle der Demut in seiner Wissenschaft. Die geläufige Unterscheidung zwischen rhetorischem *ethos* und *stasis* verdunkelt nach meiner Meinung die Rolle von Bacons Ethos, das eher zu einer Haltung beiträgt als zu irgendeinem Argument oder »ethischen Beweis« an sich.

13 Siehe P. O. Kristeller, ›Das moderne System der Künste‹, in: *Humanismus und Renaissance*, Bd. 2, München 1976, S. 184 f. (*Renaissance Thought 2: Papers on Humanism and the Arts*, New York 1965, S. 193 f.).

14 *De tinctura physicorum*, in: *Sämtliche Werke*, hrsg. v. K. Sudhoff, Bd. 14, München–Berlin 1933, S. 392.

15 *Apologie de Raimond Sebond* in: *Œuvres complètes*, Paris 1962, S. 528 (Deutsch in: Montaigne, *Essais*, ausg. u. übers. v. H. Lüthy, Zürich 1953, S. 461).

16 C. D. Broad, ›The Philosophy of Francis Bacon‹, in: *Ethics and the History of Philosophy*, London 1952, S. 141f.

17 Siehe z. B. R. E. Larsen, ›The Aristotelianism of Bacon's *Novum Organum*‹, *Journal of the History of Ideas* 23 (1962):435–50.

18 Bloom, *A Map of Misreading*, S. 78; Renato Poggioli, *The Theory of the Avant-Garde*, Cambridge, Mass. 1968, S. 212.

19 Zu diesem Problem der Maßstäbe, das die wachsende Bedeutung der *sapientia* als eines natürlichen und säkularen Wegweisers des Individuums zur Wahrheit begleitet, siehe Eugene F. Rice, *Renaissance Ideas of Wisdom*, Westport, Conn. 1958.

20 Cicero, *Rede über das Gutachten der Opferschauer*, in: *Sämtliche Reden*, eingel., übers. u. erläut. v. M. Fuhrmann, Bd. 5, Zürich–München 1978, 23 (= S. 428).

21 *Bacon and Renaissance Prose*, S. 178; für weitere Beispiele siehe S. 175 ff.

22 Achsah Guibbory, ›Bacon's View of History‹, S. 338.

23 Sir Thomas Elyot, *The Book Named the Governor*, London 1907, S. 194.

24 F. Gilbert, ›Revolution‹, *Dictionary of the History of Ideas*, Bd. 4, New York 1973.

25 Vernon Snow, ›The Concept of Revolution in Seventeenth-Century England‹, *The Historical Journal* 5 (1962):167–74.

26 I. B. Cohen, ›The Eighteenth-Century Origins of the Concept of Scientific Revolution‹, *Journal of the History of Ideas* 37 (1976):259.

27 Über den Einfluß Jakobs auf die Literatur siehe Jonathan Goldberg, *James I and the Politics of Literature: Jonson, Shakespeare, Donne, and Their Contemporaries*, Baltimore 1983.

28 Jean LeRond d'Alembert, *Discours Préliminaire de l'Encyclopédie*, hrsg. u. eingel. v. E. Köhler, Hamburg 1955, S. 137.

29 D'Alembert, *Discours Préliminaire*, S. 141, 149.

30 René Descartes, *Discours de la méthode*, übers. u. eingel. v. L. Gäbe, Hamburg 1960, S. 13, 15, 19, 23.

31 Immanuel Kant, ›Beantwortung der Frage: Was ist Aufklärung?‹, in: *Werke in sechs Bänden*, hrsg. v. W. Weischedel, Bd. 6, Darmstadt 1966, S. 53.

32 Ibid., S. 54f.

33 Ernst Cassirer, *Die Philosophie der Aufklärung*, Tübingen 1932, S. 224. Zu Voltaires Gebrauch von Revolution siehe ›Revolution‹, *Dictionary of the History of Ideas*, 4:155 b.

34 Hannah Arendt, *Vita activa oder Vom tätigen Leben*, München 1981, S. 244 (*The Human Condition*, Chicago 1958, S. 248 f.).

35 *Discours sur les Sciences et les Arts (1750)* in: *Schriften zur Kulturkritik. Die zwei Diskurse von 1750 und 1755*, hrsg. v. K. Weigand, Hamburg 1973 (3. Aufl.), S. 55, 53.

36 Einen Überblick über derartige Haltungen bietet Hayden White, »The Burden of History«, *Tropics of Discourse: Essays in Cultural Criticism*. Baltimore 1978

37 Friedrich Nietzsche, *Vom Nutzen und Nachteil der Historie für das Leben*, in: *Werke in drei Bänden*, Bd. 1, hrsg. v. K. Schlechta, München 1955, S. 215 f.

38 Ibid., S. 230.

39 Frank Lentricchia, *Criticism and Social Change*. Chicago 1983, S. 32: »Das Los der Arbeiterklasse wird sich organisch in das Los der Gesellschaft insgesamt einfügen: eine *Vision* der Totalität, getragen von der Arbeiterklasse, muß durch ein Rhetorik der Totalität hervorgerufen werden. Die Aufgabe einer solchen Rhetorik ist es nicht, die Zweifler davon zu überzeugen, daß es eine Totalität ›gibt‹, sondern eine *Vision* – wir könnten auch sagen: heuristische Fiktion – zu schaffen und einzupflanzen, deren verheißenes Kind das bewußte Einverständnis mit einem radikalen gesellschaftlichen Wandel ist« (meine Hervorhebung). Für eine Diskussion von Lentricchias Bemerkungen zu dem Essay ›Literary History and Literary Modernity‹ von de Man siehe weiter unten Kapitel 6. Dieser Essay hat meine Diskussion der revolutionären Haltung an dieser Stelle beeinflußt.

40 John Dewey, *Reconstruction in Philosophy*, New York 1950, S. 46, 49, 50.

41 Ibid., S. 164.

4. Das Streben nach dem Neuen in Bacons Wissenschaft

1 John Locke, *Über den menschlichen Verstand*, Bd. 1, Hamburg 1962 S. 112.

2 Anthony Quinton, *Francis Bacon*, New York 1980, S. 56.

3 Siehe Paolo Rossi, ›Truth and Utility in the Science of Francis Bacon‹, *Philosophy, Technology and the Arts in the Early Modern Era*, New York 1970, S. 146–73.

4 *The Philosophy of Science*. Princeton, N. J. 1965, S. 243 f.

5 Vgl. K. R. Wallace, *Francis Bacon on the Nature of Man*, Urbana, Ill. 1967, S. 162 f.

6 Über die aufsteigende und die absteigende Methode siehe Jardine, *Francis Bacon*, S. 98 ff., 249 f.

7 Für eine Kritik an diesem Projekt siehe Richard Rorty, *Der Spiegel der Natur. Eine Kritik der Philosophie*. Frankfurt am Main 1981 (*Philosophy and the Mirror of Nature*. Princeton, N. J. 1979).

8 *Francis Bacon*, S. 128.

9 Zitiert in Bacons *Novum Organum*, hrsg. v. Thomas Fowler, 2. Aufl. Oxford 1889, S. 484 Anm.

10 Zu diesem Gradualismus siehe Broad, ›Philosophy of Bacon‹, *Ethics and the History of Philosophy*, S. 138.

11 L. Jonathan Cohen, ›Some Historical Remarks on the Baconian Conception of Probability‹, *Journal of the History of Ideas* 41 (1980):219, 221.

12 Siehe Bacons *Novum Organum*, S. 211 Anm. (über *Novum Organum* I, 37).

13 Ibid., S. 255 Anm. (über *Novum Organum* I, 67).

14 ›Bacon and »Knowledge Broken«‹, S. 197.

15 Siehe meinen Aufsatz ›Cupid Hatched by Night‹, in Schotter u. Hawkins, *Ineffability: Naming the Unnameable from Dante to Beckett*, S. 51–64.

16 ›Bacon's Method of Science‹, in: Vickers: *Essential Articles*, S. 131.

17 *Francis Bacon: His Career and Thought*, Los Angeles 1962, S. 301.

18 *Wissenschaft und moderne Welt*. Frankfurt 1984, S. 56 (*Science and the Modern World*, 3. Aufl., New York 1967)

19 Ibid., S. 58

20 Max Horkheimer u. Theodor W. Adorno, ›Begriff der Aufklärung‹, in: *Dialektik der Aufklärung*, neuerdings in Max Horkheimer, *Gesammelte Schriften*, Bd. 5, Frankfurt 1987, S. 25–66.

21 Siehe Carolyn Merchant, *Der Tod der Natur: Ökologie, Frauen und neuzeitliche Naturwissenschaft*. München 1987 (*The Death of Nature: Women, Ecology, and the Scientific Revolution*. San Francisco 1980); Evelyn Fox Keller, *Liebe, Macht und Erkenntnis. Männliche oder weibliche Wissenschaft*. München 1986 (*Reflections on Gender and Science*. New Haven 1985).

22 Merchant, *Der Tod der Natur*, S. 177 ff.

23 Nelson, ›Early Modern Revolution‹, in: Cohen u. Wartofsky, *Boston Studies in the Philosophy of Science*, S. 8.

24 Ibid., S. 32.

25 Paolo Rossi, ›Baconianism‹, *Dictionary of the History of Ideas*, Bd. 1, S. 178.

5. Wider den Text

1 *Biographia Literaria*, London 1956, S. 167.

2 *Essays on the Principles of Method*, in: *The Friend*, in: Coleridge, *Collected Works*, 4:1, S. 491.

3 Ibid., S. 486.

4 G. B. Harrisons Leseart dieser Passage (›Francis Bacon's View Rhetoric, Poetry, and the Imagination‹, in: Vickers, *Essential Articles*, S. 258) scheint mir nicht vertretbar zu sein. Für ihn stellen Echo und Syrinx zwei Arten von Dichtung dar, während Bacon Echos Diskurs die »wahre Philosophie« nennt.

5 *The Orphic Voice*, S. 109.

6 *Dialectical Criticism and Renaissance Literature*, Berkeley–Los Angeles 1975, S. 14–51.

7 J. W. H. Atkins, *English Literary Criticism: The Renaissance*, New York 1968 (Reprint), S. 265 verweist darauf, daß Bacons Ansicht der Dichtung, welche Veränderung der Sensibilitäten im 17. Jahrhundert sie auch vorwegnehmen mag, an die »frühere patronisierende Haltung der Humanisten« gemahnt. Die Auffassungen J. E. Spingarns und C. S. Lewis, die Bacon die Positionen

Sidneys, Scaligers und anderer Kritiker aufgreifen sehen, verfehlen die Sache, da der *Wert*, den Bacon der Idee der Poesie beimißt, herabgesetzt wird. Zur Diskussion der kritischen Einschätzungen von Bacons Ansichten über die Dichtung siehe William Sessions, »The Hunt for Pan: A Study of Bacon's Use of the Imagination« (Diss.), Columbia University 1966.

8 Als genaueren Bericht über diese Umkehrung siehe Jardine, *Francis Bacon*, z. B., S. 170f.

9 Siehe Robert Adolf, *The Rise of Modern Prose Style*, Cambridge, Mass. 1968. Wie Adolf andeutet (S. 168), ist es gerade nicht »die Freimütigkeit der Seele«, die eigenständigen Kräfte des Geistes in der Selbstreflexion, woran Bacon interessiert ist.

10 James Stephens, *Bacon and the Style of Science*, S. 54.

11 Margaret Wiley, ›Induction and/or Rhetoric‹, S. 79.

12 R. F. Jones, ›Science and Language in the Mid-Seventeenth Century‹, *The Seventeenth Century: Studies in the History of English Thought and Literature from Bacon to Pope*, Stanford, Cal. 1951, S. 143.

13 Eine etwas abweichende Sicht vertritt Russel Fraser, *The Language of Adam: On the Limits of System of Discourse*, New York 1977.

14 Michel Foucault, *Die Ordnung der Dinge*, S. 93. Für Timothy J. Reiss (*Discourse of Modernism*, z. B., S. 223) bedeutet das Beharren Bacons auf der Unersetzlichkeit schriftlicher Dokumente in der Wissenschaft, daß er in Foucaults »klassischem« (oder Reiss' »analytisch-referentiellem«) Diskurs zu situieren ist. Die Argumentation von Reiss scheint die Bedeutung von »literarischer Erfahrung« für Bacons wissenschaftliche Methode zu überschätzen (siehe oben Kapitel 4).

15 Martin Elsky, ›Bacon's Hieroglyphs and the Separation of Words and Things‹, *Philosophical Quarterly* 63 (1984):449–60, entdeckt bei Bacon eine Koexistenz verschiedener Episteme; er stimmt mit Murray Cohen, *Sensible Words*, Baltimore 1977, überein, der ebenfalls diese Koexistenz in einer Vielfalt von Werken des 17. Jahrhunderts aufspürt.

16 Blake, *Poetry and Prose*, S. 1f.

17 Geoffrey Hartman, *The Unmediated Vision: An Interpretation of Wordsworth, Hopkins, Rilke, and Valery*, 2. Aufl., New York 1966, S. 128.

18 Beispiele einer solchen Leseart: siehe Basil Willey, *The Seventeenth-Century Background*, 2. Aufl., Garden City, N. Y. 1953, S. 43f.; James Roy King, *The Literary Moment as a Lens on Reality*, Columbia, Mo. 1983.

19 William Blake, ›Proverbs of Hell‹, *The Marriage of Heaven and Hell*.

20 So verfährt Stephens (*Bacon and the Style of Science*); seine Analyse bezieht sich jedoch auf das Problem der sozialen Klasse. Siehe weiter unten, Kapitel 7.

21 Da Stephens (*Bacon and the Style of Science*) die Gültigkeit der Baconschen Ambitionen auf Forschung, soweit sie nicht Bestandteil der Rhetorik sind, bestreitet, übersieht er fortwährend die scharfe Kritik, die Bacon gegen die Rhetorik im wisenschaftlichen Diskurs richtet. Bei einem seiner Vergleiche

zwischen Theologie und wissenschaftlicher Untersuchung im *Valerius Terminus* erklärt Bacon freilich unumschränkt: »Ein Fortschreiten beim Entdecken des Wissens ist nur durch Ähnlichkeit möglich; Gott aber ist nur sich selbst gleich und hat mit einem Geschöpf allenfalls in der Art eines Schattens oder Abbildes irgendetwas gemein.« (III, 218) Aber in diesem frühen und oft dunklen Werk verfolgt Bacon eine andere Absicht: er argumentiert, daß das Wissen von der Natur und das von Gott nicht vermischt werden sollten; Gott ist »nur sich selbst gleich«, und daher sind die der Natur entlehnten Ähnlichkeiten ungenau. Vielleicht meint Bacon einfach nur, daß die natürliche Erkenntnis darauf angewisen ist, Vergleiche zwischen einzelnen Erfahrungen zu ziehen, um Verallgemeinerungen aufzustellen; wenn es sich so verhält, dann würde die Tatsache, daß Bacon die Bedeutung von Ähnlichkeiten heraushebt, mit dem Lob des Analogisierens in der Wissenschaft im *Novum Organum* II, 27 übereinstimmen. In jedem Fall ist der *Valerius Terminus* der Entwurf eines Programms, das erst mit *Der Fortschritt der Wissenschaften* und mit dem *Novum Organum* ausgearbeitet wird. Im *Fortschritt* scheint Bacon seinen Akzent, wenn nicht gar seinen Standpunkt zu verlagern, wenn er sagt: »nachdem die Artikel und Grundsätze des Glaubens an ihren Ort gerückt und von der Prüfung durch die Vernunft befreit sind, ist es uns zur besseren Orientierung erlaubt, mit Hilfe der Analogie Ableitungen und Schlüsse durchzuführen, die sich auf sie beziehen. In der Natur ist dies nicht zulässig« (III, 480).

22 Stephens, *Bacon and the Style of Science*, S. 2 ff.

23 Ibid., S. 98.

24 Vgl. Jardine, *Francis Bacon*, S. 225 f.: »Bacons *Antithesen der Dinge* systematisieren den außerordentlich opportunistischen Gebrauch, der mit diesen [Sententiae] getrieben werden sollte. Die Wahrheit oder Falschheit der Sententiae wird nicht abgeschätzt und ist irrelevant [...] Wenn uns dies als eine äußerst künstliche Weise kreativen Schreibens oder Sprechens vorkommt, dann belegt es eindringlich, wie tief Bacon in eine Rhetorik verstrickt ist, bei der jede Bewegung in einer Rede so vorausbedacht ist, daß die erwünschte Folgerung in den Köpfen des Auditoriums suggeriert wird.«

25 ›Bacon and the Seventeenth-Century Dissociation of Sensibility‹, *Explorations: Essays in Criticism, Mainly in the Literature of the Seventeenth Century*, New York 1947, S. 117, 114, 115.

26 *Marginalia to Bacon's Essay*, in: *Poetry and Prose*, S. 628.

27 *Mythomystes, Wherein a Short Survey is Taken of the Nature and Value of True Poesy and Depth of the Ancients above Our Moderne Poets*, in: *Literary Criticism of Seventeenth-Century England*, hrsg. v. W. E. Taylor, New York 1967, S. 257.

28 Übers. v. Arthur Gorges (1619), Reprint New York 1968, *Preface*, unpaginiert.

6. Modernität, Dekonstruktion und Instauration

1 Paul de Man, ›Literary History and Literary Modernity‹, *Blindness and Insight*, S. 147.

2 Ibid., S. 159.

3 Ibid., S. 161.

4 Ibid., S. 162.

5 Sewell, *The Orphic Voice*, S. 61.

6 De Man, »Literary History and Literary Modernity«, S. 148.

7 Siehe John Hollander, *The Figure of Echo: A Mode of Allusion in Milton and After*, Berkeley–Los Angeles 1981.

8 Siehe J. B. Friedman, *Orpheus in the Middle Ages*, Cambridge, Mass. 1971, S. 125 f. Vergleiche auch die Instauration der Gottesebenbildlichkeit im Menschen bei Thomas von Aquin (*Summa Theologiae, Prima Secundae*, Q. 109 Art. 4 ad. 1) sowie Rebelais' Satz »So ist uns gewissermaßen wiedererstattet, was uns durch die Sünde unserer Ureltern verlorenging« (*Gargantua und Pantagruel*, übers. v. F. A. Gelbcke, 2. Buch. 8. Kap., Frankfurt 1974, S. 216) mit Bacons Artikel über Deukalion und Pyrrha, die »das Menschengeschlecht instaurieren« können (VI, 661). Der alchichimistische Kontext, innerhalb dessen Bacon *instauratio* in *The Wisdom of the Ancients* gebraucht – gemeint ist die Instauration der natürlichen Substanzen zu ihrer reinen oder ursprünglichen Form (vgl. z. B. Paracelsus, ›Liber de Renovationes et Restaurationes‹, in: *Operum Medico-Chimicorum sive Paradoxorum*, in: *Opera Omnia*, Bd. 2, Genf 1659, 40 a–b, 45 b) – kann durchaus mit dem figuralen Kontext von *instauratio* zu vereinbaren sein.

9 Thomas Kuhn, *Die Struktur wissenschaftlicher Revolutionen*, 2. Aufl., Frankfurt 1969 (*The Structure of Scientific Revolutions*, 2 d ed., Chicago 1970).

10 Denis Donoghue, *Sovereign Ghost: Studies in Imagination*, Berkeley–Los Angeles 1977, S. 61.

11 Richard Lanham, *The Motives of Eloquence: Literature and Rhetoric in the Renaissance*, New Haven 1976.

12 Frank Lentricchia, *Criticism and Social Change*, S. 51.

13 Ibid., S. 139.

14 Peter Bürger, *Theorie der Avantgarde*. Frankfurt am Main 1974, S. 66 ff. unterstreicht das Bestreben der Avantgarde-Bewegungen, die »Distanz zwischen Kunst und Leben« aufzuheben und die »Institution Kunst« abzuschaffen. Vgl. auch Bruce Robbins, ›Modernism in History, Modernism in Power‹, *Modernism Reconsidered*, hrsg. v. Robert Kiely u. John Hildebidle, Cambridge, Mass. 1983, S. 229–45, und Douglas Davis, ›The Avent-Garde Is Dead! Long Live the Avant-Garde!‹, *Art in America* (April 1983), S. 12 f.

15 Es könnte vielversprechend sein, die Ähnlichkeit zwischen de Mans Idee von Modernität und Michail Bachtins »ewig suchendem« Prinzip des Romans, einem folkloristischen, karnevalistischen Element, zu erforschen, das fort-

während dem hegemonialen und hierarchischen Systeme der literarischen Gattungen opponiert (›Epic and Novel‹, *The Dialogic Imagination: Four Essays*, Austin, Tex. 1981, S. 39 [Deutsch: ›Epos und Roman‹, in: *Sowjetwissenschaft, Kunst und Literatur*, 18/9 (1970):918–42]). Es ist klar, daß der Gegensatz, den Bachtin zwischen dem kanonischen System der Gattungen und dem Prinzip der »Romanisierung« aufrichtet, auch innerhalb des Systems der Gattungen wirksam werden kann, während de Mans Konflikt zwischen Unmittelbarkeit und Text sich vielleicht auf Klassenkämpfe beziehen läßt.

16 Jonathan Dollimore, *Radical Tragedy: Religion, Ideology, and Power in the Drama of Shakespeare and His Contemporaries*, Chicago 1984, S. 10f.

17 Ibid., S. 8.

18 Siehe Franco Moretti, ›The Great Eclipse: Tragic Form as the Deconsecration of Sovereignty‹, in: *Signs Taken for Wonders: Essays in the Sociology of Literary Form*, London 1983, S. 42–82.

19 Zitiert von Quinton, *Francis Bacon*, S. 17. [Entnommen aus F. Heer, *Europäische Geistesgeschichte*. Stuttgart 1953, S. 424].

20 Ibid.

21 Merchant, *Der Tod der Natur*, S. 188ff. (*Death of Nature*, S. 177ff.) diskutiert Bacons Programm und seinen Bezug zu den Klassenkämpfen; sie spekuliert nicht besonders fruchtbar über Bacons persönliche Klassenvorurteile. Siehe auch Webster, *The Great Instauration*.

22 Georg Lukács, ›The Ideology of Modernism‹, in: *Marxism and Human Liberation*. New York 1973, S. 281f.

23 John Donne, *The First Anniversary*, 209–18:
»And freely men confesse that this world's spent,
When in the Planets, and the Firmament
They seeke so many new; they see that this
Is crumbled out againe to his Atomies.
'Tis all in peeces, all cohaerence gone;
All just supply, and all Relation:
Prince, Subject, Father, Sonne, are things forgot,
For every man alone thinkes he hath got
To be a Phoenix, and that then can bee
None of that kinde, of which he is, but hee.«
[Für die Übertragung der vorstehenden Verse ins Deutsche möchte ich mich sehr herzlich bei Hans Freier, Frankfurt/M., bedanken. Anm. d. Übers.]

24 Siehe Georges Poulet, *Studies in Human Time*, 2 Bde., Baltimore 1956, 2:12ff.

25 ›Kritische Randglossen zu einem Artikel »Der König von Preußen und die Sozialreform. Von einem Preußen«‹, in K. Marx/F. Engels, *Werke*, Bd. 1, Berlin 1957, S. 396. »In *Baco*, als seinem ersten Schöpfer, birgt der Materialismus noch auf eine naive Weise die Keime einer allseitigen Entwicklung

in sich.« (*Die heilige Familie oder Kritik der kritischen Kritik*, in: *Werke*, Bd. 2, Berlin 1958, S. 135)

26 Frederic Jamesons Gedanke, daß die Literatur ein politisches Unbewußtes besitzt, dessen wesentlicher Gehalt eine unterdrückte Vision von gesellschaftlicher Revolution ist, bietet einen Ansatz, diese tiefer liegende Bedeutung zu erfassen. Siehe *The Political Unconscious: Narrative as a Socially Symbolic Act*.

27 Siehe W. R. Johnson, *Darkness Visible: A Study of Vergil's Aeneid*, Berkeley–Los Angeles 1976.

28 Howard B. White, *Antiquity Forgot: Essays on Shakespeare, Bacon and Rembrandt*, The Hague 1978, S. 135 f.

29 Maurice Merleau-Ponty, ›Le doute de Cézanne‹, *Sens et non-sens*, Paris 1948, S. 49.

7. Bacon-Lektüre

1 Über Hippokrates und Bacon siehe Vickers, *Bacon and Renaissance Prose*, S. 65 f. Über den Status, den der Aphorismus der Renaissance als Verkörperung traditioneller Weisheit in den Naturwissenschaften, dem Recht und der Geschichte des öffentlichen Lebens einnimmt, siehe ibid., S. 62 ff.

2 J. P. Stern, *Lichtenberg: A Doctrine of Scattered Occasions*, Bloomington, Ind. 1959, S. 111. Siehe auch Vickers, *Bacon and Renaissance Prose*, S. 79 ff.

3 Stern, *Lichtenberg*, S. 113.

4 Ibid., S. 113 Anm. 118 f.

5 Seneca, *Naturales Quaestiones*, übers. v. Thomas Corcoran, Cambridge, Mass. 1971, Bd. 2, S. 293. [Eine deutsche Ausgabe konnte nicht besorgt werden. Übers.] Eine eingehendere Diskussion dieses Aphorismus findet sich bei Charles Whitney, ›Bacon and the Pathos of Novelty‹, *Explorations in Renaissance Culture* 8–9 (1982–83):116–21. [Der letzte Absatz von Bacons Aphorismus 109 im *Novum Organum I* lautet: »Allerdings ist nun zu hoffen, daß noch manches höchst Nützliche im Schoße der Natur verborgen sei, das, durchaus verschieden von allem bisher Bekannten, auch der Phantasie unerreichbar war. Im Verlaufe der Jahrhunderte wird es, wie das Obige, ans Licht kommen; allein auf unserem Wege wird man dessen mehr und schneller antizipieren.«]

6 Vergleiche z. B. Seneca, »Über kulturellen Fortschritt und Niedergang«, *Ad Lucilium Epistulae Morales*, Brief Nr. 90, in: *Philosophische Schriften*, Bd. 4, Darmstadt 1984, S. 341 ff. mit *The Advancement of Learning* (*Works* III, 384 ff.).

7 John Donne, *Devotions upon Emergent Occasions*, Montreal 1975, S. 7.

8 Aristoteles, *Metaphysik*, Bd. 1, Hamburg 1978, S. 71 ff. (993 a 30–993 b 11).

9 Stanley Fish, ›»Georgics of the Mind«‹.

10 Anne Righter, ›Francis Bacon‹, in: Vickers, *Essential Articles*, S. 318, be-

merkt, daß die Essays von »einfachen Ratschlägen« bis zu »einem Gebrauch des Aphorismus [reichen], bei dem die Prosa der Poesie [...] nahekommt«.

11 R. S. Crane, ›The Relation of Bacon's *Essays* to His Program for the Advancement of Learning‹, in: Vickers, *Essential Articles*, S. 275.

12 Jardine, *Francis Bacon*, S. 227 Anm., vertritt diese Position.

13 Ralph Waldo Emerson, *The Early Lectures of Ralph Waldo Emerson*, Bd. 2, Cambridge, Mass. 1966, S. 334f.

14 Righter, ›Francis Bacon‹, S. 318ff., entfaltet diesen Gedanken und schlägt einen Vergleich mit Sterns *Lichtenberg* vor.

15 Erasmus, *Adagia*, Ausw., Übers. u. Anm. v. A. J. Gail, Stuttgart 1983, S. 131ff.

16 Vickers, *Bacon and Renaissance Prose*, S. 203.

17 *Jenseits des Lustprinzips*, in: *Gesammelte Werke*, Bd. 13, London 1955, S. 36ff., 42f.

18 *Totem und Tabu*, in: *Gesammelte Werke*, Bd. 9, London 1948, S. 171ff.

19 John Steadman, »Beyond Hercules: Bacon and the Scientist as Hero«, *Studies in the Literary Imagination* 4 (1971):3–47.

20 Allein wegen der großen Schwierigkeit, die Natur insgesamt durch Philosophie zu instaurieren, schränkt Bacon anläßlich des Orpheus-Mythos ein: »Philosophie [...] kümmert sich um menschliche Dinge, durch Überzeugung und Beredsamkeit gibt sie die Liebe zur Tugend, zur Gerechtigkeit, zur Eintracht den Seelen der Menschen ein und versammelt eine Vielzahl von ihnen zur Gesellschaft.« Aber die Ergebnisse dieser – weniger bedeutsamen – staatsbürgerlichen und moralischen Weisheit »verfallen gleichwohl der ihnen gesetzten Frist. Denn nachdem Königreiche und Gemeinwesen für eine Weile geblüht haben, geschieht es, daß Tumulte sogar und Aufruhr und Kriege ausbrechen; und inmitten dieses Wirrwarrs werden zunächst die Gesetze zum Schweigen gebracht, die Menschen fallen in die Verderbtheit ihrer Natur zurück, Felder und Städte werden verwüstet und entvölkert; und dann (wenn diese Raserei anhält) gehen Wissenschaft und Philosophie notwendig zugrunde, so daß es ein paar Bruchstücke nur sind, die stellenweise wie die zerstreuten Planken eines Schiffbruchs gefunden werden, und folglich ein barbarisches Zeitalter unausweichlich kommen muß; indessen verschwinden die Ströme des *Helicon* unter der Erde, bis daß sie (gemäß dem unsteten Lauf der Dinge) wieder hervorbrechen und, wenn auch nicht unter dem gleichen Klima, bei irgendeinem fernen Volk wiedererscheinen.« (*The Wisdom of the Ancients*, London 1619, S. 58ff.).

21 David Mathew, *James I*, London 1972, S. 133.

22 *Imaginäre Unterhaltungen*, übers. v. R. Borchardt, Berlin 1923, S. 38f. (*Imaginary Conservations*, in: *The Collected Works of Walter Savage Landor*, 16 Bde., New York 1969 [Reprint], 4:78).

23 Karl Popper, *Logik der Forschung*, 6. Aufl., Tübingen 1976, S. 224 (*The Logic of Scientific Discovery*. London 1959, S. 279n. 1).

24 Siehe Ken Hiett, »The Daughters of Horus: Order in the Stanzas of *Epithalamion*«, *Form and Convention in the Poetry of Edmund Spenser*, hrsg. v. William Nelson, New York 1961.

25 Frye, *Analyse der Literaturkritik*, S. 108, 124 (*Anatomy of Criticism*, S. 105, 120 [Der Text ist z. T. nicht wörtlich zitiert. Anm. d. Übers.]

26 Anthony F. C. Wallace, *The Social Context of Innovatio: Bureaucrats, Families, and Hereos in the Early Industrial Revolution as Foreseen in Bacon's New Atlantis*, Princeton, N. J. 1982, S. 63 ff.

27 Paul Ricœur, »Vorwort . . .«, *Der Konflikt der Interpretationen I*, S. 188.

28 *Dictionary of the History of Ideas*, I : 179.

29 Für die Ansicht, daß die *Dialektik der Aufklärung* den kritischen Impetus der Aufklärung selbst zum Ausdruck bringe, siehe Jürgen Habermas, ›Die Verschlingung von Mythos und Aufklärung: Horkheimer und Adorno‹, in: *Der philosophische Diskurs der Moderne. Zwölf Vorlesungen*. Frankfurt am Main 1985, S. 130–57.

Namenregister

Adorno, Theodor W. und Horkheimer, Max 10, 142 f., 232
Adolf, Robert 154, 252
Anderson, Fulton 140
Andrewes, Lancelot 36
Aquin, Thomas von 254
Arendt, Hannah 14, 55, 249
Ariosto, Ludovico 63
Aristoteles 72 f., 99, 113 f., 146, 166, 176, 204
Atkins, J. W. H. 251
Auerbach, Erich 74
Augustinus 22 f., 36, 38, 45, 71

Bacon, Francis 18 f., 35, 66, 73, 144, 213 f., 216–220
Bachtin, Michail 254
Barth, Hans 242
Bartholomaeus Anglicus 79
Baudelaire, Charles 183
Blake, William 10, 67, 162–164, 170, 174 f.
Bloom, Harold 94, 108, 244
Blumenberg, Hans 9–14, 21, 40 f., 55, 60, 238, 239
Bodin, Jean 224, 244
Borges, Jorge Luis 203 f.
Brahe, Tycho 64
Brandt, Reinhardt 50
Browne, Thomas 171, 203
Budé, Guillaume 36, 65, 245
Bullough, Geoffrey 69
Bultmann, Rudolf 61
Bürger, Peter 254
Burke, Kenneth 242

Calinescu, Matei 239
Calvin, Jean 36
Camillo, Giulio 44 f.
Cassirer, Ernst 118
Caws, Peter 130
Chabod, Federico 239
Cicero 75–81, 94, 102, 110, 119, 138, 196
Cohen, I. B. 115
Cohen, L. Jonathan 137 f.
Coleridge, S. T. 50, 145–149, 162 f., 248
Cowley, Abraham 12, 175, 223
Crane, R. S. 207 f., 246
Croll, Morris 154
Curtius, E. R. 74, 248

D'Alembert, Jean LeRond 116
Danby, J. F. 245
Daniel, Buch des 33, 44, 62–64
Daniel, Samuel 69
Demokrit 72, 166
Descartes, René 24, 75, 81, 104, 116 f., 140, 143, 182
Dewey, John 120 f.
Dollimore, Jonathan 191 f.
Donne, John 193 f., 204, 255
Donoghue, Denis 187
Drake, Francis 63

Eliade, Mircea 44, 241
Ellis, Robert 49, 137, 217
Elsky, Martin 252
Elyot, Thomas 112 f.
Emerson, Ralph Waldo 120, 209 f.
Erasmus 56, 65, 86, 115, 214 f., 245

Philosophie

Elias Canetti
Masse und Macht
Band 6544

Hans-Georg Gadamer (Hg.)
Philosophisches Lesebuch
3 Bände: 6576 / 6577 / 6578

Max Horkheimer
Gesellschaft im Übergang
Aufsätze, Reden und Vorträge
1942–1970. Werner Brede (Hg.)
Band 6545
Sozialphilosophische Studien
Aufsätze, Reden und Vorträge
1930–1972. Werner Brede (Hg.)
Band 6540
**Zur Kritik der
instrumentellen Vernunft**
Band 7355

Martin Jay
Dialektische Phantasie
Die Geschichte der Frankfurter
Schule und des Instituts für
Sozialforschung. Band 6546

Susanne K. Langer
Philosophie auf neuem Wege
Das Symbol im Denken, im
Ritus und in der Kunst
Band 7344

Joachim Schickel
Philosophie als Beruf
Band 7315

Karl Marx / Friedrich Engels
Studienausgabe
Iring Fetscher (Hg.)
Philosophie
Bd. 1 / 6059
Geschichte und Politik
Bd. 3 / 6061
Geschichte und Politik 2
Bd. 4 / 6062

Bertrand Russell
Das ABC der Relativitätstheorie
Band 6579
Moral und Politik
Band 6573
**Philosophie
Die Entwicklung
meines Denkens**
Band 6572

Hans Joachim Störig
**Kleine Weltgeschichte
der Philosophie**
Band 6562

Carl Friedrich von Weizsäcker
Der Garten des Menschlichen
Beiträge zur geschichtlichen
Anthropologie. Band 6543

Charles Whitney
**Francis Bacon
Die Begründung der Moderne**
Band 6571

Fischer Taschenbuch Verlag

Philosophisches Lesebuch

Herausgegeben von Hans-Georg Gadamer

Drei Bände in Kassette.
Die Bände sind auch einzeln erhältlich.

Das dreibändige Lesebuch Hans-Georg Gadamers eröffnet einen dritten Weg: Anhand originaler, in sich geschlossener und ungekürzter Quellentexte wird der Leser mit Sprach- und Denkstil der bedeutendsten Philosophen unmittelbar bekannt gemacht. Einführende Essays erleichtern das Verständnis; die Texte selbst sind jedoch so ausgewählt, daß sie ganz ohne kommentierendes Beiwerk die wirkungsmächtigsten Ideen hervortreten lassen.

Band 1 führt ein in die Philosophie der Vorsokratiker, die klassische Philosophie Athens (Plato, Aristoteles), die Philosophie des Hellenismus (von Epikur bis Plotin) und christliche Philosophie des Mittelalters. *Band 6576*

Band 2 führt ein in die Philosophie der Neuzeit. Ausgehend vom Umsturz des naturwissenschaftlichen Weltbilds (Kopernikus, Kepler) veranschaulichen die Texte die Entfaltung eines spezifisch modernen, rationalistischen Denkens (Descartes, Spinoza), das mit Kants Philosophie der Aufklärung seinen vorläufigen Abschluß findet. *Band 6577*

Band 3 führt ein in die Philosophie des neunzehnten und zwanzigsten Jahrhunderts. Der deutsche Idealismus (Hegel, Fichte) wird konfrontiert mit einem ganzen Spektrum von Gegenbewegungen, aus denen die Denkmotive der Gegenwart sich entfalten (Schopenhauer, Kierkegaard, Marx, Nietzsche). Die Herrschaft von Wissenschaft und Technik wird dann zum zentralen Problem des Selbstverständnisses von Philosophie (Cohen, Russel, Heidegger). *Band 6578*

Fischer Taschenbuch Verlag

Zum Thema: Französische Revolution

Fischer Taschenbuch Verlag

Fischer Wissenschaft
Eine Auswahl

Fischer Taschenbuch Verlag

Fischer Wissenschaft

Eine Auswahl

Alfred Lorenzer
Das Konzil der Buchhalter
Die Zerstörung der Sinnlichkeit
Eine Religionskritik
Band 7340

Bronislaw Malinowski
Magie, Wissenschaft und Religion /
Und andere Schriften
Band 7335

Herfried Münkler
Machiavelli
Die Begründung des politischen Denkens der
Neuzeit aus der Krise der Republik Florenz
Band 7342

Jean Piaget
Biologie und Erkenntnis
Über die Beziehungen zwischen organischen
Regulationen und kognitiven Prozessen
Band 7333

Marthe Robert
Das Alte im Neuen
Von Don Quichotte zu Franz Kafka
Band 7346

Viktor Šklovskij
Theorie der Prosa
Band 7339

Fischer Taschenbuch Verlag

Fischer Wissenschaft
Eine Auswahl

Fischer Taschenbuch Verlag

Fischer Wissenschaft

Eine Auswahl

Maurice Halbwachs
Das kollektive Gedächtnis
Band 7359

Kultur-Analysen
Beiträge von Hans-Dieter König, Alfred Lorenzer,
Heinz Lüdde, Søren Nagbøl, Ulrike Prokop,
Gunzelin Schmid Noerr, Annelind Eggert
Band 7334

Dominick LaCapra
Geschichte und Kritik
Band 7395

Dominick LaCapra / Steven L. Kaplan (Hg.)
Geschichte denken
Band 7403

Stephen Toulmin / June Goodfield
Entdeckung der Zeit
Band 7360

Thorstein Veblen
Theorie der feinen Leute
Band 7362

Jean-Pierre Vernant
Tod in den Augen
Band 7401

Lew Semjonowitsch Wygotski
Denken und Sprechen
Band 7368

Fischer Taschenbuch Verlag

fi 513 / 2 b

Europäische Geschichte
1550–1779

FISCHER
WELTGESCHICHTE

Entstehung des
frühneuzeitlichen
Europa
1550–1648

Band 24

FISCHER
WELTGESCHICHTE

Das Zeitalter
des Absolutismus
und der Aufklärung
1648–1779

Band 25

Herausgegeben und verfaßt von
Richard van Dülmen
Mit diesem Band legt der Saar-
brücker Historiker Richard van
Dülmen eine umfassende Struk-
turgeschichte der europäischen
Gesellschaft in der frühen Neuzeit
zwischen 1550 bis 1648 vor. Die
Darstellung ist weniger an politischen Ereignissen und an den Ein-
zelentwicklungen der verschiedenen Länder orientiert und interessiert, sondern mehr an Problemen, die die Strukturprozesse unter den Bedingungen der Vielfalt
unterschiedlicher Entwicklungen
der Neuzeit wesentlich begründeten.

Herausgegeben und verfaßt von
Günter Barudio
Dieser Band behandelt den historischen Werdegang Europas zwischen 1648 und 1779 – das Zeitalter des Absolutismus und der
Aufklärung. Der Leser wird anhand von sechs repräsentativen
Fällen, denen noch ein Exkurs
beigegeben ist, in die Mechanismen einer Machtstruktur eingeführt, aus deren Wirkungen das
entstanden sein soll, was noch
immer häufig der »moderne
Staat« genannt wird.

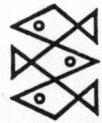

Fischer Taschenbuch Verlag

fi 35/2

Hans-Jürgen Heinrichs
Die katastrophale Moderne

Endzeitstimmung – Aussteigen –
Ethnologie – Alltagsmagie

Die Tendenz, den Menschen im Namen der Vernunft nach und nach aus seiner Welt zu entfernen – sei es durch den totalitären Überwachungsstaat, wie ihn Orwell visionär entworfen hat, oder durch die Nuklearaufrüstung –, beruht zum großen Teil auf scheinrationalen und pseudo-magischen Vorstellungen. »Orwell« und »Magie« bestimmen den Alltag der Moderne, die katastrophale Moderne. Auf dem Umweg über Katastrophen, die er selbst zu verantworten hat, und über die Opfer, die er aufgrund dessen zu bringen hat, tritt der Mensch erneut in Beziehung zu sich, zu seiner von Anfang an bedrohten Existenz. Er macht sich selbst gleichsam wieder ohnmächtig, eine Situation, in der die Menschen früher die Magie als Gegenmittel erfanden. In den Katastrophen verläßt der moderne Mensch seine vermeintlich beherrschbare Welt und tritt in die Bezirke des Existentiellen und Bedrohlichen ein, wo sich ihm Bezüge zum Göttlichen und Opfernden, zu Heil und Unheil herstellen.

Band 3870

Fischer Taschenbuch Verlag

fi 1034 / 1

Michel Vovelle
DIE FRANZÖSISCHE REVOLUTION
Soziale Bewegung und
Umbruch
der Mentalitäten

Fischer

Michel Vovelle
Die Französische Revolution
Soziale Bewegung und
Umbruch der Mentalitäten
Band 4340

Der Autor rekapituliert in
einem glänzenden Essay zunächst den faktischen Ablauf
der Französischen Revolution,
um danach in einem zweiten
Teil auf die vielseitige und schil-
lernde Geschichtsschreibung
über diese Ereignisse zu
kommen.
Im dritten (Haupt-)Teil des
Bandes führt Vovelle dann anhand bislang ungenutzten
Quellenmaterials vor, was die
Mentalitätsgeschichtsschrei-
bung über die Französische Revolution zu sagen hat; zu welch
neuen Ergebnissen diese neue
Sichtweise führt. Er beschreibt,
wie sich Sprache, Einstellung
und Verhalten allmählich verändert haben bis zum qualitati-
ven Sprung, der Revolution.
Die Volksmenge entdeckt neue
Werte, entwickelte neue Vorstellungen vom revolutionären
Menschen, demokratisierte ihr
gesellschaftliches Leben und
veränderte ihr Alltagsver-
halten.
Das Buch gehört zum festen
Bestand jeder Bibliothek, die
Literatur zur Französischen
Revolution sammelt.

Fischer Taschenbuch Verlag

fi 536/1